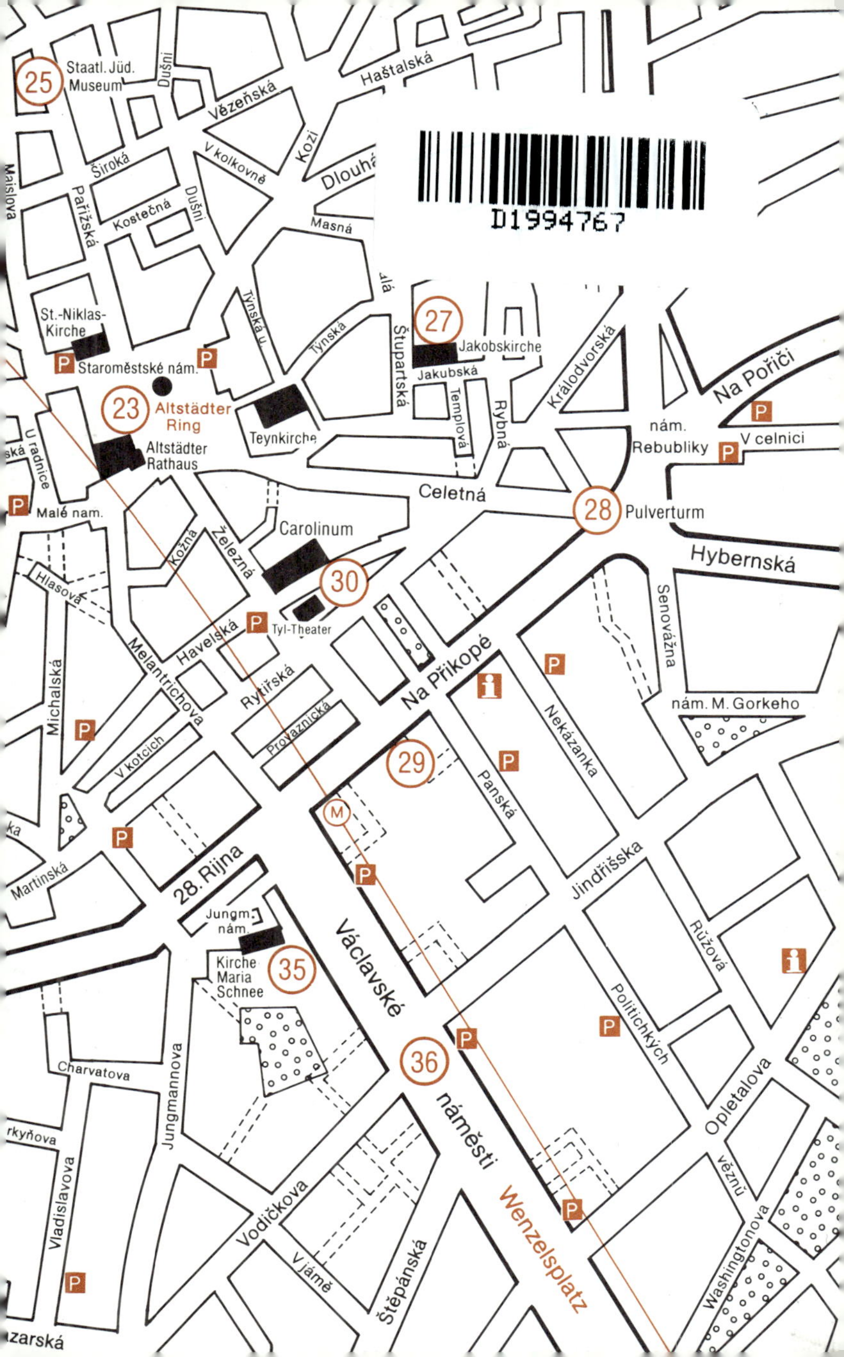
25
Staatl. Jüd. Museum
Dušni
Vězeňská
Haštalská
Maislova
Široká
V kolkovně
Kozi
Dlouhá
Pařížská
Kostečná
Dušni
Masná
St.-Niklas-Kirche
Týnská u.
Týnská
Štupartská
27
Jakobskirche
Jakubská
Templová
Rybná
Králodvorská
Na Poříči
Staroměstské nám.
23
Altstädter Ring
Teynkirche
nám. Rebubliky
V celnici
U radnice
Altstädter Rathaus
Celetná
28
Pulverturm
Malé nam.
Carolinum
Hybernská
Hlasová
Kožná
Železná
30
Tyl-Theater
Senovážna
Michalská
Melantrichova
Havelská
Rytířská
Na Příkopě
nám. M. Gorkeho
V kotcích
Provaznická
29
Panská
Nekázanka
Martinská
28. Rijna
Jindřišska
Jungm. nám.
Kirche Maria Schnee
35
Václavské
Růžová
Politichkých
Charvatova
Jungmannova
36
náměsti
Opletalova
Wenzelsplatz
Vodičkova
V jámě
Štěpánská
Vladislavova
Washingtonova
věznů
rkyňova
zarská

Artemis-Cicerone · Kunst- und Reiseführer

Artemis Verlag Zürich und München

PRAG

Mit Burg Karlstein, Schloß Troja
und Schloß Stern

Von Alexander Frey

Artemis Verlag Zürich und München

Mit 84 Abbildungen, 22 Plänen und Zeichnungen.
Die Zeichnungen und Pläne wurden, wenn nicht anders angegeben, von Dieter Weber, München, gezeichnet.
Mehrfarbige Stadtpläne auf dem vorderen und hinteren Vorsatz sowie Orientierungsplan auf S. 111 von Achim Norweg, München.

Umschlagfoto: Karlsbrücke mit Hradschin

CIP-Kurztitelaufnahme der Deutschen Bibliothek

Frey, Alexander:
Prag : mit Burg Karlstein, Schloß Troja u.
Schloß Stern / von Alexander Frey.
Zürich ; München : Artemis-Verlag, 1984.
(Artemis-Cicerone)
ISBN 3-7608-0784-4

Gesamtherstellung: Friedrich Pustet, Regensburg
Printed in Germany

INHALTSVERZEICHNIS

Das Moldauknie mit dem Künstlerhaus (Rudolfinum)

A. HISTORISCHER ÜBERBLICK

Prähistorische Anfänge

»Wer vermöchte diese Stadt mit Worten gebührend zu schildern? Durch die Jahrhunderte erklingen die rühmenden Berichte großer Europäer. Sie preisen die stolze Gebärde der Hügelstadt, sagen von ihren Domen, ihren Burgen, von den vielhundert Kuppeln und Türmen, die sie überschwingen. Sie wissen von der Verwunschenheit zerfallener Quartiere, vom Raunen uralter Gärten und vom Zauberton der nächtlichen Moldau.« (Oskar Schürer).

Funde aus allen Stadien der Vor- und Frühgeschichte belegen die ständige Besiedlung des Prager Raumes seit der Steinzeit. Seit dem 4. Jtsd. drängten die verschiedensten Stämme Mitteleuropas bis an die Moldau vor. Die zentrale Lage im Kreuzungsbereich der Bernstein- und Salzstraße begünstigte Handel und Verkehr. Bereits zwischen dem 3. und 1. Jtsd. entwickelten sich die ersten Handelsniederlassungen unterhalb des Hradschin. Im Laufe der folgenden Jahrhunderte wurde dieser Raum immer wieder erbittert umkämpft. Im 5. Jh. v. Chr. gelangten illyrische Stämme von der Adria bis an die Moldau vor. Ihnen folgten im 4. Jh. die keltischen Bojaren, nach denen das Land seinen Namen ›Böhmen‹ erhielt. Um die Zeitenwende drängten germanische Markomannen in das Moldautal und vertrieben die Bojer. Den Markomannen folgten Ende des 4. Jh. n. Chr. germanische Langobarden. Im Verlauf der Völkerwanderung zwischen dem 5. und 6. Jh. wurde das Gebiet beiderseits der Moldau bis hinauf zum Hradschin von Westslawen besiedelt. Goldene Schmuckstücke und Knöpfe, die 1975 bei Ausgrabungen auf der Prager Burg in der Nähe der Reitschule entdeckt wurden, belegen die Besiedlung des Hradschin durch slawische Fürsten noch vor dem 8. Jh.

Herrscher von Böhmen

Aus dem Geschlecht der Przemysliden

Boriwoj I.	um 873
Spitihnew I.	um 916
Wratislaw I.	um 920
Wenzel (der Heilige)	921–935
Boleslaw I. (der Grausame)	935–967
Boleslaw II. (der Fromme)	967–999
Boleslaw III. (der Rote)	999–1003
Jaromir	1003–1012
Udalrich	1012–1034
Breitislaw I.	1034–1055

Spitihnew II.		1055–1061
Wratislaw II.	(erhielt von Ks. Heinrich IV. die persönliche Königswürde)	1061–1092
Breitislaw II.		1092–1100
Boriwoj II.		1100–1107
Swatopluk		1107–1109
Wladislaw I.		1109–1125
Sobieslaw I.		1125–1140
Wladislaw II.	(erhielt von Ks. Friedrich Barbarossa die persönliche Königswürde)	1140–1173
Sobieslaw II.		1173–1179
Friedrich		1179–1189
Konrad		1189–1191
Przemysl		1192–1193
Heinrich Breitislaw		1193–1197
Ottokar I.	(erhielt 1212 von Ks. Friedrich II. die erbliche Königswürde)	1197–1230
Wenzel I.		1230–1253
Ottokar II.		1253–1278
Wenzel II.		1278–1305
Wenzel III.		1305–1306

Nach dem Aussterben der Przemysliden

Rudolf von Habsburg	1306–1307
Heinrich von Kärnten	1307–1310

Aus dem Geschlecht der Luxemburger

Johann	1310–1346
Karl I. (seit 1355 Ks. Karl IV.)	1346–1378
Wenzel IV.	1378–1419
Sigismund	1419–1437

Interregnum

Albrecht von Habsburg	1437–1439
Ladislaus Postumus	1439–1457
Georg von Podiebrad	1458–1471

Aus dem Geschlecht der Jagellonen

Wladislaw II.	1471–1516
Ludwig	1516–1526

Aus dem Geschlecht der Habsburger

Ferdinand I.	1526–1564
Maximilian II.	1564–1576

Rudolf II.	1576–1611
Matthias	1611–1619
Friedrich von der Pfalz	1619–1620
Ferdinand II.	1619–1637
Ferdinand III.	1637–1657
Leopold I.	1657–1705
Joseph I.	1705–1711
Karl II. (seit 1711 Ks. Karl VI.)	1711–1740
Karl Albrecht von Bayern (seit 1742 Ks. Karl VII.)	1741–1745
Maria Theresia	1745–1780
Joseph II.	1780–1790
Leopold II.	1790–1792
Franz II.	1792–1835
Ferdinand I., der Gütige	1835–1848
Franz Joseph I.	1848–1916
Karl III.	1916–1918

Unter den Przemysliden

Der Sage nach gründete *Libussa*, Ahnherrin der *Przemysliden*, Prag. Die Przemysliden, ein Geschlecht aus dem Stamm der Tschechen, behaupteten Anfang des 9. Jh. ihren Führungsanspruch gegenüber den anderen slawischen Stämmen und setzten sich auf dem *Hradschin* und dem *Wyschehrad* fest. Hier legten sie seit der Mitte des 9. Jh. (Hradschin) bzw. seit Beginn des 10. Jh. (Wyschehrad) befestigte Burgen an. Zwischen diesen beiden Burgen entwickelte sich die Stadt, die im 9. Jh. aus 40 befestigten Höfen bestand.
Als erstes christliches Bauwerk entstand wahrscheinlich Ende des 9. Jh. auf dem Hradschin eine kleine *hölzerne Marienkirche*. Sie ist vermutlich unter dem ersten historisch nachweisbaren Herzog der Tschechen, *Boriwoj I.*, entstanden, der sich mit seiner Gemahlin *Ludmila* um 873 von *Erzbischof Methold von Großmähren* taufen ließ.

um 873 Marienkirche (heute Burggalerie) Nr. 1 e

Die Söhne des ersten christlichen Przemyslidenherzogs *Boriwoj*, *Spitihnew* und *Wratislaw*, unterstellten sich der Oberhoheit des deutschen Königs *Arnulf* und der Diözese Regensburg. Unter ihnen entstand anstelle der hölzernen Marienkirche das erste *steinerne Gotteshaus* auf dem Gelände der heutigen Prager Burg, dessen Fundamente bei Ausgrabungen im Jahre 1950 entdeckt wurden. Außerdem konnte zwischen 1958 und 1961 an zwei Stellen eine auffallend starke Palisadenumzäunung aus Baumstämmen und Steinen freigelegt werden, die wahrscheinlich auch unter den Söhnen *Boriwojs* entstand.
Um 921 stiftete *Wratislaw I.* die zweite Kirche auf dem Gelände des

Hradschin und ließ sie dem *hl. Georg* weihen (unmittelbarer Nachfolger dieser dreischiffigen Basilika ist die heutige St.-Georgs-Basilika). 925 wurde ihr eine kleine Grabkapelle für die Mutter des Stifters, *Ludmila*, hinzugefügt, die auf Betreiben ihrer Schwiegertochter (*Drahomira*) 921 erdrosselt worden war. Westlich der St.-Georgs-Basilika ließ *Wenzel d. Hl.* zwischen 926 und 930 die St.-Veits-Rotunde errichten. Zwischen den beiden Gotteshäusern, auf dem heutigen Georgsplatz, soll der *Fürstenstuhl* gestanden haben. Der Platz bildete den Mittelpunkt für die Verwaltungsgeschäfte; hier wurden Hoftage abgehalten und die böhmischen Herrscher gekürt.
Interessant ist die bauliche Ausführung der St.-Veits-Rotunde mit vier Apsiden, die byzantinische Einflüsse, ähnlich der Aachener Pfalzkapelle Karls d. Gr., aufweist und deren Fundamente unter der heutigen Wenzelskapelle nachgewiesen werden konnten. Mit den Kirchenbauten und der Orientierung *Wenzels* an der deutschen Politik hielt die Christianisierung in Böhmen noch keineswegs Schritt. Dabei kam der stärkste Widerstand aus den eigenen Reihen der Przemysliden. Wie *Drahomira* bereits 921 ihre Schwiegermutter *Ludmila* umbringen ließ, weil sie den Thronfolger *Wenzel* im christlichen Glauben erzogen hatte, so stiftete sie vermutlich auch ihren Sohn *Boleslaw* an, seinen Bruder *Wenzel* zu töten, um nach eigener Vorstellung Einfluß und Macht ausüben zu können. Den jüngsten Forschungsergebnissen zufolge soll *Wenzel* 935, und nicht wie bisher angenommen 929, auf seinem morgendlichen Gang zur Messe erstochen worden sein. Seine letzte Ruhestätte erhielt er in der südlichen Apsis der unter ihm erbauten St.-Veits-Rotunde. Seither werden *Ludmila* und ihr Enkel *Wenzel* als die *ersten und bedeutendsten Heiligen und Schutzpatrone Böhmens* verehrt.

um 916	**Befestigung der Burg**	**Nr. 1**
um 921	**St.-Georgs-Basilika**	**Nr. 1c**
921–935	**St.-Veits-Rotunde**	**Nr. 1b**

Wie die Stadt zu dieser Zeit ausgesehen hat und wie sie sich entwikkelte, geht aus dem Bericht des jüdischen Kaufmanns *Ibrahim Ibn Jakub* hervor, der als Gesandter Ks. *Ottos I.* um 965 Prag besuchte: »Prag ist ein Ort lebhaften Handels im böhmischen Lande. Es kommen Russen, Polen, Muselmanen, Juden und Madjaren dorthin, um Sklaven, Zinn, Pelzwerk, Pferdesättel, Zaumzeug und Schilde und alles, was sonst angefertigt wird, einzukaufen«. Und dann folgt ein Satz, der bis in die jüngste Zeit immer wieder angezweifelt wurde: »Prag ist eine aus Stein und Kalk erbaute Stadt«. Mit Ausnahme der Burg auf dem Hradschin hatte man für das 10. Jh. Holzbauten angenommen. Doch die sehr intensiv betriebenen archäologischen Untersuchungen der letzten Zeit, besonders im Bereich der Altstadt,

wo immer mehr steinerne Zeugen aus jener Zeit zutage treten, lassen den Bericht durchaus glaubwürdig erscheinen.
Unter *Boleslaw I.* (mit dem Beinamen ›der Grausame‹) setzten sich wieder die nichtchristlichen Vertreter durch. Doch nach einem vierzehnjährigen Widerstand gegen das Heilige Römische Reich Deutscher Nation unter Ks. *Otto I.* mußte er schließlich doch nachgeben und sich einem Vasallenbündnis anschließen. So gestärkt, dehnte er die Herrschaft der Przemysliden auf Mähren und bis über die Donau aus. Sein Sohn *Boleslaw II.* setzte sich wieder für das Christentum ein und erhielt den Beinamen ›der Fromme‹. Unter seiner Herrschaft wurde Prag 973 zum Bistum erhoben und dem Mainzer Erzbistum angeschlossen. Im gleichen Jahr ließ *Boleslaw II.* neben der St.-Georgs-Basilika das erste Kloster für den Orden der Benediktinerinnen in Böhmen und im Westteil der Burganlage einen Bischofspalast errichten. Zwanzig Jahre später entstand auf Betreiben des ersten tschechischen Bischofs, des *hl. Adalbert*, ein zweites Kloster für die Benediktiner. *Boleslaw II.* erweiterte das Reich im Nordosten bis Breslau und Krakow und im Südosten bis an die Grenzen des Kiewer Reiches.

973 **Benediktinerinnenkloster St. Georg** **Nr. 1c**
973 **Erster Bischofspalast**

Die Nachfolger *Boleslaws II.* konnten das von ihm eroberte Gebiet nicht halten. Vorübergehend geriet das Land unter polnische Herrschaft. Nur mit Unterstützung Ks. *Heinrichs II.* gelang es, wenigstens den vom Erzgebirge und den Sudeten abgeschirmten Bereich des Landes zu halten. Erst *Breitislaw I.* stellte die alte Macht der Przemysliden wieder her. Er eroberte große Teile Polens, mußte sie aber auf Geheiß Ks. *Heinrichs III.* wieder abtreten. Dennoch wuchsen Macht und Ansehen der Przemysliden weiter, so daß sie den deutschen Fürsten an Macht und Einfluß nicht mehr nachstanden. *Wratislaw II.* wurde sogar 1085 für seine Unterstützung in den Auseinandersetzungen um die kirchliche und weltliche Macht im sog. Investiturstreit von Ks. *Heinrich IV.* mit der persönlichen Königswürde ausgezeichnet. Er verlegte seinen Regierungssitz auf den Wyschehrad und entwickelte dort eine enorme Bautätigkeit. Neben einem Domkapitel und einem neuen Palast ließ er auch drei weitere Kirchen sowie die St.-Martins-Rotunde (um 1060) errichten, die als einziges Bauwerk aus dieser Zeit bis heute erhalten geblieben ist. Zu seiner Krönung (zum König *Wratislaw I.*) 1086 wurde in einer äußerst kunstvollen Handschrift ein ›Krönungsevangeliar‹ verfaßt, das eine der künstlerisch hervorragendsten Arbeiten auf diesem Gebiet darstellt und als *älteste überlieferte Handschrift Böhmens* heute im Clementinum (Nr. 21) zu sehen ist. Aber auch die Stadt errang laut ›Chronik des Cosmas von

Prag‹ einen bis dahin nicht gekannten Wohlstand und war erfüllt von lebhaftem Treiben und Handel. Auf dem Marktplatz, dem heutigen Altstädter Ring, blühten die Geschäfte und um den Platz herum entstanden die ersten stattlichen Häuser wohlhabender Kaufleute.

um 1060	**St.-Martins-Rotunde**	**Nr. 44**
1086	**Wyschehrader Krönungsevangeliar**	**Nr. 21**

Rund 50 Jahre später, unter *Wladislaw II.*, erreichte diese Entwicklung ihren Höhepunkt. Er hatte für seine Verdienste im 2. Kreuzzug (1147/49) und bei der Eroberung Mailands von Ks. *Friedrich Barbarossa* außer einer großzügigen Kriegsbeute auch die persönliche Königswürde verliehen bekommen. Der stetige Zuwachs jüdischer, französischer und deutscher Einwanderer sowie der verstärkte Ausbau der Stadt förderten den wirtschaftlichen und kulturellen Aufschwung Prags, so daß es sich in dieser Zeit zu einer der bedeutendsten Städte Europas entwickelte. *Wladislaw II.* ließ die Befestigungsanlage aus Palisaden in Anlehnung an die romanischen Pfalzen in eine von einem Wall und einer Mauer mit Türmen umgebenen Anlage mit Burgkapelle, Palas und Wirtschaftsgebäuden umwandeln. Charakteristisch waren dabei besonders die alles überragenden Türme des St.-Veits-Domes und der, nach einem Brand von 1142 neu errichteten, St.-Georgs-Basilika. Außer dem 1148 gegründeten Prämonstratenserstift Strahov, westlich vor den Toren der Stadt, entstanden in diesen Jahren drei weitere Klöster im Prager Raum. Die beiderseits der Moldau gelegenen Siedlungen, die inzwischen zu zwei eigenständigen Städten herangewachsen waren, wurden 1172 durch eine *erste steinerne Brücke* miteinander verbunden.

seit 1140	**Umbau der Befestigungsanlage**	**Nr. 1**
1142	**St.-Georgs-Basilika (Neubau)**	**Nr. 1c**
1148	**Kloster Strahov**	**Nr. 7**
1172	**Erste steinerne Brücke (spätere Karlsbrücke)**	**Nr. 19**

Nachdem *Wratislaw II.* (1085) und *Wladislaw II.* (1158) jeweils nur mit der persönlichen Königswürde ausgezeichnet worden waren, erhielt *Ottokar I.* 1212 von König *Friedrich II.* (seit 1220 Kaiser) in einer prächtigen Verleihungsurkunde, der sog. ›Sizilischen Goldenen Bulle‹, die erbliche Königswürde. Damit gewann nicht nur das Przemyslidengeschlecht politische Stabilität, unter den Nachfolgern *Wladislaws II.* war auch für Prag und ganz Böhmen ein wirtschaftlicher und kultureller Aufschwung zu verzeichnen.
Durch Siedler aus den verschiedensten Ländern, wobei die Deutschen zahlenmäßig am stärksten erscheinen, kam es zu einer vielseitigen kulturellen Befruchtung, die ihren besonderen Ausdruck in einer Fülle kunsthandwerklicher Arbeiten sowie von Plastik, Male-

rei und Architektur fand. Anfang des 13. Jh. wurden in Prag bereits über 50 Kirchen gezählt, zu denen natürlich eine dementsprechende Anzahl Wohnhäuser gehörten. Durch Ausgrabungen in der Altstadt konnten inzwischen die Reste von über hundert Gebäuden aus der romanischen Zeit nachgewiesen werden.

1232	**St.-Gallus-Kirche**	**Nr. 30**
1232	**St.-Jakobs-Kirche**	**Nr. 27**
um 1234	**Agneskloster**	**Nr. 26**

Unter *Wenzel I.* wurden die besiedelten Gebiete der Altstadt am Neuen Markt und um die St.-Gallus-Kirche mit einem Mauerring umgeben und nach einheitlichem Recht zu einer Stadt zusammengefaßt. *Wenzel* hatte sich auch als Minnesänger und Förderer der Künste einen Namen gemacht; an seinem Hof gingen Künstler, Sänger und Poeten der unterschiedlichsten Kulturkreise ein und aus. Auch sein Sohn *Ottokar II.* war ein großer Freund und Förderer der Künste. Während seiner Regierungszeit entwickelte sich die mittelalterliche deutsche Dichtung in Böhmen zu einer ersten Blüte, deren hervorragendste Vertreter *Ulrich von Eschenbach, Ulrich von Türlin* und die Brüder *Wernher* und *Heinrich* (gen. *Frauenlob*) *von Meißen* waren. Franziskaner und Dominikaner errichteten unter *Ottokar II.* die ersten gotischen Kirchen und Klöster in Prag. Die romanische Burg und die Allerheiligenkapelle wurden mit gotischen Elementen versehen, der alte Königspalast durch einen Arkadenvorbau und einen prächtigen Saal im Obergeschoß erweitert; der Veitsdom erhielt an der Nordseite einen gotischen Kreuzgang. Das älteste heute noch erhaltene Bauwerk der Frühgotik Prags ist die um 1270 errichtete Altneusynagoge in der Altstadt.

1234–1243	**St.-Veits-Dom (got. Kreuzgang)**	**Nr. 1b**
um 1263	**Allerheiligenkapelle (got. erneuert)**	**Nr. 1a**
um 1270	**Altneusynagoge**	**Nr. 25**

1257 erhielt die Siedlung der deutschen Zuwanderer auf der Prager Kleinseite das Magdeburger Stadtrecht und wurde durch eine Wehrmauer befestigt.

Durch militärische Erfolge und die Heirat mit *Margarete* aus dem Hause Babenberg erweiterte *Ottokar II.* seine Herrschaft im Süden fast bis an die Adria und nach Norden bis an die Ostsee, wo er 1255 zusammen mit dem Deutschen Orden Königsberg gründete. Doch sein Versuch, als der mächtigste Reichsfürst nun auch die deutsche Königswürde zu erringen, scheiterte am Widerstand *Rudolfs von Habsburg*, der ihn 1276 zwang, Österreich, Kärnten und die Steiermark abzutreten. Bei dem Versuch, diese Gebiete wieder zurückzuerobern, fiel *Ottokar II.* 1278 auf dem Marchfeld bei Dürnkrut. Dennoch hinterließ er seinen Nachfolgern in Böhmen und Mähren ein

politisch und wirtschaftlich gefestigtes Reich. Thronstreitigkeiten seiner Nachfolger führten wieder zu erheblichen Unruhen. Dabei machte sich erstmals auch der immer stärker werdende politische Einfluß des Bürgertums bemerkbar, den Adel und König nicht mehr ignorieren konnten. Außerdem trat unter *Wenzel II.*, der einerseits die deutsche Kultur förderte, andererseits aber die Erweiterung der Przemyslidenherrschaft anstrebte, der schon seit langem schwelende Konflikt zwischen Tschechen und Deutschen offen zutage. Ursachen waren vor allem die den Deutschen eingeräumten Privilegien (Selbstverwaltung und eigene Gerichtsbarkeit) und ihr durch Handel und Gewerbe erworbener Wohlstand.
So setzte es der tschechische Adel 1280 durch, daß alle nicht fest angesiedelten Deutschen das Land innerhalb von drei Tagen verlassen mußten. Mit *Wenzel III.* (1306 ermordet) starb die männliche Linie der Przemysliden aus; damit endeten zunächst auch die Auseinandersetzungen um die Thronfolge in Böhmen und Mähren.

Die Reichshauptstadt

1310 sicherte sich der deutsche König *Heinrich VII.* aus dem Hause Luxemburg die Herrschaft über das Böhmische Reich, indem er seinen Sohn *Johann* mit *Elisabeth*, der letzten Przemyslidin, verheiratete. Unter der Herrschaft ihres Sohnes *Karl* sollte Prag seine höchste geistige und kulturelle Blüte erleben. Bereits 1344, zwei Jahre vor seinem Regierungsantritt, erwirkte er, daß das Prager Bistum zum Erzbistum erhoben wurde. Mit der Krönung *Karls* 1346 zum König *(Karl I.)* und 1355 zum Kaiser *(Karl IV.)* wurde Prag Reichshauptstadt und entwickelte sich zum politischen und kulturellen Mittelpunkt des Heiligen Römischen Reiches Deutscher Nation.
Karl IV. berief den bedeutendsten deutschen Baumeister des 14. Jh., *Peter Parler*, nach Prag, der zusammen mit *Matthias von Arras* wesentlich das architektonische Bild der Stadt in seinem gotischen Charakter prägte. Der Neubau des St.-Veits-Domes, die Karlsbrücke und die Burg Karlstein gehören zu den herausragenden Baudenkmälern dieser Zeit. 1347 stiftete *Karl IV.* für den Benediktinerorden das Emauskloster, dessen Baustil und Fresken (im Kreuzgang) über Generationen Impulse für die weitere Entwicklung der Kunst in Böhmen ausgelöst haben.

seit 1344	**St.-Veits-Dom (got. Neubau)**	**Nr. 1b**
1347	**Emauskloster (Stiftung)**	**Nr. 41**
1348	**Carolinum (Gründung)**	**Nr. 30**
1348–1357	**Burg Karlstein**	**Nr. 47**
1357	**Karlsbrücke (Beginn)**	**Nr. 19**
1357	**Altstädter Brückenturm**	**Nr. 20**

Dichter und Gelehrte von internationalem Ruf (u.a. *Francesco Petrarca*) lebten zeitweilig in Prag und fanden in *Karl IV.*, der selbst einige literarische Arbeiten verfaßt hat (›Vita Caroli‹, ›Wenzelslegende‹ und den ›Fürstenspiegel‹) und ein leidenschaftlicher Sammler von Kunstwerken aller Art war, einen Herrscher von höchster Bildung. Bereits ein Jahr nach seinem Regierungsantritt gründete er 1348 die Prager Universität, das Carolinum. Sie war nach Paris, Padua und Bologna die vierte Universität in Europa. Er veranlaßte den Bau der Prager Neustadt und der Kirche Maria Schnee. In seiner Politik bemühte sich *Karl IV.* vor allem um die Erweiterung seiner Hausmacht. Er erhob Mähren, Schlesien und die Lausitz zu Ländern Böhmens, dehnte seinen Einflußbereich über Brandenburg und sogar über die Oberpfalz bis zum Main hin aus. Bei seinem Tod 1378 machte das Reich äußerlich zwar einen stabilen Eindruck, stand Prag auf höchstem geistigen und kulturellen Niveau in Europa (die Stadt war mit 40 000 E. nach Rom zur zweitgrößten Metropole des Kontinents herangewachsen), dennoch machte sich jetzt wieder verstärkt die Unzufriedenheit der tschechischen Bevölkerung gegenüber den deutschen Herrschern und den deutschen Siedlern bemerkbar.

Die Zeit der Glaubenskämpfe

Unter *Wenzel IV.*, dem Sohn *Karls IV.*, erreichte die architektonische und kulturelle Entwicklung mit dem Ausbau Prags zu einer der schönsten Städte Europas ihren Höhepunkt. Der politischen Entwicklung dagegen war er nicht gewachsen. Er verlegte seine Residenz vom Hradschin in den Königspalast in der Altstadt und richtete hier eine Handschriftenbibliothek ein, deren bedeutendste Stücke sich heute in der Wiener Nationalbibliothek befinden. Er förderte die Prager Universität, an der *Jan Hus* (1369–1415) als Magister lehrte. In seinen Predigten in der Bethlehemskapelle prangerte *Hus* aber nicht nur Unmoral und Sittenlosigkeit des Klerus an, er forderte auch bessere nationale und soziale Verhältnisse: »Die Tschechen sollten im böhmischen Königreich gemäß Gesetz, ja nach dem Willen Gottes und der Natur, die ersten in den Ämtern sein, so wie die Franzosen im französischen Königreich und die Deutschen in ihren Landen, auf daß Tschechen ihren Untergebenen gebieten und Deutsche deutschen.« *Wenzel IV.* unterstützte *Hus* und stellte sich gegen die Kirche. Er ließ, aus bis heute nicht geklärten Gründen, den Generalvikar des Erzbistums Prag, *Johannes von Nepomuk* (1350–1393), gefangennehmen, foltern und am 20. März 1393 von der Karlsbrücke in die Moldau stürzen. 1409 änderte er durch das ›Kuttenberger Dekret‹ das Stimmrecht an der Prager Universität zugunsten der Tschechen, so daß es daraufhin zum Auszug der deutschen Professoren und Studenten kam. 1411 wurde *Jan Hus* mit dem Kirchenbann belegt und drei Jahre später zum Konzil nach Konstanz (1414) geladen, zu dem ihm Ks. *Sigismund*, der Bruder *Wenzels IV.*, freies Geleit zusicherte. Doch bei seiner Ankunft wurde *Hus* sofort vom Klerus gefangengenommen. Vor dem geistlichen Tribunal weigerte er sich standhaft, seine Lehre zu widerrufen; er wurde am 6. Juli 1415 vor den Toren von Konstanz auf dem Scheiterhaufen verbrannt und seine Asche in den Rhein gestreut.

Die beabsichtigte abschreckende Wirkung dieses grausamen Urteils kehrte sich, wie so oft in der Geschichte, in ihr Gegenteil. Die große Mehrheit des böhmischen Adels übersandte dem Konzil in Konstanz einen schriftlichen Protest.

Wenzel IV. wagte es jedoch nicht, sich ihm anzuschließen. Die Lehre der *Hussiten* breitete sich jetzt rasch über die Grenzen Prags in ganz Böhmen aus. Geistliche und Laien verkündeten ein Reich, in dem alle Menschen gleich sein und nur die Heilige Schrift als die wahre Quelle des christlichen Glaubens gelten sollten. *Wenzel IV.* erkannte die drohende Gefahr zu spät, die von dieser Volksbewegung ausging; seine zaghaften Vermittlungsversuche scheiterten. Als am 30. Juli 1419 aus einem Fenster des Neustädter Rathauses ein Stein auf einen Umzug der Hussiten geworfen wurde, stürmte das aufgebrachte Volk das Rathaus und stürzte Bürgermeister und Ratsherren aus den Fenstern. Darüberhinaus kehrte sich der Unmut eines Teils der Bevölkerung auch gegen die Deutschen. Aus den größeren Städten wurden sie ausgewiesen und ihr Besitz enteignet. *Wenzel IV.* hatte nicht mehr die Kraft, sich gegen die folgenden Verwüstungen und Zerstörungen, in deren Verlauf besonders in den Kirchen Kunstwerke von unvorstellbarem Wert vernichtet wurden, zu wehren; er starb 16 Tage nach dem ›Fenstersturz‹.

Nach dem Tode *Wenzels IV* verweigerten die Tschechen seinem Bruder, Ks. *Sigismund*, den Anspruch auf den böhmischen Thron. Daraufhin zog dieser, unterstützt von Papst *Martin V.*, der 1420 eine sog. Kreuzzugsbulle gegen die Ketzer in Böhmen erlassen hatte, mit einem ›Kreuzzugsheer‹ nach Böhmen. In der Schlacht auf dem Vitkov bei Prag wurde *Sigismund* von den Hussiten unter Führung *Jan Žižikas* vernichtend geschlagen. Obwohl es nach den ›Prager Artikeln‹ von 1420, in denen Predigtfreiheit, Abschaffung des Priestereigentums und das Abendmahl sub utraque specie (in beiderlei Gestalt) gefordert wurde, zur Spaltung der Hussiten in die radikalen *Taboriten* und die gemäßigten *Utraquisten* kam, besiegten die Hussiten in vier weiteren ›Kreuzzügen‹ zwischen 1420 und 1431 das kaiserlich-päpstliche Heer.

Für den Augenblick schienen die Hussiten unschlagbar, so daß die Kirche 1433 auf dem Konzil zu Basel ihnen Angebote machte, die

Michael Wohlgemut und Wilhelm Pleydenwurf: Prag 1493

praktisch die Anerkennung der ›Prager Artikel‹ bedeuteten. Daraufhin kam es zwischen den *Taboriten* und *Utraquisten* erneut zu Auseinandersetzungen. In einem ›Bruderkrieg‹ 1434 bei Lipany nahe Prag konnten die überlegenen *Utraquisten* den Kampf für sich entscheiden und einen Waffenstillstand mit der Kirche vereinbaren, der 1437 zum Frieden führte. Noch im gleichen Jahr starb Ks. *Sigismund*, der ein Jahr zuvor doch noch als böhmischer König anerkannt worden war. Nach einem Interregnum von 20 Jahren folgte auf *Albrecht von Habsburg* und *Ladislaus Postumus Georg von Podiebrad*, seit 1451 von Ks. *Friedrich III.* zum Verwalter Böhmens eingesetzt und 1458 zum König von Böhmen gewählt. Er entwickelte die Idee, ein europäisches Schiedsgericht einzusetzen, um künftige kriegerische Auseinandersetzungen zu vermeiden, und setzte sich verstärkt für den weiteren Ausbau Prags ein, besonders durch den begabten Baumeister und Zeichner *Matthias Rejsek.*

1461–1466	**Teynkirche (Westteil und Nordturm)**	**Nr. 23**
1464	**Kleinseitener Brückenturm**	**Nr. 18**
1475	**Altstädter Rathaus (Hauptportal)**	**Nr. 23**
1475	**Pulverturm**	**Nr. 28**

In den folgenden 50 Jahren wurde Böhmen unter den polnischen Jagellonen *Wladislaw II.* (1471–1516) und *Ludwig* (1516–1526) mit Polen und Ungarn vereinigt. 1526 fiel die Krone Böhmens an die *Habsburger*, die das Land bis 1918 beherrschten.

Anfänge der Habsburger in Böhmen

Zwischen 1526 und 1576 unter den ersten Habsburgern in Böhmen, *Ferdinand I.* und *Maximilian II.*, erlebte Prag wieder einen erheblichen wirtschaftlichen und kulturellen Aufschwung. In Joachimsthal entdeckte Silbervorkommen zogen Bergleute, Handwerker und Kaufleute aus allen Gebieten des Reiches an. In Prag hielt die italienische Renaissance Einzug. Auf der Kleinseite entstand ein ganzes Viertel, das nur von italienischen Baumeistern und Künstlern bewohnt wurde. Der Hof gab das königliche Lustschloß Belvedere in Auftrag; die Adligen ließen sich Paläste nach italienischen Vorbildern errichten, und auch die Bürgerhäuser wurden immer größer und anspruchsvoller.

1538–1563	**Belvedere**	**Nr. 2**
1543	**Palais Schwarzenberg**	**Nr. 3**
1555	**Schloß Stern**	**Nr. 46**
1578	**St.-Salvator-Kirche**	**Nr. 21**

Doch trotz des steigenden Wohlstands gärten die religiösen Meinungsverschiedenheiten unterschwellig weiter und erhielten durch das Auftreten *Martin Luthers* erneuten Auftrieb. Als *Rudolf II.* die Regierung übernahm, hatten die religiösen Auseinandersetzungen in Böhmen ihre bis dahin kritischste Phase erreicht. Dennoch wählte der Kaiser Prag zur Reichshauptstadt und führte es erneut zu geistiger und kultureller Blüte, wie 200 Jahre zuvor *Karl IV.* Ungeachtet der politischen Gefahren ging der Kaiser seinen unterschiedlichen musischen Interessen und kuriosesten Liebhabereien nach. So interessierte er sich leidenschaftlich für die Alchemie, förderte Physik und Astronomie und berief *Johannes Kepler* sowie *Tycho Brahe* nach Prag. Der Legende nach soll mit seiner Unterstützung der *Rabbi Löw* den *Golem* (ein künstliches menschliches Wesen von gewaltiger Kraft und Größe, das als Retter der Juden erscheint) und die *Laterna magica* (Zauberlaterne in der Art eines Projektors) geschaffen haben. *Rudolf II.* war ein begeisterter Sammler und ein Liebhaber der Künste und Wissenschaften. Er verpflichtete Künstler aus Italien, den Niederlanden und Deutschland nach Prag. *Jan Brueghel, Adrian de Vries, Aegidius Sadeler* und *Bartholomäus Spranger* trugen wesentlich dazu bei, daß Prag ein zweites Mal in seiner Geschichte zu einem der bedeutendsten Kulturzentren Europas wurde. In der Architektur breiteten sich der *Manierismus* und vor allem das *Barock* aus, das auf lange Sicht charakteristisch für das vielgerühmte ›Goldene‹ Prag und darüberhinaus für ganz Böhmen werden sollte.
Doch während *Rudolf II.* sich den schönen Künsten und Wissenschaften widmete, verbanden sich Protestanten aus Böhmen und Deutschland, um seinem Bruder *Matthias*, der sich ihnen gegenüber loyal zeigte, zur Macht zu verhelfen. Unter diesen Umständen sah sich *Rudolf II.* 1609 gezwungen, in einem ›Majestätsbrief‹, der sich später äußerst verhängnisvoll auswirken sollte, den Protestanten des böhmischen Adels das Recht auf freie Religionsausübung, die Aufsicht über die Universität und die Wahl des erzbischöflichen

Konsistoriums zu gewähren – Errungenschaften, die 1618 mit ein Anlaß zum Ausbruch des Dreißigjährigen Krieges werden sollten. Nachdem *Matthias* sein Vorhaben erreicht und seinen Bruder 1611 zur Abdankung gezwungen hatte, brach er sofort jede Verbindung zu den Protestanten ab.

Der Dreißigjährige Krieg

In gleicher Weise wie *Matthias* reagierte auch sein Nachfolger *Ferdinand II.* Um seine Macht zu festigen, bestätigte er den böhmischen Protestanten anfangs die Zugeständnisse des ›Majestätsbriefes‹ von 1609. Doch schon bald nach seinem Regierungsantritt wurde der überzeugte Katholik und Jesuitenschüler zum entschiedensten Verfechter der Gegenreformation. Sein rücksichtsloses und unduldsames Vorgehen führte auch bald zu offenen Auseinandersetzungen. Der ›Majestätsbrief‹ gewährte Freiheit im Kirchenbau und freie Religionsausübung. Jetzt trafen in Prag erste Nachrichten ein, wonach auf dem Land protestantische Kirchen gesperrt und sogar abgerissen wurden. Eine Beschwerde der protestantischen Stände beim Kaiser wurde abgewiesen. Daraufhin besetzten die protestantischen Stände am 23. Mai 1618 die Burg, drangen in die Kanzlei der Statthalter und stürzten nach einem kurzen Wortwechsel den Vertreter des kaiserlichen Rates, *Graf Martinitz*, den Statthalter *Slavata* und den Geheimschreiber *Philipp Fabricius* aus dem Fenster 16 m in die Tiefe. Dennoch haben alle drei den Sturz überlebt, was im nachhinein Anlaß zu frommen Legenden gegeben hat.
Dieser zweite ›Prager Fenstersturz‹ wurde das Signal zum offenen Aufstand. Der Erzbischof, die Mönche von Strahov und Braunau und die Jesuiten wurden des Landes verwiesen. Ein Jahr später erklärten die böhmischen Stände *Ferdinand II.* für abgesetzt und erkoren Kurfürst *Friedrich V. von der Pfalz* zum König von Böhmen. Von vornherein auf die Unterstützung ausländischer Mächte angewiesen, unterlag das Heer der böhmischen und mährischen Stände unter der Führung *Friedrichs V.* am 8. Nov. 1620 in der Schlacht am Weißen Berg gegen das kaiserliche Heer; *Friedrich* flüchtete in die Niederlande. Das bedeutete die Wiederherstellung der Macht der Habsburger und der katholischen Kirche in Böhmen. In einem Schauprozeß auf dem Altstädter Ring wurden am 21. Juni 1621 die Anführer der Bewegung, 22 tschechische und 5 deutsche Adlige, öffentlich gefoltert und hingerichtet.
Das Prager Blutgericht war die unrühmliche Erwiderung auf den Prager Fenstersturz von 1618. Der Kaiser persönlich zerschnitt mit einer Schere den so verhängnisvollen ›Majestätsbrief‹ *Rudolfs II.* Er unterzeichnete 1627 eine ›verneuerte Landesordnung‹, in der

Anonymus: Prag nach 1650

Böhmen zum Erbe Habsburgs erklärt, der Katholizismus als einzige Religion in Böhmen zugelassen wurde und der Kaiser über alle Beschlüsse des Landtags die letzte und oberste Entscheidung hatte. Im Verlauf des Dreißigjährigen Krieges hatte Böhmen, das Herz des Kontinents, die größten Verluste und Schäden zu verzeichnen und büßte seine führende kulturelle und wirtschaftliche Stellung innerhalb des Reiches ein. Bei Kriegsende war die Bevölkerung Prags auf die Hälfte ihrer ursprünglichen Bewohner dezimiert und die einst blühende Wirtschaft sowie der Handel fast völlig zum Erliegen gekommen. Nur für eine kleine Oberschicht brachten die katastrophalen Wirren des Krieges auch ganz erhebliche Vorteile, und so entstanden noch während des Krieges Palais, Kirchen und Klöster, die das Bild Prags verstärkt im Stil des Barock prägen sollten.

1611–1613	**St. Maria de Victoria**	**Nr. 13**
1624–1630	**Palais Waldstein**	**Nr. 16**

Im Schatten zwischen Preußen und Österreich

Mit dem wirtschaftlichen Aufschwung des Landes gegen Ende des 17. Jh. setzte sich eine neue Generation von Künstlern und Architekten in Prag durch, die einen eigenen bodenständigen Stil, das ›Böhmische Barock‹, entwickelten und in der Stadt Prachtbauten von

höchstem künstlerischen Rang errichteten. Die herausragendsten Vertreter unter ihnen waren u. a. die Baumeister *Christoph* (1655–1722) und *Kilian Ignaz Dientzenhofer* (1689–1751), *Johann Bernhard Fischer von Erlach* (1656–1723), *Anselmo Lurago* (1701–1765) und *Jean Baptiste Mathey* (1630–1695), die Maler *Karel Škrèta* (1610–1674), *Johann Peter Brandl* (1668–1735) und *Johann Lukas Kracker* (1717–1779) sowie die Bildhauer *Ferdinand Maximilian Brokoff* (1688–1731) und *Matthias Bernhard Braun* (1684–1738). Sie schufen in einem Zeitraum von rund hundert Jahren eine Anzahl der bedeutendsten Bauwerke Prags, die der Stadt bis zum heutigen Tag ihren unverwechselbaren Charakter verleihen.

1669	**Palais Czernin**	**Nr. 6**
1679	**Kreuzherrenkirche**	**Nr. 20**
1679	**Schloß Troja**	**Nr. 45**
1680	**Palais Toscana**	**Nr. 3**
1682	**Palais Buquoy**	**Nr. 12**
1703	**St. Niklas (Kleinseite)**	**Nr. 14**
1715	**Palais Clam-Gallas**	**Nr. 22**
1717	**Loretokirche**	**Nr. 5**
1717	**Villa Amerika**	**Nr. 38**
1724	**Kirche und Kloster der Elisabetherinnen**	**Nr. 42**
1730	**St. Johannes-von-Nepomuk-am-Felsen**	**Nr. 41**
1732	**St. Niklas (Altstadt)**	**Nr. 23**
1749	**Palais Sylva-Tarouca**	**Nr. 29**
1755	**Palais Kinsky**	**Nr. 23**
1763	**Heiligkreuzkapelle**	**Nr. 1e**

Während das Barock sich zur höchsten Blüte entfaltete und Ende des 17. Jh. seinen Höhepunkt erreichte, kam es 1680 zum Aufstand der böhmischen Bauern gegen die Feudalherrschaft des Adels. In den folgenden Jahren unter Ks. *Karl VI.* breitete sich die Gegenreformation verstärkt aus. Zum erstenmal gelang es dem Bürgertum, in eine Domäne des Adels einzudringen. 1713 beantragten drei Bürger der Stadt bei der Statthalterei die Gründung einer ›Musikalischen Akademie‹, der dann auch gleich mehrere Adlige beitraten, ein Zeichen für das starke musikalische Interesse in allen Kreisen Prags. Im Verlauf des Österreichischen Erbfolgekrieges (1740–1748) und des Siebenjährigen Krieges (1756–1763) geriet Prag wiederholt in die Auseinandersetzungen zwischen Preußen und Österreich. Neben *Maria Theresia* erhob auch Kurfürst *Karl Albrecht von Bayern* Anspruch auf die böhmische Krone. Mit Unterstützung *Friedrichs d. Gr.* von Preußen, der 1741 vom Norden in das Land eindrang, während Bayern und Franzosen über Budweis und Pilsen in Böhmen einmarschierten, wurde Prag von allen Seiten eingeschlossen und fast zwei Monate lang belagert. Dann mußte sich die Stadt ergeben und ein Lösegeld zahlen, das sie vor der Plünderung verschonte. *Karl Albrecht* zog in Prag ein und ließ sich im Dezember 1741 zum König von Böhmen ausrufen; im Wladislawsaal auf dem Hradschin nahm er die Huldigung der böhmischen Stände entgegen. Doch bereits im Juni 1742 belagerten die Österreicher Prag wieder und versuchten, die Stadt zurückzuerobern, die nach Abzug der Bayern und Preußen nur noch von den Franzosen besetzt war. Auf Befehl aus Paris zogen in der Nacht vom 16. zum 17. Dez. 1742 die Franzosen heimlich ab. Es gelang ihnen, unbemerkt von den Österreichern zu entkommen. Am 2. Jan. 1743 nahmen die Österreicher Prag wieder ein; *Maria Theresia* ließ sich am 12. Mai 1743 im Veitsdom zur böhmischen Königin krönen.

Im 2. Schlesischen Krieg (1744–1745) wurde die Situation für Prag noch bedrohlicher. *Friedrich d. Gr.* belagerte ab 1. Sept. 1744 mit 80 000 Mann zwei Wochen lang unter ständigem Beschuß die Stadt. Sie mußte sich schließlich ergeben und diesmal sogar Plünderung und Gewalttätigkeiten über sich ergehen lassen.

Nach zwei Monaten zogen die Preußen vor den heranrückenden Österreichern wieder ab. Noch einmal 1757, während des Siebenjährigen Krieges, wurde Prag von *Friedrich d. Gr.* mit einem Heer von 100 000 Mann belagert und beschossen. Am 18. Juni unterlag der Preußenkönig den Österreichern bei Kolin und zog sich zurück. Die geschundene Bevölkerung konnte nach jahrzehntelangem Leiden wieder befreit aufatmen.

Die tschechische Unabhängigkeitsbewegung

Mitte des 18. Jh. herrschte in ganz Prag das Barock vor. Doch mit *Nikolaus Pacassi* (1716–1790), der schon am Ausbau von Schönbrunn beteiligt war und jetzt auf Anordnung von Kaiserin *Maria Theresia* die Pläne für den Um- und Ausbau der Westseite der Prager Burg schuf, erfolgte der Wandel vom pompösen Barock des Feudalismus zu einem nüchternen Klassizismus ganz im Sinne der beginnenden Aufklärung. Unter der Leitung *Anselmo Luragos* wurde der Entwurf *Pacassis* (1756–1774) ausgeführt. Es entstand ein Ehrenhof (1. Burghof), wobei alle Bauten der Westseite, von teils sehr unterschiedlicher baulicher Ausführung zu einem geschlossenen Komplex zusammengefaßt wurden. Gleichzeitig wurde mit der Erneuerung des Hradschin und der übrigen Stadt begonnen, um die durch den Krieg versäumte Entwicklung wieder aufzuholen.
In den folgenden Jahren trugen die Reformen Kaiser *Josephs II.* wesentlich zu einer freieren Entwicklung von Kultur und Gesellschaft bei, die allen Volksgruppen zugute kommen sollten. Aber der Blick auf die geistige Entwicklung im Ausland im Zusammenhang mit den neuen Reformen bewirkte eine verstärkte geistige Bewegung, vor allem bei der tschechischen Bevölkerung, die sich ihres eigenen Volkstums erinnerte und bewußt zu einem starken Eigenleben entwickelte. Größere Bildungschancen durch die 1774 eingeführte Schulpflicht sowie die 1781 aufgehobene Leibeigenschaft und die damit einhergehende freie Berufswahl förderte die Bestrebungen nach geistiger Erneuerung und nationaler Selbständigkeit. Im gleichen Jahr erhielten die Juden die Bürgerrechte, und 1784 verfügte *Joseph II.* die Vereinigung der vier bis dahin selbständigen Prager Städte (Hradschin, Kleinseite, Altstadt, Neustadt) und des Ghettos

Ludwig Pohl: Prag 1793

der Juden, der heutigen Josefstadt, zu einer Gemeinde unter der Verwaltung eines Magistrats. Die Aufhebung der Leibeigenschaft führte schnell zu einer Massenbewegung der Bauern in die Städte und zur Beschleunigung der Industrialisierung. Besonders in Prag nahm die tschechische Bevölkerung zu und bildete bald die Mehrheit. Das hatte zur Folge, daß sich das nationale Selbstbewußtsein der Tschechen mehr und mehr verstärkte und die Kluft zu den Deutschen vertiefte. Neben dem tschechischen Bürgertum setzte sich auch der tschechische Adel für eine vom Deutschen Reich getrennte nationale Unabhängigkeit ein. Er nahm vor allem durch die 1771 von ihm gegründete tschechische Gelehrtengesellschaft, der 1796 eröffneten Gemäldegalerie patriotischer Kunstfreunde, der 1816 gegründeten Akademie der Künste sowie über das Konservatorium Einfluß auf die nationale Bewegung. Es folgten 1818 die Gründung des Nationalmuseums und 1835 die Eröffnung der ersten öffentlichen tschechischen Bibliothek und Lesehalle. Außerdem entstanden mit dem ersten Schwimmbad (1830), dem ersten Bahnhof Prags (1843), der Einweihung der Eisenbahnlinie Prag–Wien (1845) und dem ersten Gaswerk (1847) der gesamten Bevölkerung dienende Zweckeinrichtungen. Mit geringen Ausnahmen entstanden jetzt statt der Palais und Kirchen in allen Teilen der Stadt Mietshäuser, Fabriken und die ersten Arbeiterviertel.

Der Konflikt zwischen Tschechen und Deutschen spitzte sich aber immer mehr zu. Der Historiker *František Palacký* (1798–1876) lehnte 1848 die Teilnahme an der Frankfurter Nationalversammlung des Deutschen Bundes ab mit der Begründung, er sei Tscheche slawischer Herkunft; sein Volk habe sich nie als Teil des deutschen betrachtet. Der unter seinem Vorsitz seit dem 2. Juni 1848 tagende *Slawenkongreß*, an dem Tschechen, Slowaken, Slowenen, Kroaten, Serben, Polen, Ruthenen und Russen teilnahmen, forderte vor allem die Gleichberechtigung von Tschechen und Deutschen und die Gleichberechtigung beider Sprachen im öffentlichen Behördenverkehr. Im Anschluß an eine ›Slawische Messe‹ dieses Kongresses ließ der Prager Stadtkommandant auf die Teilnehmer auf dem heutigen Wenzelsplatz schießen. Es kam zu Straßen- und Barrikadenkämpfen, wobei die nationalistische Erhebung zwar niedergeschlagen und der Slawenkongreß vorzeitig beendet wurde, aber die Bewegung war nicht mehr aufzuhalten. 1861 verloren die Deutschen zum ersten Mal die Mehrheit im Stadtparlament von Prag. 1882 wurde die Prager Universität nach Nationalitäten unterteilt. Der deutsche Teil der Bevölkerung begann, sich in die Defensive zurückzuziehen, versuchte aber weiter, auf kulturellem Gebiet seine Präsenz zu wahren.

1886 Smetana-Theater (ehem. Neues Dt. Theater) Nr. 36

Auf der anderen Seite dokumentiert sich das tschechische Volkstum durch eine große Anzahl herausragender Künstler von internationalem Rang, die die tschechische Unabhängigkeitsbewegung hervorgebracht hat, an ihrer Spitze die Historiker, Schriftsteller und Dichter *Josef Safarik* (1795–1861), *František Palacký* (1798–1876), *Karel Mácha* (1810–1836), *Karel Erben* (1811–1870), *Božena Němcova* (1820–1862), *Jan Neruda* (1834–1891) und *Julius Zeyer* (1841–1901), die Komponisten *Bedřich Smetana* (1824–1884), *Antonin Dvořak* (1841–1904), *Zdeněk Fibich* (1850– 1900) und *Leoš Janaček* (1854–1928), die Maler *Karel Javurek* (1815–1865), *Josef Mánes* (1820–1871), *Micláš Aleš* (1852–1913) und *Vojtěch Hynais* (1854– 1928) sowie die Bildhauer *Tomáš Seidan* (1830–1890), *Josef Myslbek* (1848–1922), *Ladislav Saloun* (1870–1946), *František Bilek* (1872–1941) und *Jan Sturša* (1880–1925). Die bedeutendsten Baudenkmäler tschechischer Künstler dieser Zeit im repräsentativen Stil tschechischer Neurenaissance sind das Nationaltheater und das Künstlerhaus Rudolfinum, von den Architekten *Josef Zitek* (1832–1909) und *Josef Schulz* (1840–1917), in Zusammenarbeit mit den besten tschechischen Malern und Bildhauern des 19. Jh. errichtet.

1868 Nationaltheater Nr. 34
1876–1883 Rudolfinum Nr. 24

Unter Kaiser *Franz Josef I.* (1848–1916) wurde am 23. Aug. 1866 der ›Friede von Prag‹ geschlossen, der den hauptsächlich auf böhmischem Boden geführten Krieg zwischen Österreich und Preußen beendete; Böhmen und Österreich traten aus dem Deutschen Bund aus. Während des 1. Weltkriegs unterhielt die tschechische Unabhängigkeitsbewegung durch *Thomas G. Masaryk* (1850–1937), *Edvard Beneš* (1884–1948) und *Rastislav Stefaník* (1888–1919) enge Kontakte zu den Alliierten in London, Paris und Washington, mit deren Unterstützung, nach dem Zerfall der Österreichisch-Ungarischen Monarchie 1918, am 28. Okt. 1918 in Prag die *Tschechoslowakische Republik* gegründet und *T. G. Masaryk* als ihr erster Präsident bestätigt wurde. Zwischen den Angehörigen der verschiedenen Nationalitäten, wie Tschechen, Slowenen, Deutschen, Magyaren, Polen, Ungarn und Ukrainern, kam es immer wieder zu Spannungen und Auseinandersetzungen; weder *Masaryk* noch dessen Nachfolger seit 1935, *Edvard Beneš*, gelang es, diesem Vielvölkerstaat eine für alle Gruppen und Minoritäten gleichberechtigte und zufriedenstellende Verfassung zu geben. Die Auseinandersetzungen um die einzelnen Gebietsansprüche fanden schließlich ihren unrühmlichen Ausgang in dem ›Münchner Abkommen‹ von 1938, in dem die Alliierten dem Drängen *Hitlers* nachgaben und die Abtretung der Sudetengebiete an Deutschland unterzeichneten. Unter Verletzung des Völkerrechts marschierten die Truppen *Hitlers* am 15. März 1939 in Prag ein und

gliederten das restliche Gebiet der Tschechoslowakei als ›Protektorat Böhmen und Mähren‹ an das Deutsche Reich an.
Der 2. Weltkrieg gestaltete sich zu dem dunkelsten Kapitel im Zusammenleben zwischen Tschechen und Deutschen. Die Tschechen hatten Unterdrückung und Terror zu erdulden wie in keiner Phase ihrer tausendjährigen Geschichte zuvor. Nach dem Attentat auf den stellvertretenden Reichsprotektor *Heydrich* am 27. Mai 1942 steigerte sich der Terror mit der Vernichtung des Dorfes Lidice zum Exzeß, bei der das Dorf von der SS umstellt und verbrannt, alle Männer erschossen und Frauen und Kinder in Konzentrationslager deportiert wurden. Nicht weniger grausam war die Ausrottung der Juden. Von den 40 000 Juden in Prag, die meisten Deutsche oder deutschsprachig, wurden 36 000 in den Gaskammern von Auschwitz ermordet. Erst der Einmarsch der Roten Armee am 9. Mai 1945 in Prag setzte diesem Inferno ein Ende.
Nach dem 2. Weltkrieg wurde in der Tschechoslowakei ein Staat im sozialistischen Sinne angestrebt. 1948 erfolgte durch die Kommunistische Partei (KPČ) die Umgestaltung in eine Volksdemokratie kommunistischer Prägung und 1960 die Gründung der *Tschechoslowakischen Sozialistischen Republik* (ČSSR). Nach der starren Führung des Stalinismus kam es schließlich unter dem Präsidenten *Svoboda* und dem Ersten Sekretär der Partei, *Alexander Dubček*, zu einer ideologischen Auflockerung, dem sog. ›Prager Frühling‹. Im Geiste des Sozialismus vollzog sich auch ein künstlerischer und kultureller Aufschwung. Doch mit dem Einmarsch von Truppen des Warschauer Paktes am 21. August 1968 wurde auch dieses verheißungsvolle Bestreben der tschechoslowakischen Völker nach Selbstverwirklichung erneut eingedämmt.
Trotz aller widrigen Umstände hat die Stadt in ihrem Kern von ihrer in über einem Jahrtausend gewachsenen Schönheit nur wenig eingebüßt und mit ihren zahlreichen Kunstschätzen und Baudenkmälern aus allen Epochen eine fast unerschöpfliche Fülle an interessanten, künstlerisch herausragenden Sehenswürdigkeiten zu bieten. Das sozialistische System hat für die Erhaltung und Restaurierung der Baudenkmäler enorme Mittel aufgewendet und eine große Anzahl ehemaliger Paläste, Gärten, Galerien und Klöster durch Umwandlung in Museen, Konzertsäle und Bibliotheken der Öffentlichkeit zugänglich gemacht und damit das ›Goldene Prag‹, die älteste und schönste Stadt im Herzen Europas, in seiner historischen Substanz erhalten.

B. DIE KUNSTDENKMÄLER UND MUSEEN

I Hradschin

Ehem. Königspalast (a) – Veitsdom (b) – St.-Georgs-Basilika und -Kloster (c) – Erster Burghof mit Matthiastor (d) – Zweiter Burghof mit Burggalerie und Heiligkreuzkapelle (e) – Dritter Burghof mit Alter Propstei, Obelisk und Reiterstandbild des hl. Georg (f) – Goldmachergäßchen, Weißer Turm und Festungsturm Daliborka (g) – Georgsgasse mit ›Haus der Tschechoslowakischen Kinder‹ und Schwarzem Turm (h).

Lage: Burganlage nordwestlich oberhalb der Moldau; U-Bahnhof Malostranská, Straßenbahn 22. – *Geöffnet:* April–Okt. 9.00–17.00 Uhr, Nov.–März 9.00–16.00 Uhr.

Geschichte: Wann die erste Besiedlung des Hradschin erfolgte, läßt sich nicht genau feststellen. Sie dürfte aber im Zusammenhang mit dem Abzug der Markomannen aus Böhmen im 6. Jh. n. Chr. stehen. Ihnen folgten verschiedene slawische Stämme. Während der ständigen Auseinandersetzungen mit anderen Völkern, aber auch untereinander, boten sich der Hradschin und der Wyschehrad geradezu ideal als Flucht- und Wehrburg an. Im 9. Jh. errangen die *Przemysliden* die Vorherrschaft unter den Slawen. Etwa im letzten Drittel des 9. Jh. dürfte unter ihnen die erste Burganlage auf dem Hradschin entstanden sein. Archäologischen Forschungen zufolge handelte es sich dabei um eine dreiteilige Anlage aus Holz, die von einem Wall aus Lehm umgeben war. Mit den Jahren 873 und 890 liegen die ersten Datierungen vor. Damals soll *Boriwoj I.* zu Ehren der Jungfrau Maria auf dem Hradschin eine kleine Kirche errichtet haben. Andere Quellen nennen seinen Nachfolger *Spitihnew I.* als Erbauer dieser Kirche, deren 1950 entdeckte Reste am Ende der Burggalerie (e) noch heute zu sehen sind. Zwischen 915 und 920 entstand dann der erste Bau der

Hradschin: Orientierungsplan

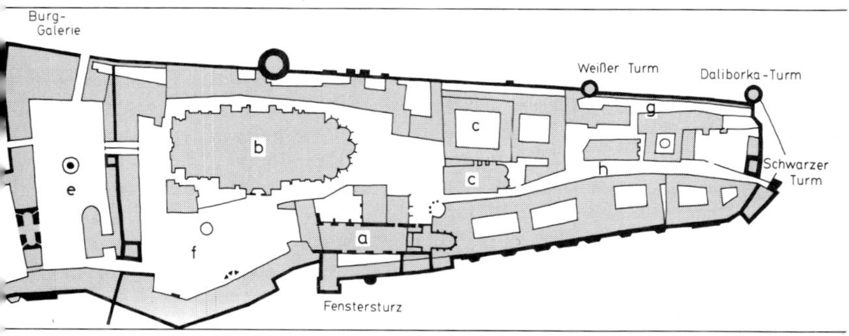

Georgskirche (c), die 1142 nach einem Brand wieder neu errichtet wurde. An der Stelle der heutigen Wenzelskapelle (b) ließ *Wenzel d. Hl.* 926–929 zu Ehren des hl. Veit eine kleine romanische Rotunde erbauen, der 1061–1096 eine romanische Basilika folgte, von der noch Reste beim Reiterstandbild des hl. Georg (f) vorhanden sind. Seit 973 nahm auch der Bischof der neu gegründeten Diözese Prag seine Residenz auf dem Hradschin. 1042 wurde der Hradschin unter *Breitislaw I.* durch eine 2 m starke Wehrmauer und mehrere Türme gesichert. In der 1. Hälfte des 12. Jh. erfolgte die Umwandlung der einschiffigen Anlage von St. Georg in eine dreischiffige Basilika. *Sobieslaw I.* ließ die Holzburg im Stil romanischer Pfalzen umbauen. Im 13. Jh. wurde unter *Ottokar II.* das Mittelgeschoß des ehem. Königspalastes (a) mit ersten gotischen Einflüssen begonnen. Ein Brand im Jahre 1303 vernichtete einen erheblichen Teil der bis dahin entstandenen Gebäude auf dem Hradschin.

Karl IV. ließ die Bauarbeiten wieder verstärkt aufnehmen und das

Blick auf den Hradschin

Mittelgeschoß des Königspalastes weiter ausbauen. 1344 begann *Matthias von Arras* mit dem Bau des Veitsdomes, den seit 1352 *Peter Parler* und 1399–1419 dessen Söhne fortführten. In der Spätgotik entstand unter *Wladislaw II.* das Obergeschoß des Königspalastes mit dem durch sein bemerkenswertes Netzgewölbe bekannten Wladislawsaal durch *Benedikt Ried*, der außerdem die Befestigung der Burg erneuerte und mit den Fugger-Kanonentürmen ausstattete sowie die Königsgemächer am Westtor und das Quergebäude der Südfassade schuf. *Rieds* Nachfolger, *Bonifaz Wolmut*, gestaltete 1558–1566 das Gewölbe des alten Landtagssaales. Unter *Ferdinand I.*, der Künstler aus Italien, den Niederlanden und Deutschland holte, begann eine umfangreiche Umgestaltung der bis dahin rein gotischen Burg zu einer großzügigen Renaissance-Anlage. Außerdem war der verheerende Brand der Burg von 1541 ein weiterer Anlaß zu vielfältigen Erneuerungen. Der Herrscher ließ für seine Gemahlin *Anna* außerhalb der Burgbefestigung das Lustschloß Belvedere errichten und

davor einen großen Garten, den sog. Königsgarten (Nr. 2) anlegen, in dessen Mitte *Bonifaz Wolmut* das Ballhaus stellte. Unter *Rudolf II.* avancierte die Burg wieder zur kaiserlichen Residenz. Es entstanden besonders aufwendige Repräsentationsbauten und Räume, von denen der ›Spanische Saal‹ mit seinem reichen Interieur die größte Berühmtheit erlangte.
Das Barock kam auf dem Hradschin kaum zum Ausdruck. Erwähnenswert neben einigen neuen Burgtoren und Brunnen sind nur die Reitschule (Nr. 2) am westlichen Rand des Königlichen Gartens und die Nepomukkapelle bei St. Georg. Im 18. Jh. beauftragte Kaiserin *Maria Theresia Nikolaus Pacassi*, die durch den Siebenjährigen Krieg stark beschädigte Burg wiederherzustellen. *Picassis* Pläne, die eine einheitliche Zusammenfassung der unterschiedlichen Gebäude der Süd- und Westseite (letztere mit vorgelagertem Ehrenhof) vorsahen, wurden von *Anselmo Lurago* ausgeführt. Bis auf den Veitsdom, der erst zwischen 1872 und 1929 fertiggestellt wurde, war damit die bauliche Entwicklung des Hradschin abgeschlossen. Seit 1918 und besonders seit dem Ende des 2. Weltkriegs dient der Hradschin zu Repräsentationszwecken in den vielfältigen Bereichen von Politik, Kultur und Gesellschaft.

Ehem. Königspalast (a) **Nr. 1**

Lage: Südlich des Veitsdomes, vom dritten Burghof erreichbar. – Es empfiehlt sich, bei der Besichtigung des ehem. Königspalastes den durch Hinweistafeln bezeichneten Rundgängen A, B, C in nachstehender Weise zu folgen. – Führungen 9.00–16.30 Uhr, vom Haupteingang an der Westseite, rechts neben dem Adlerbrunnen.

2. Obergeschoß (Rundgang A)

Eingangshalle (A 40): Von ihr geht es geradeaus in den Wladislawsaal und von dort nach rechts in die Grüne Stube.

Grüne Stube (A 41): Sie diente seit dem 14. Jh. als Gerichtsstube. Anfang des 16. Jh. tagten hier das Kammer- und Hofgericht; später war sie Audienzsaal *Ferdinands I.* Am 23. Mai 1618 versammelten sich hier die böhmischen Stände, was noch am gleichen Tag den 2. Prager Fenstersturz und damit den Dreißigjährigen Krieg auslöste. Auch die 27 Todesurteile, die zum Prager Blutgericht (1621) führten, wurden in diesem Raum gefällt. – An den Wänden hängen alte Pläne vom Erd- und 1. Obergeschoß des Königspalastes und Wappen verschiedener Gerichtsherren. Das ›Salomonische Urteil‹, ein Gemälde vom Anfang des 18. Jh., wurde 1962 aus dem ›Haus der tschechoslowakischen Kinder‹, einem Trakt der alten Burg, an die Decke dieses Raumes übertragen.

Wladislaws Audienzzimmer (A 42): Der kleine stimmungsvolle Raum, der auch als ›Schlafstube Wladislaws‹ bezeichnet wird, ist mit einem dekorativen farbigen Netzgewölbe versehen, dessen Schöpfer jedoch nicht gesichert ist. Es kommen aber nur *Hans Spieß* († 1511) und *Benedikt Ried* (1454–1534) in Betracht. Über dem Fenster das Monogramm *Wladislaws* und unterhalb des Gewölbes die Wappen von Böhmen, Mähren, Luxemburg, Schlesien und Polen.

Landtafeldepositorium (A 43): Eine kleine Kammer, die als Archiv für die Landtafeln diente (s. Landtafelamt A 4).

Wladislawsaal (A 1): Er diente als Fest-, Huldigungs-, Thron- und Turniersaal. Der 62 m lange, 16 m breite und 13 m hohe Raum wurde 1493–1502 von *Benedikt Ried* für *Wladislaw II.* errichtet und ist die bedeutendste und prächtigste Arbeit der Prager Spätgotik. Er ist in 5 Kuppeljoche gegliedert und bildet ein kunstvolles Sterngewölbe aus sich überschneidenden gebogenen Rippen. Fenster und Portale weisen bereits erste Stilelemente der Renaissance auf. Das Portal an der östlichen Stirnwand, das zur Allerheiligenkapelle führt, wurde 1589 von *Giovanni Gargiolli* im Stil der Spätrenaissance in die Mitte einer dreiteiligen Fensterfront eingebaut. Über den Fenstern befindet sich zwischen den Wappen von Ungarn (links) und Böhmen (rechts) das Monogramm *Wladislaws II.* mit der Jahreszahl 1500. Über den 5 Kuppeljochen befanden sich ursprünglich 5 Zeltdächer, die nach dem

Wladislawsaal

Alte Landrechtsstube

Brand von 1541 nicht wieder erneuert wurden. Heute findet im Wladislawsaal, außer Festlichkeiten und Tagungen, vor allem die Wahl des Präsidenten der Republik statt.

Aussichtsterrasse (A 1f): Von hier eröffnet sich dem Besucher eine großartige Aussicht auf das Panorama der Stadt. Außerdem sind auf der linken Seite die Allerheiligenkapelle und das Adlige Damenstift, auf der rechten Seite der Wladislawsaal und der Ludwigstrakt zu sehen, durch dessen letztes Fenster links der Prager Fenstersturz von 1618 ausgelöst wurde.

Allerheiligenkapelle (A 2): Der erste Sakralbau an dieser Stelle entstand als romanische Fürstenkapelle, die 1185 geweiht und 1263 in eine dreischiffige frühgotische Kapelle umgewandelt wurde. Rund hundert Jahre später (1370–1387) schuf *Peter Parler* einen gotischen Chorbau, der durch den Brand der Burg von 1541 stark beschädigt, 1570/74 erneuert und bis an den Wladislawsaal herangeführt wurde. Seit 1755 Nutzung der Kapelle durch das angrenzende Adlige Damenstift. – Von der Ausstattung sind besonders das ›Allerheiligenbild‹ von *Wenzel Lorenz Reiner* auf dem Hauptaltar, im Chor ein zwölfteiliger ›Gemäldezyklus des hl. Prokop‹ (1669) von *Christian Dittmann,* unter der Kuppel ein ›Triptychon des Erzengels Michael‹ und am rechten Seitenaltar die ›Kreuzabnahme‹ von *Hans von Aachen* hervorzuheben.

Alte Landrechtsstube (A 3): Bis 1847 Tagungsstätte des obersten Landesgerichts und der Ständeversammlung. Heute findet hier die Unterzeichnung der Wahlprotokolle durch den Staatspräsidenten nach dessen Wahl statt. – Unter *Karl IV.* begannen die ersten Arbeiten zu diesem Raum, den *Benedikt Ried* dann um 1500 in Verbindung mit dem Wladislawsaal umgestaltete und der nach dem Brand von 1541 mit einem Rippengewölbe nach Plänen von *Bonifaz Wolmut* ausgestattet wurde, der auch den Entwurf für die steinerne Renaissance-Tribüne des obersten königlichen Schreibers lieferte. Rechts und links vom Königsstuhl an der Fensterseite die Bänke für den Erzbischof, die hohe Geistlichkeit und die Vertreter der übrigen Stände. An den Wänden Kopien von Porträts habsburgischer Herrscher.

Landtafelamt (A 4): Von hier hatten Beamte die Gerichtsbeschlüsse der Bevölkerung des Landes bekanntgegeben. Die Landtafeln sind Bücher mit den wichtigsten Landtagsbeschlüssen über die Besitzverhältnisse von Einzelpersonen, Institutionen und Gemeinden. Bis heute sind über 1600 Bücher erhalten geblieben, die sich im Zentralen Staatsarchiv befinden. – Zur Ausstattung gehören ein in Flachschnitzerei gehaltener Schrank (1562), Tische aus dem 17. Jh. und an den Wänden Wappen der einst im Landtafelamt tätigen Beamten.

Landtafelstube (A 6): In dem von *Maximilian II.* eingerichteten Raum befinden sich heute Schränke aus der Zeit des Barock, in denen die dekorativ bemalten Landtafeln aufbewahrt wurden.

Kronarchiv (A 7): In dem 1737 als Sitzungssaal für das Landtafelpräsidium eingerichteten Raum war 1838–1884 das Kronarchiv untergebracht, eine von *Karl IV.* angeregte Sammlung der vom Königreich Böhmen erworbenen Privilegien.

Reitertreppe (A 8): Die von *Benedikt Ried* 1500 angelegte Treppe mit ihren flachen Stufen aus Backsteinen ermöglichte es den Rittern, auf ihren Pferden zu Tunierspielen bis in den Wladislawsaal zu reiten. – Das Treppenhaus wird von einem kunstvollen gotischen Gewölbe überragt, dessen durchbrochene Rippen sich mit dem rustikalen Charakter der Treppe zu einer harmonischen Einheit verbinden. Die Treppe führt zum Rundgang B im 1. Obergeschoß.

1. *Obergeschoß (Rundgang B)*

Vorraum (A 10): Vom 2. Obergeschoß über die Reitertreppe kommend, führt nach links ein kleiner Raum zur Alten Landtafel (A 11).

Raum der Alten Landtafel (A 11): Der Raum, mit frühgotischem, von zwei niedrigen zylindrischen Pfeilern gestütztem Gewölbe, entstand unter *Ottokar II.* als Archiv für die königlichen Landtafeln (s. Landtafelamt A 4).

1. Saal des Karlspalastes (A 24): Der mit einem Kreuzrippengewölbe ausgestattete Saal stammt aus der Zeit *Karls IV.* Unter dem Fußboden konnten Fragmente aus romanischer Zeit freigelegt werden. Die Reste eines viereckigen Stützpfeilers, zwei Portale sowie Teile eines Ziegelofens und Eckkamins vermitteln einen guten Eindruck über Bau- und Arbeitsweise jener Zeit.

2. Saal des Karlspalastes (A 25): Ein großer, unter *Karl IV.* und *Wenzel IV.* entstandener Saal, dessen Gewölbe ein feingliedriges Rippengeflecht überspannt. Der Fußboden ist eine Rekonstruktion nach Originalfunden aus dem 14. Jh. Beachtenswert sind vor allem die Abgüsse der Triforiumsbüsten aus dem Veitsdom (*Peter Parler*); es handelt sich um die ersten Büsten des Mittelalters mit Porträtcharakter.

Arkadengang, Räume (A 12–16); Im Norden parallel zum 2. Saal (A 25), erstreckt sich ein in jüngster Zeit freigelegter, unter *Ottokar II.* aus 9 Spitzbögen, die sich zum Palasthof öffnen, errichteter Arkadengang. Er dient jetzt als Ausstellungsraum für Funde, die auf dem Gelände des Hradschin gemacht wurden: u. a. ein 1928 entdecktes Grab eines Kriegers aus heidnischer Zeit.

Alte Registratur (A 26): Im Anschluß an den 2. Saal (A 25), ein quadratischer Raum aus dem 15. Jh., in dessen Mitte ein Pfeilerkamin steht. Im 16. Jh. wurde der Raum als Küche genutzt.

Alter Südturm (A 30): Gegenüber dem Pfeilerkamin Reste des alten Südturms, Mauerfragmente und Holzbalken aus dem 12. Jh. Ein Vorgängerbau aus Holz (10. Jh.) stellte den ersten Zugang zur alten Burg dar.

Räume der Böhmischen Kammer (A 31): Links vom Südturm zwei Räume der königlichen Finanzbehörde von 1527–1745.

Aussichtsterrasse (A 32): Sie wurde 1951 angelegt und bietet etwa die gleiche Aussicht wie die Terrasse im 2. Obergeschoß (A 1 f).

Säulensaal König Wenzels IV. (A 27): Von der Alten Registratur (A 26) erreichbar. Ein um 1400 errichteter stimmungsvoller Saal. Auf massiven Sockeln erheben sich relativ schlanke Säulen, die in ein steil ansteigendes Gewölbe münden, das von einem strahlenförmigen Rippengeflecht überzogen wird. Gewölbe und Säulen stellen jedes für sich eine selbständige Einheit dar – ein wesentliches Merkmal für den Übergang zur Spätgotik.

Raum (A 28): Der kleine Nebenraum zum Säulensaal Wenzels IV. diente im 15. Jh. als Archiv für die Holztafeln mit den Aufzeichnungen über die Lehensverhältnisse. Von hier führt eine Tür in den Palasthof.

Ausgrabungen im Dritten Burghof (A 29): Diese Ausgrabungen sind nur im Rahmen einer Führung (vom Säulensaal Wenzels IV. aus) zugänglich. Die in den 20er Jahren dieses Jahrhunderts begonnenen Ausgrabungen zeigen Mauerfragmente und eine Burgwache aus der Zeit *Wenzels I.*, Mauerreste und Sakristei samt eisernem Gitter der Bartholomäuskirche aus dem 13. Jh. und einen Gang mit Gräbern Geistlicher, der zur alten Wenzelsbasilika führt.

Palasthof: Rundgang B folgend, über Raum A 28 erreichbar. Der Hof wird an seinen Längsseiten von offenen Arkaden begrenzt, die aus der Zeit *Ottokars II.* stammen und in den 30er Jahren dieses Jahrhunderts wieder freigelegt wurden. Während die Spitzbögen der Palasthofarkaden einen gedrückten, wuchtigen Eindruck vermitteln, wirken die Strebepfeiler des darüberliegenden Wladislawsaales vom 15. Jh. leicht, beinahe elegant verspielt. Die Fenster zwischen den Pfeilern weisen mit Basis, Gebälk, Blattkonsole und Pilaster unverkennbare Merkmale der italienischen Frührenaissance auf. Am Architrav des linken Fensters des Wladislawsaales befindet sich die große Inschrift: ›Wladislaw rex Hungarie et Bohemie 1493‹. Eine originalgroße Kopie dieser Inschrift ist im Raum der Alten Landtafel (A 11, Rundgang B) zu sehen. Das Datum 1493 läßt auf den Baubeginn des Wladislawsaales schließen.

Untergeschoß (Rundgang C)

Dieser älteste Teil des ehem. Königspalastes stammt aus romanischer Zeit und ist nur noch fragmentarisch erhalten.

Treppe (A 17): Sie führt von den offenen Arkaden des Palasthofes in das Untergeschoß zu den Resten aus der romanischen Epoche und endet in der Nähe des früheren Südtores.

Südtor (A 18): Der älteste, aus dem 9. Jh. nachweisbare Zugang zur Burg ist in der 2. Hälfte des 13. Jh. vermauert und durch Tore an der Ost- und Westseite der Burg ersetzt worden. Die heute noch vorhandenen, 1920 freigelegten Mauerreste stammen von der Befestigungsanlage mit dem Südturm als Zentrum (12. Jh.)

Reste der Befestigung aus dem 9. Jh. (A *19):* Diese Reste der ersten von den Slawen auf dem Hradschin errichteten Stammburg vermitteln einen anschaulichen Eindruck über die damals angewendete Bauweise. Es sind zwei Schichten aus Kalksteinquadern zu erkennen. Der Hohlraum dazwischen hatte Holzverstrebungen und war mit Sand und Geröll aufgefüllt, so daß eine kompakte Mauer ohne Mörtel entstand. Außerdem sind von der romanischen Veitsbasilika Reste einiger Säulenschäfte mit steinernem Flechtbandmuster zu sehen. – Ein Orientierungsplan der alten Burg und der Veitsrotunde geben detaillierte Auskunft über Lage und Anordnung der Burg zur Zeit ihrer Entstehung.

Großer Saal (A 20): Ein 33 m langer Raum aus der frühesten Zeit des Palastes in der Mitte der alten Burganlage. Die heutigen Mauerreste gehen bis auf den 1135 begonnenen Palast *Sobieslaws I.* zurück. Stützbögen aus Backstein und eine Treppe stammen vom Ende des 15. bzw. Anfang des 16. Jh.

Nebenraum (A 20): Ein gut erhaltener Raum aus massivem Mauerwerk, dessen ursprüngliche Bedeutung unbekannt ist. Im 2. Weltkrieg waren hier die böhmischen Krönungskleinodien und Kunstschätze aus dem Veitsdom untergebracht. In der folgenden Zeit diente der Raum zur Aufbewahrung von Kopien der Plastiken *Peter Parlers* und der Ausstellung über die Vor- und Frühgeschichte des tschechischen und slowakischen Volkes.

Kleiner Palasthof: Durch eine schmale Tür gelangt man von den unteren Räumen in den kleinen Palasthof. Dieser in seinem Grundriß trapezförmige Hof entstand um 1760 durch den quer vor den Königspalast zum Ludwigstrakt gestellten Theresianischen Flügel. Von hier führt ein vergittertes Tor zum Wallgarten (werktags geschlossen). Über die Treppe (A 17) kommt man wieder in den oberen Palasthof.

St.-Veits-Dom (b) **Nr. 1**

Lage: Hradschin, Dritter Burghof.

Geschichte: Wenzel d. Hl. ließ 921–935 an der Stelle der heutigen Wenzelskapelle als ersten Sakralbau eine romanische Rotunde errichten. Ihr folgte unter *Spitihnew II.* und *Wratislaw II.* 1061–1096 der Bau einer romanischen Basilika. Aus Anlaß der Erhebung des Prager Bistums zum Erzbistum stiftete *Karl IV.* 1344 eine gotische Kirche und legte den Grundstein für den heutigen Dom. Die Pläne entwarf der französische Baumeister *Matthias von Arras* nach dem Vorbild der Kathedrale von Narbonne. Bis zu seinem Tod 1352 erstellte er 8 Kapellen des Chors mit polygonalem Grundriß und den inneren Arkadensäulen. Ab 1356 führte *Peter Parler* aus Schwäbisch Gmünd die Arbeiten am Dom fort. Er änderte die Pläne von *Arras* und baute bis zu seinem Tod 1399 5 Kapellen auf rechteckigem Grundriß, den Chor mit Umgang, die Wenzelskapelle und die Triforiumsgalerie. Außerdem entstanden das Chorgewölbe, die südliche Fensterwand mit ihren Strebepfeilern und die Goldene Pforte. *Parlers* Söhne *Johann* und *Wenzel* errichteten 1396–1406 den Glockenturm. Die religiösen Auseinandersetzungen während der Reformation, der Gegenreformation und des Dreißigjährigen Krieges verhinderten die Vollendung des Baus. Unter *Ferdinand I.* fügten *Hans von Tirol* und *Bonifaz Wolmut* 1560/62 dem Glockenturm eine Renaissance-Galerie und ein Dach hinzu, das *Nikolaus Pacassi* 1770 durch einen barocken Helm ersetzte. Doch erst Mitte des 19. Jh. strebte die ›Vereinigung zur Fertigstellung des Veitsdoms‹ die gezielte Vollendung des Bauwerks an. *Josef Kranner* begann 1859–1871 mit der Wiederherstellung des Domes in seinem ursprünglichen Zustand und entwarf einen ersten Plan, der eine dreischiffige Kathedrale vorsah, jedoch nicht zur Ausführung kam. 1872–1899 leitete *Josef Mocker* die Arbeiten am Dom; sein Entwurf einer dreischiffigen Halle orientierte sich, bis auf die Westfassade, für die er drei Portale zwischen zwei Türmen vorsah, an den Plänen *Parlers.* Nach *Mockers* Tod 1899 übernahm *Kamil Hilbert* die Leitung der Arbeiten und führte 1929 den Dom zu seiner Vollendung.

Bauliche Ausführung: Entsprechend seiner baugeschichtlichen Entwicklung verbindet der Veitsdom stilistische Elemente der Hoch- und Neugotik sowie der Renaissance und des Barock. Größe und Vielfalt des Bauwerks sind zu einem harmonischen Ganzen zusam-

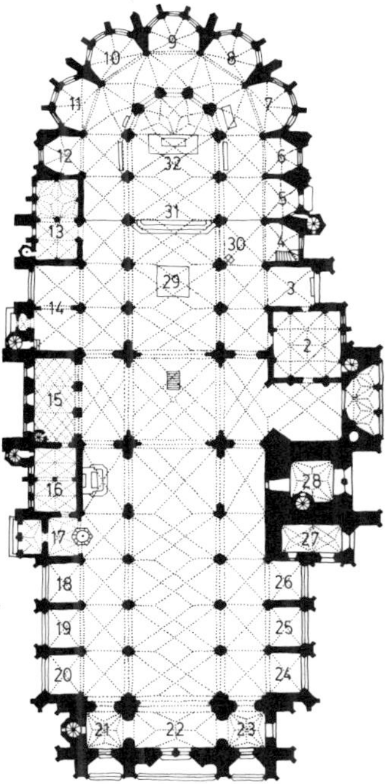

Veitsdom: Grundriß (links) und ›Goldenes Tor‹ (rechts)

mengewachsen, erfordern aber dennoch die Betrachtung der künstlerischen Ausführung im Detail. Der Ostteil des Domes besteht aus dem 47 m langen und 39 m hohen Chor mit Chorumgang, Kapellenkranz und Triforiumsgalerie, dem sich in der Mitte das Querhaus mit dem Glockenturm und dem Goldenen Tor auf der Südseite anschließt. Ost- und Mittelteil stammen aus der Zeit der Hochgotik von *Matthias von Arras, Peter Parler,* dessen Söhnen und dessen Bauhütte (1344–1406). Dem Querhaus folgt in der Mitte nach Westen das Langhaus. Diese dreischiffige Halle des neugotischen Hauptschiffs sowie Nord- und Südturm zwischen den drei Bronzeportalen, die den Haupteingang (22) bilden, sind 1873–1929 von *Josef Mocker* und *Kamil Hilbert* hinzugefügt worden. Das mittlere Portal stellt die Baugeschichte des Doms von 929–1929 dar, links wird die ›Wenzel-‹ und rechts die ›Adalbertlegende‹ geschildert. Über dem Portal das von *František Kysela* entworfene rosettenförmige farbige Glasfenster (⌀ 10,4 m) mit der ›Erschaffung der Welt‹ (1921 von *Josef Vlasák*).

Das Goldene Tor (Südportal; 1), zwischen der Wenzelskapelle und dem Glockenturm auf der Südseite, bildet den Zugang zum Querhaus. Es entstand 1366/67 und gehört zu den bemerkenswertesten Arbeiten *Peter Parlers.* Das Mosaik über dem Tor zeigt eine Version des ›Jüngsten Gerichts‹, die böhmischen Schutzpatrone sowie Kaiser *Karl IV.* und dessen 4. Gemahlin *Elisabeth.* Es ist vermutlich ein Werk italienischer Künstler (1370/71). Über dem Goldenen Tor (von der Wenzelskapelle erreichbar) befindet sich die *Kronkammer* mit den durch sieben Schlösser gesicherten Krönungskleinodien: die Krone des hl. Wenzel (aus über vier Pfund Gold und 111 Edelsteinen und Perlen im Jahre 1346 gefertigt), Zepter und Reichsapfel aus der Zeit *Rudolfs II.* (Ende des 16. Jh.; auch sie ausgezeichnete Arbeiten der Goldschmiedekunst).

Innenraum und Ausstattung: Der Innenraum (123 m lang, 60 m breit, 33 m hoch) wird besonders vom Gewölbe des Mittelschiffs beherrscht. 28 Pfeiler bilden zu den Seitenschiffen und dem Chor Arkaden und gliedern den Innenraum symmetrisch auf. Die Seitenschiffe werden von 21 Kapellen umrahmt, die meisten mit hervorragenden Kunstwerken ausgestattet. Der *Chor* (31) weist ein 1385 von *Peter Parler* geschlossenes Netzgewölbe auf, das u. a. den großen Domen in Wien, Passau und Regensburg als Vorbild diente. Die *Glasmalereien* im Chor sind nach einem Entwurf von *Max Svabinsky* 1946/48 ausgeführt worden: in der Mitte ›Die Hl. Dreifaltigkeit‹, links ›Madonna mit Spitihnew II.‹, rechts ›Der hl. Wenzel mit Karl IV.‹. Im Chorraum befindet sich der 1868/73 von *Josef Kranner* errichtete neugotische *Hochaltar* (32). Die frühbarocke *Kanzel* ist eine Arbeit des Holzschnitzers *Kaspar Bechtelers* (1618). Vor dem Altar das von dem Niederländer *Alexander Collin* 1564–1589 im Auftrag *Rudolfs II.* geschaffene *Grabmal* (29): Auf der Deckplatte stehend die Gestalt des Erlösers, liegend *Ferdinand I.*, Königin *Anna* und *Maximilian II.* Das Renaissance-Gitter schuf der Hofschlosser *Georg Schmidthammer* 1589.

Wenzelskapelle (2): Sie ist die bedeutendste unter den 21 Kapellen des Veitsdoms. An der Stelle, an der ursprünglich eine romanische Rotunde mit dem Grab des hl. Wenzel stand, schuf *Peter Parler* 1362/64 eine der schönsten Chorkapellen der Gotik in Böhmen. Am Eingang hängt ein bemerkenswertes Gemälde: ›Die Ermordung des hl. Wenzel‹ von einem *Meister IW* (1543). Der relativ hohe Raum wird von einem kuppelartigen Netzgewölbe überspannt. Der untere Teil des Raumes ist mit gotischen Wandgemälden eines unbekannten Meisters (1372/73, ›Leiden Christi‹) und mit ca. 1300 geschliffenen und polierten Halbedelsteinen (Amethyst und Jaspis) aus Böhmen geschmückt. Den oberen Bereich der Kapelle schmücken Bilder mit ›Darstellungen aus der Wenzelslegende‹ des *Meisters von Leitmeritz*

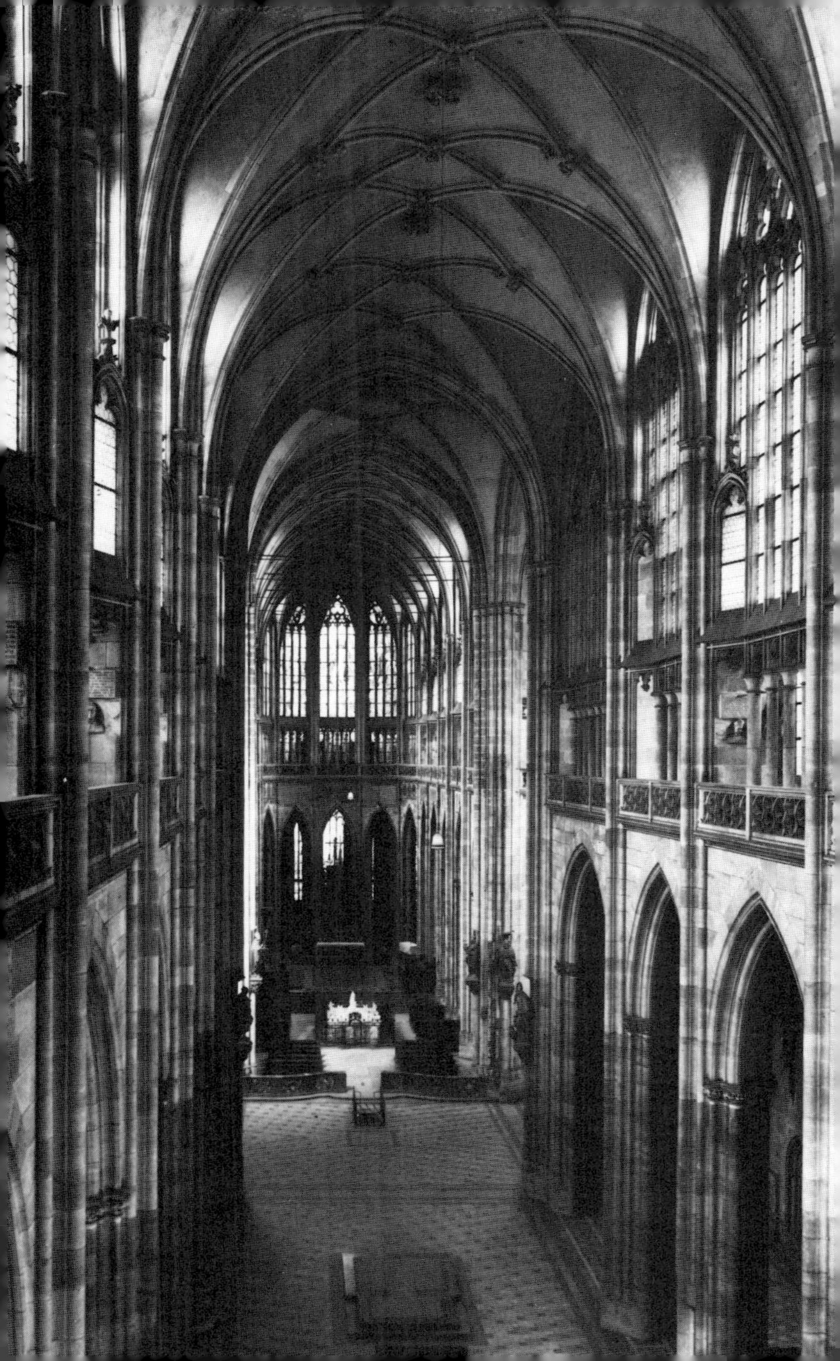

Wenzelskapelle

(Anfang 16. Jh.). Auf dem Gesims über dem Altar eine Sandsteinstatue des hl. Wenzel. Sie trägt das Signum *Peter Parlers,* dessen Neffe *Heinrich* sich 1373 an der Fertigstellung des Werkes beteiligte. *Parlers* Mitarbeiter *Oswald* führte die farbige Gestaltung aus. In der Mitte der Kapelle befindet sich die 1912 nach einem Entwurf *Kamil Hilberts* errichtete *Tumba* (sarkophagartiges Hochgrab); die ursprüngliche wurde während der Religionskriege zerstört. Der ›Bronzeleuchter in einer Ecke des Raumes ist eine Arbeit des Bildhauers *Hans Vischer* aus Nürnberg (1532). Er zählt neben einem *Pastophorium* (Sakramentenschrein) nach einem Entwurf *Peter Parlers* um 1375 zu den bemerkenswertesten Ausstattungsstücken der Kapelle, die als eines der bedeutendsten Werke der Gotik in der Tschechoslowakei gilt.

Martinitzkapelle (3): Ausführung von *Peter Parler.* Hier befindet sich der Grabstein des Statthalters *von Martinitz,* durch den der Prager Fenstersturz von 1618 ausgelöst wurde.

Heiliggeistkapelle (4): Links neben dem Altar das Gemälde ›Das Schweißtuch der hl. Veronika‹ (um 1400). Von dieser Kapelle führt ein Zugang zur Königsgruft mit den Sarkophagen Kaiser *Karls IV.,* seiner 4 Gemahlinnen, seiner Söhne *Wenzel* und *Johann,* der Fürsten *Ladislaus Postumus* und *Georg von Podiebrad* sowie *Rudolfs II.* und *Maria Amalias,* einer Tochter *Maria Theresias.*

Wladislaw-Oratorium (5): Der Raum wurde 1493 von *Benedikt Ried* und *Hans Spieß* geschaffen und mit einem naturalistischen Astwerk geschmückt, das Rippen und Maßwerk ersetzt. Brüstung und Schlußstein zieren Wappen und Monogramm *Wladislaws II.*

Waldstein- oder *Maria-Magdalena-Kapelle (6):* Sie enthält die Grabplatten der Dombaumeister *Matthias von Arras* und *Peter Parler.*

Johannes-von-Nepomuk-Kapelle (7): Gedenkstätte des Bischofs *Očko von Vlašim* (1367) mit Resten gotischer Fresken, spätgotischer Marienstatue (Anfang 16. Jh.) und Silberbüsten der hll. Adalbert, Wenzel, Veit und Kyrill (Ende 17. Jh.). Gegenüber der Kapelle liegt das ›Grabmal des hl. Johs. von Nepomuk‹, ein prunkvolles silbernes Hochgrab, das 1733/36 nach Plänen *Fischers von Erlach* von *A. Corradini* und *Josef Würth* fertiggestellt wurde. Die Personifikationen von Schweigsamkeit, Weisheit, Stärke und Gerechtigkeit schuf *Josef Seitz* 1746 nach Entwürfen von *Ignaz Platzer.* Den Baldachin stiftete Kaiserin *Maria Theresia.* Der Engel ist eine Arbeit von *Ignaz Novák* (1771).

Reliquienkapelle (8): Diese und die beiden folgenden Kapellen werden auch als ›Przemyslidengräber‹ bezeichnet. Sie entstanden auf Anordnung *Karls IV.* durch *Peter Parler* und dessen Bauhütte. In ihr befinden sich die steinernen Tumben der Przemysliden *Ottokar I. (Peter Parler)* und *Ottokar II.* (Werkstatt *Parlers*).

Marienkapelle (9): Die Marienkapelle enthält die Grabmäler von *Breitislaw I.*, seiner Gemahlin und von *Spitihnew II.*, die 1370/75 in der Werkstatt *Parlers* gefertigt wurden. Gegenüber der Kapelle das ›Grabmal des hl. Veit‹ mit der von *Josef Max* geschaffenen Statue.

Kapelle Johannes d. T. (10): Hier sind die Tumben *Breitislaws II.* und *Boriwojs II.* aufgestellt. Bemerkenswert ist der Leuchter, dessen bronzener Fuß (im romanischen Stil aus der 1. Hälfte des 12. Jh.) in der Rhein-Mosel-Gegend entstanden sein dürfte. Bei diesem Kunstwerk soll es sich um ein Beutestück aus dem Kriegszug *Friedrich Barbarossas* gegen Mailand handeln, das *Wladislaw II.* als Anteil erhielt.

Erzbischöfliche Kapelle (11): Ein Renaissance-Grabmal von 1582 für Prager Erzbischöfe; bemerkenswert das Epitaph von *Vredeman de Vries* für *Wratislaw von Pernstein* (um 1580). Gegenüber der Kapelle die Bronzeplastik ›Kardinal Friedrich von Schwarzenberg‹, von *Josef Václav Myslbek* 1904 geschaffen.

Annenkapelle (12): Neben einem spätgotischen Marienbild verdient die silberne Reliquientafel am unteren Altar (1266; aus St. Martin in Trier) Beachtung. Gegenüber der Kapelle zwei Holzreliefs von *Georg Bendl* (um 1630) mit der ›Flucht des Winterkönigs‹ sowie eine interessante Darstellung der Stadt Prag vom Anfang des 17. Jh.

Alte Sakristei (13): Ein Raum mit Netzgewölbe und hängendem Schlußstein von *Peter Parler*, eine bemalte Michaelsplastik aus dem 17. Jh. und das 1722 von *Peter Brandl* geschaffene Gemälde ›Taufe Christi‹.

Sigismundkapelle (14): Es ist die letzte der im Mittelalter entstandenen Kapellen. Der Altar bewahrt Reliquien des hl. Sigismund. Der Baldachin ist eine Arbeit von *F. M. Kaňka* aus dem Jahre 1725; Epitaph Ende des 17. Jh.

Orgelempore (15): Die zweigeschossige Orgelempore stammt von *Bonifaz Wolmut* (1557/61). Sie stand ursprünglich an der provisorischen Westwand (Querschiff) des mittelalterlichen Doms und erhielt nach Vollendung des Domes 1929 ihren heutigen Standort. Die Orgel aus dem Jahre 1757 ist mit 6500 Pfeifen ausgestattet.

Ludmilakapelle (24), Kapelle des hl. Grabes (25), Thun-Kapelle (26): Diese drei Kapellen wurden im Rahmen der Gesamtkonzeption von *Josef Mocker* im neugotischen Stil errichtet, letztere mit modernen Glasfenstern ausgestattet.

Kapitelbibliothek (27): In diesem Raum werden besonders wertvolle Handschriften, Manuskripte und seltene Buchausgaben aufbewahrt.

Großer Glockenturm (28): Der Turm bietet eine unvergleichliche Aussicht über das gesamte Panorama der Stadt Prag. Die charakteristische Barockhaube geht auf Entwürfe von *Bonifaz Wolmut* (1563) zurück und wurde nach der Beschädigung durch den Beschuß der Preußen 1757 mit geringen Abweichungen 1770 von *Nikolaus Pacassi* erneuert.

Triforiumsgalerie: Über den Pfeilerarkaden des Umgangs verläuft die Triforiumsgalerie. Mit den hohen Chorfenstern ist sie eine der hervorragendsten architektonischen Leistungen der gotischen Baukunst in Prag. Sie entstand 1371/75 nach Entwürfen *Peter Parlers*, der auch 1374–1385 in Zusammenarbeit mit Mitgliedern seiner Bauhütte die 21 Porträtbüsten der Galerie schuf. Diese Plastiken stellen Angehörige des Herrscherhauses und Persönlichkeiten, die sich um den Bau des Domes verdient gemacht haben, dar. Durch Beschriftung an den Wänden sind die einzelnen Personen namentlich erkennbar. Es handelt sich um Kaiser *Karl IV.*, dessen Eltern und 4 Gemahlinnen, 2 seiner Brüder und seinen Sohn *Wenzel IV.* sowie dessen Gemahlin *Johanna*, 3 Erzbischöfe, 5 Direktoren des Dombaus und um die Dombaumeister *Matthias von Arras* und *Peter Parler.* Diese Büsten sind insofern von besonderer kunsthistorischer Bedeutung, als es sich hierbei um die ersten Plastiken des Mittelalters mit realistischer Porträtgestaltung handelt. Aber auch die Tatsache, daß neben den Herr-

Triforiumsgalerie: Wenzel IV. (links) und Anna von Schweidnitz (rechts)

schern und den höchsten Vertretern der Kirche auch den Künstlern, hier den Dombaumeistern, ein ebenbürtiger Platz eingeräumt wurde, ist für die damalige Zeit und Gesellschaft äußerst bemerkenswert, so daß diese Porträtgalerie in ihrer Art als einmalig angesehen werden darf.

Peter Parler (geb. um 1330 in Schwäbisch Gmünd, gest. 1399 in Prag): Er stammt aus der bedeutendsten deutschen Baumeister- und Bildhauerfamilie des 14. Jh. Der Familienname ist von der Berufsbezeichnung für den ›Sprecher‹ der Steinmetzen in der mittelalterlichen Bauhütte und 2. Baumeister, ›Parlier‹ bzw. ›Polier‹ (frz.), abgeleitet. Das Werkzeichen der Familie war der doppelte gebrochene Winkelhaken in Gestalt einer S-Rune. *Peter Parler* wurde der bedeutendste deutsche Baumeister des 14. Jh. und der bekannteste Vertreter seiner Familie. Er entwickelte die spätgotische Wölbetechnik und wurde beispielgebend für die Gestaltung plastischer Porträtbildnisse. 1353 berief ihn Ks. *Karl IV.* nach Prag. Als ›Magister‹ und Nachfolger von *Matthias von Arras* führte er die Arbeiten am Veitsdom weiter, schuf hier das erste Netzgewölbe in Mitteleuropa, die Allerheiligenkapelle im Königspalast, seit 1357 die Karlsbrücke und den Altstädter Brückenturm. Ferner stammen aus seiner Prager Dombauhütte die Bildwerke der Przemyslidengräber im Chorumgang des Veitsdoms, vor allem die für *Parler* selbst gesicherte Gestalt Ottokars I. sowie die 21 Porträtbüsten des Triforiums, darunter ein Selbstporträt des Meisters, der 1399 im Veitsdom begraben wurde. *Peter Parler* hinterließ 5 Söhne. 1397 übernahm *Wenzel*, 1398 *Johann* die Leitung der Prager Dombauhütte. Für die *Familie Parler* sind für über 3 Generationen herausragende Bau- und Kunstwerke in ganz Mitteleuropa nachgewiesen. Ihr Name wird u. a. in den Annalen von Köln, Straßburg, Nürnberg, Freiburg i. B., Krakau, Wien, Bozen, Mailand und Schwäbisch Gmünd erwähnt.

St.-Georgs-Basilika und -Kloster (c) Nr. 1

Lage: Georgsplatz.

Die St.-Georgs-Basilika ist die älteste und am besten erhaltene romanische Kirche in Prag. Sie wurde 921 von *Wratislaw I.* gegründet und 925 zur Grabkirche für die *hl. Ludmila* ausgebaut und geweiht. 973 erfolgte mit der Gründung des Klosters der Benediktinerinnen unter *Boleslaw II.* ein Anbau mit Emporen für die Ordensfrauen. Nach dem Brand von 1142 wurde das Gebäude durch den Baumeister *Wernher* zu seiner heutigen Form mit Chor, östlicher Krypta und zwei Türmen umgebaut und erweitert. Die Reste der romanischen Deckenmalereien in Chor und Krypta vom Anfang des 13. Jh. stellen das ›Himmlische Jerusalem‹ dar; vor der Krypta die bemalte Holztumba *Wratislaws I.* und das Grab *Boleslaws II.* mit einem barocken schmiedeeisernen Gitter.
Anfang des 13. Jh. erfolgte an der Südseite des Chors der Bau einer neuen Kapelle für die hl. Ludmila im spätromanischen Stil, dessen Obergeschoß 1371 in gotischen Formen umgestaltet wurde. Um 1510 schuf *Benedikt Ried* das Südportal in der Formensprache der Frührenaissance, das ein spätgotisches Relief des hl. Georg ziert. Gegen 1680 erhielt der Bau seine heutige barocke Fassade. Die Plastiken der Klostergründer stammen von *Johann Georg Bendl.* Nach Plänen von *F. M. Kaňka* entstand 1717/22 im südwestlichen Bereich die Kapelle des hl. Johannes von Nepomuk. Die Statue des Heiligen mit Engeln an der Fassade ist eine Arbeit von *Ferd. Max. Brokoff.* Das Altarbild und die Fresken der Kuppel im Innern schuf *Wenzel Lorenz Reiner* 1727. Der Sarkophag der hl. Ludmila stammt aus dem Jahre 1380. Durch Restaurierungen 1897–1907 und 1959–1962 erhielt die Kirche wieder ihre ursprüngliche romanische Gestalt mit den charakteristischen beiden weißen Türmen. Das Innere wird von dreibogigen Emporen über den von Pfeilern und Säulen gebildeten Arkaden geprägt.

St.-Georgs-Basilika

(Nationalgalerie: Sammlung alter Kunst Böhmens)

Untergeschoß

In 7 Räumen ist eine chronologisch zusammengestellte Sammlung böhmischer Malerei und Plastik bis zum Ende des 14. Jh. zu sehen. Den Abschluß des Treppenhauses beherrscht das große Tympanon der Kirche Maria Schnee von 1346.
Raum 1: Bedeutende frühgotische Madonnenbilder und Madonnenstatuen von unbekannten Künstlern aus dem 14. Jh. – *Raum 2:* ›Reiterstandbild des hl. Georg‹ *(Klausenburg).* Es entstand 1373 als erste freie Plastik im nordeuropäischen Raum (ursprünglich im 3. Burghof, dort heute durch eine Kopie ersetzt). Daneben weitere Plastiken, ein Vesperbild und ein Kruzifix aus der Mitte des 14. Jh. – *Raum 3:* Ein aus neun Tafeln bestehender Zyklus des Hohenfurther Meisters um 1350, der zu einem mehrteiligen Flügelaltar gehörte: ›Verkündigung‹, ›Geburt‹, ›Kreuzigung‹, ›Beweinung‹, ›Auferstehung‹ und ›Himmelfahrt Christi‹, ›Christus auf dem Ölberg‹, ›Anbetung der Könige‹ und ›Ausgießung des Hl. Geistes‹. Durch mehr Farbigkeit, Perspektive und Individualität der dargestellten Personen vermittelte der Hohenfurther Meister der gotischen Tafelmalerei neue richtungweisende Impulse. An den Stirnwänden des Raumes rechts Madonna aus Michle (um 1340) und links Madonna aus Prossnitz. – *Raum 4:* Glasmalereien aus dem Bartholomäuskloster in Kolin, ›Stillende Madon-

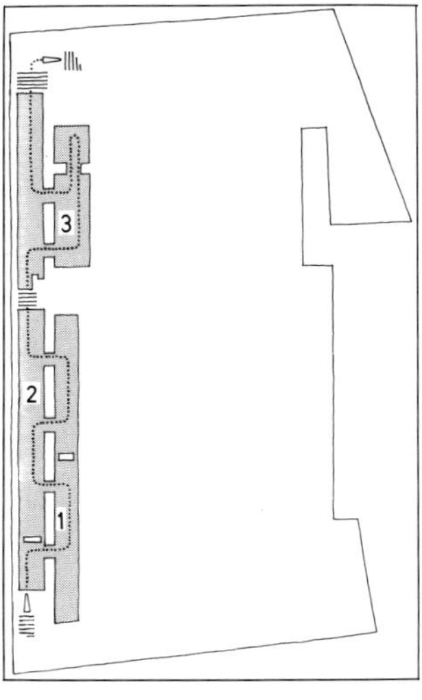

Nationalgalerie: Orientierungsplan
Untergeschoß: 1 Älteste Exponate (Madonnenbilder und -figuren) – 2 Hohenfurther Meister (um 1350) – 3 Tafelbilder von Meister Theoderich

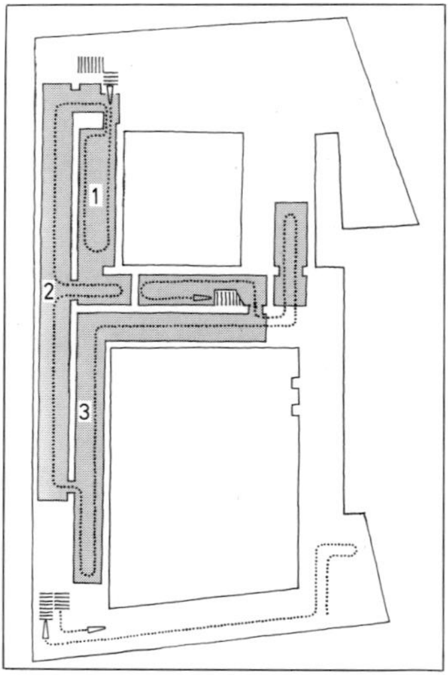

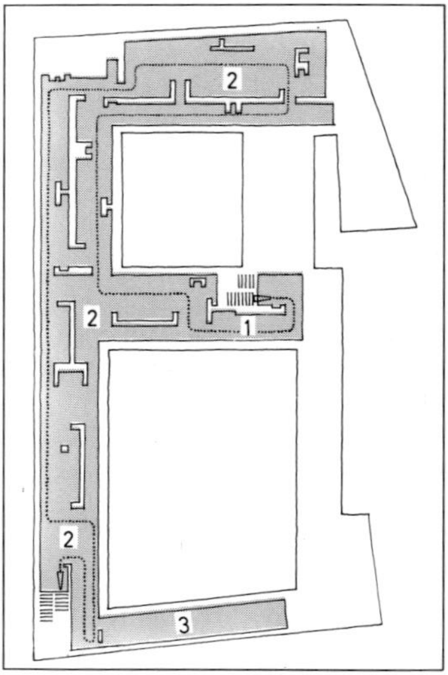

Erdgeschoß:
1 Wittingauer Meister – 2 Arbeiten des sog. ›Schönen Stils‹ – 3 Kunst der Spätgotik

1. Obergeschoß:
1 Kunst des Manierismus – 2 Böhmischer Barock – 3 Wechselausstellungen

na‹ aus Konopište und ›Kreuzigung‹ aus dem Emauskloster in Prag (alle Ende 14. Jh.). – *Raum 5:* Aus der Zeit von 1357/67 fünf Bildtafeln der hll. Elisabeth, Veit, Hieronymus, Matthäus und von Papst Gregor des Meisters Theoderich, von dem sich auf der Burg Karlstein weitere 130 Bildtafeln und Wandgemälde befinden. – *Raum 6:* Votivbild des Prager Erzbischofs *Johann Očko von Vlašim* mit porträthaften Darstellungen *Karls IV.* und *Wenzels IV.* sowie ›Kreuzigung‹ aus dem Emauskloster (Arbeiten aus der 2. Hälfte des 14. Jh.). – *Raum 7:* Kruzifix aus Strakonitz und Pietà aus Lásenice (2. Hälfte 14. Jh.), Teile zweier Vesperbilder (Ende 14. Jh.), Hostiengefäß und kleine Statue der hl. Dorothea (undatiert).

Erdgeschoß

Böhmische Malerei und Plastik vom Ende des 14. Jh. bis zum Anfang des 16. Jh.
Raum 1: Er ist dem bedeutendsten Meister der gotischen Malerei Böhmens, dem *Wittingauer Meister* (um 1380), gewidmet. Drei große Bildtafeln eines Flügelaltars stellen (werktags, bei geschlossenem Altar) die ›Hll. Katharina, Maria Magdalena, Margaretha‹, die ›Hll. Ägidius, Gregor, Hieronymus‹ und die ›Ap. Jakobus d. J., Bartho-

lomäus, Philippus‹ dar und (an Feiertagen, bei geöffnetem Altar) ›Christus am Ölberg‹, ›Grablegung‹ und ›Auferstehung‹; außerdem hervorragende Arbeiten der böhmischen Malerei und Plastik, die den deutlichen Einfluß des Wittingauer Meisters zeigen. – Im *Durchgang* zum nächsten Raum ein Triptychon vom Ende des 14. Jh. ›Kreuzigung‹ zwischen ›Ap. Petrus‹ und ›Ap. Andreas‹. – *Raum 2 (vorderer Nordgang):* An der Stirnwand eine Madonnenstatue aus Steinguß (um 1400) offensichtlich der sog. ›Krumauer Madonna‹ nachempfunden, die als eines der herausragendsten Beispiele für den Stil der ›Schönen Madonnen‹ gilt (besonders weiche und kindhafte Darstellung und Gestaltung Marias). An der Fensterseite Bildtafeln vom Übergang des 14. zum 15. Jh. und eine Pietà. Der dazu gehörende Kopf Christi befindet sich in einer Vitrine in Raum 7 im Untergeschoß. Gegenüber der Fensterseite 12 Medaillons mit kunstvoll geschnitzten Darstellungen von Engeln und Heiligen sowie eine ausgezeichnete Schnitzarbeit aus dem Minoritenkloster in Krumau (›Maria mit Kind‹) und eine Madonna aus dem Veitsdom. – In einem *Seitenraum* das Tympanon vom Nordeingang der Teynkirche, eines der hervorragendsten Werke der gotischen Bildhauerarbeit aus der 2. Hälfte des 14. Jh. – *Raum 2 (hinterer Nordgang):* Mehrere Bildtafeln, Flügelaltäre und geschnitzte Figuren, deren Herstellung teils bis zur Mitte des 15. Jh. datiert wird. – *Kreuzgang:* Bildtafeln, Flügelaltäre, Relief-, Schnitz- und Goldschmiedearbeiten: Äbtissinenstab (14. Jh.) und Äbtissinenkrone von St. Georg (Ende 16. Jh.). – *Treppenhaus zum 1. Stock:* Holzplastik ›Annaselbdritt‹ (Anfang 16. Jh.). Die Reliefarbeiten zu dem geschnitzten Altarschrein eines unbekannten Meisters, der mit den Initialen *IP* gezeichnet hat und den Einfluß durch *Albrecht Dürer* erkennen läßt, zählen zu den bemerkenswertesten Arbeiten der Renaissance in Böhmen.

Erster Stock

Böhmische Kunst des Manierismus, Barock und Rokoko von der Mitte des 16. bis zur Mitte des 18. Jh. Die Exponate sind nach Zuordnung der einzelnen Künstler, den bedeutendsten Vertretern der jeweiligen Epoche, zusammengestellt.

Manierismus: Bartholomäus Spranger (1546–1611; niederländischer Maler zur Zeit *Rudolfs II.*): ›Auferstehung Christi‹ (1576), ›Epitaph des Goldschmieds Nikolaus Müller‹ (um 1590). – *Hans von Aachen* (1552–1615; seit 1596 in Prag, Hofmaler und Porträtist): ›Kreuztragung‹ (1587). – *Josef Heintz* (1564–1609; Maler, Kopist und Kunsthändler aus der Schweiz): ›Jüngstes Gericht‹ (1607). – *Adrian de Vries* (1560–1627; niederländischer Bildhauer, seit 1601 kaiserlicher Kammerbildhauer *Rudolfs II.*): Bronzestandbild des ›Herkules‹ (1625/26).

Barock: Karel Škréta (1610–1674; nach Studien in Italien erster Maler des Barock in Böhmen): ›Vestalin Tuscia‹ (um 1603), ›Taufe Christi‹ (um 1660). – *Michael Willmann* (1630–1706; aus Königsberg, Studien in den Niederlanden, von Rembrandt beeinflußt, seit 1657 Hofmaler des Gr. Kurfürsten von Preußen): ›Befreiung der Andromeda‹ (um 1695), ›Kreuzigung‹ (um 1700). – *Johann Peter Brandl* (1668–1735; genialster und bekanntester Maler des böhmischen Barock, auffallende Hell-Dunkel-Effekte): ›Heilung des blinden Tobias‹ (um 1705), ›Porträt eines älteren Mannes‹ (um 1720). – *Johann Kupetzky* (1667–1740; Porträtmaler, hielt sich überwiegend in Italien auf): ›Bildnis seiner Gattin‹ (1711), ›Porträt einer jungen Pragerin‹ (1716). – *Wenzel Lorenz Reiner* (1689–1743; in Prag geboren, bedeutendster Freskomaler des böhmischen Barock, stark betonter Realismus): ›Türkenschlacht‹ (1708), ›Landschaft mit Wasserfall und Fischern‹ (um 1740). – *Johann Georg Bendl* (1630–1680; Begründer der böhmischen Barockplastik): ›Erzengel Raphael‹ (um 1650). – *Matthias Bernhard Braun* (1684–1738; in Tirol geboren, dramatische Darstellung): ›Jupiter‹, ›Vulkan‹, ›Venus‹ und ›Merkur‹ (1714/16; ursprünglich auf der Attika des Clam-Gallas-Palais). – *Ferdinand Maximilian Brokoff* (1688–1731; Meister des Spätbarock mit ausdrucksstarker Gefühlsbewegung): ›Erzengel Raphael‹ (um 1724). – *Ignaz Franz Platzer* (1717–1787; Studium an der Wiener Akademie, führender Bildhauer Prags zwischen 1750 und 1770, Arbeiten mit betont böhmisch-volkstümlichem Charakter): ›Hl. Barbara‹ (1750/60).

Rokoko: Anton Kern (1709–1747; Studium in Dresden, klassizistischer Einfluß durch *Giovanni Batt. Pittoni*): ›Hl. Johannes auf Patmos‹, ›Erziehung der Jungfrau Maria‹. – *Norbert Grunde* (1717–1767; bedeutendster Meister der Landschafts- und Genremalerei seiner Zeit, überwiegend Bilder von auffallend kleinem Format, in denen bereits der Übergang zum Biedermeier deutlich wird): ›Die Ernste‹ und ›Die Malerwerkstatt‹.

Erster Burghof (Ehrenhof) · Matthiastor (d) Nr. 1

Auf Anordnung Kaiserin *Maria Theresias* wurde in den Jahren 1756–1774 der erste Burghof in einen sog. ›Ehrenhof‹ umgewandelt. Den Entwurf dazu lieferte der Wiener Hofarchitekt der Kaiserin, *Nikolaus Pacassi*; der Architekt *Anselmo Lurago* leitete die bauliche Ausführung. In diesem Zusammenhang wurden der westliche Teil des mittelalterlichen Burggrabens zugeschüttet und einige ältere Gebäude abgetragen. Durch das Eingangsportal zur Burg mit den ›Kämpfenden Giganten‹ von *Ignaz Platzer* (seit 1912 durch Kopien ersetzt) wurde der Hof dann nach Westen abgeschlossen. Auch für die im schlichten Klassizismus gehaltenen Palastfassaden *Pacassis* gestaltete *Platzer* den Skulpturenschmuck auf der Attika.

Die dreiflügelige Anlage des Ehrenhofes wird nach Osten durch das

Zweiter Burghof

Matthiastor, das den Zugang zum 2. Burghof bildet, begrenzt. Das ursprünglich freistehende Tor bildete den Westeingang zum Hradschin. Es ist nach Kaiser *Matthias* benannt, der es 1614 in Auftrag gab. Den neuesten Forschungsergebnissen zufolge soll es nicht von *Vincenzo Scamozzi*, sondern von dem Prager Hofarchitekt *Giovanni Maria Filippi* im Stil des norditalienischen Manierismus errichtet worden sein. Charakteristisch sind das aus sauber und scharf gearbeiteten Kanten bestehende Bossenwerk und die zwischen zwei Obelisken über dem Eingang eingelassene Schrifttafel mit abschließendem Dreiecksgiebel. Rechts vor dem Tor führt eine *Rokokotreppe* (1765/66 von *Pacassi* errichtet) zu den Repräsentationsräumen der Burg (Thron-, Spiegel- und Musiksaal), die heute dem Staatspräsidenten unterstehen.

Zweiter Burghof (e) **Nr. 1**

An der Stelle des inneren Burggrabens aus dem 13. Jh. entstand im 16. Jh. der 2. Burghof. Die nüchtern wirkenden Fassaden gehen auf Pläne *Nikolaus Pacassis* zurück. Der Hof wird in der Mitte von einem *barocken Brunnen* aus Sandstein beherrscht, der nach dem Entwurf eines unbekannten Künstlers 1686 von *Francesco della Torre* ausgeführt und aufgestellt wurde. Den ausdrucksvollen Skulpturenschmuck schuf der Prager Bildhauer *Hieronymus Kohl* (1632–1709). Gegenüber dem *Ziehbrunnen* (mit schmiedeeisernem Gitter von 1702) der 1967 von *V. Makovský* errichtete *Löwenbrunnen*. Das Granitpflaster gestaltete *Jaroslav Fragner* (1898–1967).

Heiligkreuzkapelle **Nr. 1**

Im südlichen Bereich des 2. Burghofs befindet sich die 1753/54 von *Anselmo Lurago* im klassizistischen Stil erbaute Kapelle, die 1852/56 eine Neugestaltung im Stil des Spätempire erfuhr; in den Nischen Standbilder der Apostel Petrus und Paulus von dem Bildhauer *Emanuel Max* (1854), der auch im Innern die Figur des hl. Johannes von Nepomuk schuf. Die Altarskulpturen stammen von *Ignaz Platzer*, die Gemälde von *Wilhelm Kandler, Josef Navratil* und *Franz Xaver Palko.* Seit 1961 wird in der Heiligkreuzkapelle der *Domschatz* aufbewahrt und ausgestellt. Er besteht u. a. aus wertvollem silbernem und goldenem, mit Edelsteinen besetztem Kirchengerät, Meßgewändern, Monstranzen und Reliquienbüsten. Herausragende Exponate sind Kettenhemd, Schwert und Helm des hl. Wenzel, das Schwert des hl. Stefan sowie Nachbildungen von Krone, Zepter und Reichsapfel Rudolfs II. von Habsburg.

Burggalerie **Nr. 1**

Sie wurde 1964 in den von *Jaromir Neumann* umgebauten ehemaligen Marställen an der Nordseite des 2. Burghofes eingerichtet. In 6 Räumen werden 70 Werke der früheren Rudolfsgalerie vom Ende des 16. Jh. und der Burggalerie des 16. und 17. Jh. gezeigt. Zu den herausragendsten Exponaten zählen:
Raum 1: Hans von Aachen (1552–1615) ›Porträt des Kaisers Matthias‹, Bartholomäus Spranger (1546–1611) ›Triumph der Treue über das Schicksal‹. – *Raum 2:* Francesco da Ponte Bassano ›Darbringung im Tempel‹. – *Raum 3:* Jacob da Ponte Bassano (1517–1592) ›Aufnahme der Tiere in die Arche Noah‹, Guido Reni (1575–1642) ›Der Kentaur Nessos entführt Deianeira‹. – *Raum 4:* Paolo Veronese (1528–1588) ›Hl. Katharina mit Engel‹, Tintoretto (1518–1594) ›Jesus und die Ehebrecherin‹, Peter Paul Rubens (1577–1640) ›Die Versammlung der olympischen Götter‹. – *Raum 5:* Johann Peter Brandl (1668–1735) ›Rechtliche Beratung‹, Johann Kupecký (1667–1740) ›Porträt der Frau Haberstock‹. – *Raum 6:* Bartholomäus Spranger ›Hl. Katharina‹, Hendrik Goltzius (1558–1617) 18 Blätter einer Kupferstichfolge nach den ›Metamorphosen‹ Ovids, Aegidius Sadeler (1570–1629) ›Stadtansichten von Prag‹, Adrian de Vries (1560–1626) Stuckrelief ›Anbetung der Könige‹; außerdem zwei Marmorgruppen ›Mars und Venus‹ sowie ›Venus und Amor‹ von unbekannten Künstlern.
In mehreren Schaukästen und auf Stellwänden wird ferner eine Fotodokumentation über die Restaurierung der ausgestellten Gemälde der Burggalerie sowie ein Rekonstruktionsversuch der ehem. Rudolfsgalerie durch Aufnahmen des noch vorhandenen Inventars gezeigt. Am Ende des Raumes sind hinter einer Glaswand

Schatzkammer: Reliquienkreuz

die seit 1950 freigelegten Reste von nördlichem Kirchenschiff, Apsis und Altartisch der ältesten Marienkirche auf dem Gelände der Prager Burg (Ende des 9. Jh.) zu sehen.

Dritter Burghof (f) **Nr. 1**

Der 3. Burghof wird vom Veitsdom im Norden, dem ehem. Königspalast und den Pacassi-Bauten im Süden begrenzt. Er bildete im Mittelalter den Mittelpunkt der Burg und ist, wie archäologische Ausgrabungen in den 20er Jahren ergeben haben (Wälle, Gebäude und Reste der alten romanischen Bischofspfalz des 9.–12. Jh.) der *älteste Teil der gesamten Burganlage.* In der Zeit von 1750–1770 erhielten die alten Gebäude der ursprünglichen Königssiedlung nach den Plänen von *Nikolaus Pacassi* ihre bis heute erhaltene einheitliche Fassade im schlichten Klassizismus. Die Figuren der beiden Portale im Süden und Osten stammen von *Ignaz Platzer* 1760/62. Das Portal mit dem Kupferdach in der südöstlichen Ecke des Hofes führt zum Wallgarten.
Rechts an das dreiteilige Hauptportal des Veitsdomes schließt sich die im 17. Jh. in den Formen des Barock erbaute *Alte Propstei* an. An ihrer Ostseite sind in Mauerwerk und Rundbogenfenstern noch die Reste eines Vorgängerbaus aus dem 11. Jh. zu erkennen. Die Wenzel-Statue ist eine Arbeit von *Johann Georg Bendl* (1662), dem bedeutendsten Bildhauer Böhmens seiner Zeit.
Die mittlere freie Fläche des Burghofs wird vor allem durch den 17 m hohen *Obelisk* aus Makrotiner Granit (1928 von *Josip Plečnik* als ›Mahnmal für die Opfer des 1. Weltkriegs‹ geschaffen) und von dem *Reiterstandbild des hl. Georg* bestimmt. Letzteres ist das Werk der Brüder *Georg* und *Martin von Klausenburg* aus dem Jahre 1373. Es gilt als das herausragendste Reiterstandbild des Mittelalters und zeichnet sich (z. B. gegenüber dem Bamberger Reiter, um 1240) besonders durch ausdrucksstarke Bewegung aus. Die Plastik wechselte im Laufe der Zeit wiederholt ihren Standort. Nach Beschädigung durch den Burgbrand von 1541 wurde sie von *Tomas Jaros* restauriert, 1928 von *Josip Plečnik* mit ihrem jetzigen Sockel versehen und hier aufgestellt. Inzwischen hat man sie jedoch durch eine Kopie ersetzt; das Original befindet sich in Raum 2 im Untergeschoß des St.- Georgs-Klosters (Nr. 1c).

Goldmachergäßchen · Weißer Turm · Festungsturm Daliborka (g) **Nr. 1**

Das Goldmachergäßchen erstreckt sich zwischen Weißem und Daliborka-Turm im nordöstlichen Bereich des Hradschin. Es ist der idyllischste, romantischste und meistbesuchte Teil der Prager Burg. Er

Goldmachergäßchen

besteht aus 18 kleinen Häuschen, die um 1540 in die Bögen der alten Wehrmauer eingebaut und von den Burgwächtern bewohnt wurden. Der Sage nach sollen hier auch die *Alchimisten Rudolfs II.*, die aber nachweislich ihre Laboratorien im Mihulkar-Turm hatten, gewohnt und versucht haben, Gold herzustellen; daher auch der Name *Gold-* oder *Alchimistengäßchen.* In den 1952/55 sorgfältig restaurierten Häusern befinden sich heute Souvenierläden, Kunst- und Buchhandlungen. Im Haus Nr. 22 wohnte 1917 vorübergehend *Franz Kafka.*

Der *Weiße Turm* am westlichen Ende der Gasse diente seit 1584 als Staatsgefängnis und im 18. Jh. als Schuldturm für Mitglieder des Adels.
Der *Festungsturm Daliborka*, am östlichen Ende der Befestigungsanlage der Prager Burg und durch das letzte Haus des Goldmachergäßchens erreichbar, entstand 1496 nach Plänen von *Benedikt Ried.* Seinen Namen erhielt der Turm nach dem 1498 hingerichteten *Ritter Dalibor*, den *Friedrich Smetana* zum Helden seiner gleichnamigen Oper gemacht hat. Der Zugang zum eigentlichen Kerker besteht lediglich aus einem runden Loch, durch das die Gefangenen hinabgelassen und von der Außenwelt völlig abgeschlossen wurden.

Haus der Tschechoslowakischen Kinder · Schwarzer Turm (h) Nr. 1

Das *ehem. Oberstburggrafenamt* in der Georgsgasse geht bis ins 13. Jh. zurück. Die heutigen Gebäude, im Renaissance-Stil mit charakteristischem Giebel und Sgraffitofassaden, entstanden nach dem Brand von 1541 durch den italienischen Baumeister *Giovanni Ventura.* Das Portal mit Rokokogitter zieren die Wappen der Oberstburggrafen *Fürstenberg, Martinitz, Waldstein* und *Wrtba,* den höchsten Beamten Böhmens, die als Stellvertreter des Königs fungierten. Seit der sorgfältigen Restaurierung 1960/63 durch *J. Hlvatý* unter Beteiligung der bedeutendsten tschechoslowakischen Künstler dient das Gebäude als ›*Haus der tschechoslowakischen Kinder*‹ und wurde mit Kindertagesstätten, Vortragssaal, Club- und Ausstellungsräumen ausgestattet. Erwachsenen ist der Zutritt nur mit Sondergenehmigung gestattet. Das Tonnengewölbe im Speisesaal sowie die Wandmalereien in einigen Räumen stammen noch aus dem 16. Jh.

Gegenüber liegt das *Palais Lobkowitz.* Im 16. Jh. im Stil der italienischen Renaissance mit zwei Höfen und Loggien errichtet, wurde es 1677 von *Carlo Lurago* in der Formensprache des Barock umgestaltet. Eine weitere gründliche Renovierung erfolgte 1791. Es ist nicht öffentlich zugänglich.

Der *Schwarze Turm,* am Ende der Georgsgasse und Wahrzeichen der östlichen Befestigungsanlage der Burg, bildete ursprünglich das Burgtor und ist in seinen ältesten Teilen bis ins 12. Jh. nachweisbar. Während der Regierung *Karls IV.* war der Turm mit einem vergoldeten Dach versehen. Am Turm vorbei führt die *Alte Schloßstiege* direkt zur Moldau, U-Bahn- und Straßenbahnverbindung. Sie bildete im Mittelalter den Hauptzugang zur Burg von Osten und bietet von einer Plattform aus eine herrliche Aussicht über den Waldsteingarten hinweg auf die Prager Kleinseite.

Paradies- und Wallgarten Nr. 1

Entlang des gesamten Südhangs der Prager Burg erstreckt sich von Westen, von der Neuen Schloßstiege, nach Osten, bis zur Alten Schloßstiege, der 1562 angelegte und 1920/23 neugestaltete *Paradiesgarten* und auf dem Ende des 19. Jh. zugeschütteten Burgwalls der 1928 von *Josip Plečnik* geschaffene *Wallgarten.* Die beiden großzügig angelegten Gärten bilden sehr beliebte Spaziergängerziele der Prager Bevölkerung; denn sie bieten einerseits eine unvergleichliche Aussicht auf das Panorama Prags und vermitteln andererseits einen hervorragenden Eindruck von der besonders durch die Pacassi-Bauten geprägten Südfassade der Burg. Am Übergang vom Paradies- zum Wallgarten steht ein *Rundbau* aus dem Jahre 1614, der Kaiser *Matthias* zugeschrieben wird, dessen Monogramm die Windfahne auf dem Dach ziert. Im Innern ist die ursprüngliche Deckenbemalung noch erhalten. Die Wandmalereien entstanden 1848. Die Statue des ›Guten Hirten‹ schuf *I. Kalvoda* 1922. – Es folgt der *Ludwigstrakt* mit dem Flügel, in dem sich der Prager Fenstersturz von 1618 ereignete. An der Stelle, an der die beiden Statthalter *Slavata* und *Martinitz* aus dem Fenster stürzten, stehen zwei *frühbarocke Obelisken.* Im weiteren Verlauf der südlichen Burgfront schließen sich die *Allerheiligenkapelle,* das *ehem. Adlige Damenstift* und das *Palais Lobkowitz* an.

2 Königlicher Garten

Mit ehem. Reitschule, Ballhaus, Belvedere und Singendem Brunnen

Königlicher Garten

Lage: Nördlich der Burg zwischen ehem. Reitschule und Belvedere. Vom 2. Burghof über die Staubbrücke erreichbar. – Die Ausstellungen in den genannten Gebäuden sind tgl. außer Mo von 10.00–18.00 Uhr geöffnet.

Ferdinand I. ließ 1534 nördlich der Burg den Königlichen Garten anlegen. Nach den Plänen *Giovanni Spazios* gestaltete der Gärtner *Francesco* die erste Gartenanlage Böhmens im Stil der italienischen Renaissance. 1539 entstanden die ersten Gewächshäuser; zwischen 1555 und 1558 wurde der Garten erheblich erweitert. Der Botaniker *P. O. Mathioli* züchtete hier die ersten Tulpen Europas. 1563 erfolgte durch *Vredemar de Vries* eine Umgestaltung der Anlage nach holländischem Vorbild. *Rudolf II.* ließ im hinteren Bereich des Gartens Tierzwinger errichten, die den Schauplatz zu *Schillers* Ballade ›Der Handschuh‹ bildeten. Nach den Entwürfen von *Kilian Ignaz Dientzenhofer* erfuhr die Anlage 1726/34 durch den Gärtner *Zinner* eine weitere Umgestaltung in einen französischen Park. Die Plastiken schuf *Matthias Braun*, einer der sensibelsten und geistreichsten Bildhauer des Barock. Schließlich erfolgte im 19. Jh. die Umwandlung des Königlichen Gartens in einen englischen Landschaftsgarten.

Ehem. Reitschule **Nr. 2**

Lage: Am Ende der vom 2. Burghof über den Hirschgraben führenden Staubbrücke, links.

Das eingeschossige, langgestreckte Gebäude entstand um 1694 unter Ks. *Leopold I.* nach Entwürfen des französischen Architekten und Malers *Jean Baptiste Mathey* (1630–1695). *Mathey* verband in seinen Werken Stilelemente aus Frankreich, Italien und den Niederlanden zu einer eigenständigen Form des Prager Barock. Einen besonderen Akzent setzt die Südseite, die durch 16 rundbogige Blendarkaden und eine Verkröpfung der Pilaster gegliedert ist. Quergelagerte ovale Fenster in den Bogenfeldern sowie die verkröpften Scheitelsteine verleihen der Fassade eine stimmungsvolle Ausgewogenheit. Außerdem wird die Südfront noch durch eine vorgestellte Terrasse, die eine herrliche Aussicht auf den Hradschin und den Veitsdom gewährt, besonders betont.

Ballhaus **Nr. 2**

Lage: In der Mitte des Königlichen Gartens.

Maximilian II. gab den nach Entwürfen von *Bonifaz Wolmut* und unter Mitarbeit des Baumeisters *Udalrico Aostalis* 1567/69 errichteten Bau, der ursprünglich für Ballspiele vorgesehen war, in Auftrag. Das langgestreckte Gebäude wurde 1723 in einen Pferdestall umgewandelt und diente unter *Joseph II.*, nachdem man die zunächst offenen Arkaden geschlossen hatte, als Militärmagazin. Am 9. Mai 1945 fiel das Haus während der letzten Kämpfe des 2. Weltkriegs einem Brand zum Opfer. Nach den Plänen von *Pavel Janák* und *Josef Wagner*, der

die Sgraffiti erneuerte, wurde das Gebäude 1950/52 restauriert. Aus der Brüsseler Werkstatt von *Jan van Leefdael* stammen die 5 Tapisserien aus dem Zyklus ›Antonius und Kleopatra‹. Heute dient das Ballhaus als Kulturhaus für die Beschäftigten der Kanzlei des Präsidenten der Republik.
Das für die Formgebung *Wolmuts* charakteristische Gebäude, im Stil der klassischen Renaissance und unverkennbar in Anlehnung an die Stilmittel *Palladios* entstanden, ist auf der Stirnseite in rundbogige Arkaden und eine ionische Halbsäulenordnung gegliedert. Den Abschluß bildet ein kräftiges, die untere Gliederung aufnehmendes Gebälk. Die Zwischenräume der Fassade sind reich mit feinen Sgraffiti (Grotesken und Allegorien der Wissenschaften, Tugenden und Elemente) ausgestattet, die 1970 erneut restauriert wurden. Die Figurengruppe ›Allegorie der Nacht‹ vor dem Ballhaus schuf 1734 *Anton Braun* in der Werkstatt seines Onkels *Matthias Braun.*
Die in der Mitte durch den Königlichen Garten führende Allee (1563 angelegt) endet an dem 1670 von *Johannes Georg Bendl* nach Entwürfen *Francesco Carattis* geschaffenen ›Herkules-Brunnen‹.

Belvedere und ›Singender Brunnen‹ **Nr. 2**

Lage: Am östlichen Ende des ehem. Königlichen Gartens, vom 2. Burghof aus über die Staubbrücke erreichbar.

Geschichte: Das Belvedere entstand in drei Bauabschnitten zwischen 1534 und 1563. *Ferdinand I.* ließ dieses auffallend graziöse Bauwerk, das als erster reiner Renaissance-Bau Prags und als einer der schönsten nördlich der Alpen gilt, für seine Gemahlin, Königin *Anna*, als Lustschloß errichten. Die Bezeichnung Belvedere wird erst im 19. Jh. gebräuchlich. Das Erdgeschoß mit seinem nach allen Seiten umlaufenden Arkadengang entstand 1534–1541 nach Entwürfen des italienischen Architekten und Bildhauers *Paolo della Stella* durch *Giovanni Spazio* und *Juan Maria Aostali.* Nach dem Brand der Burg von 1541 wurden die Arbeiten erst wieder 1548 aufgenommen und das Erdgeschoß 1555 vollendet. Die Pläne für das 1557–1563 hinzugefügte Obergeschoß stammen von *Bonifaz Wolmut* und wurden von dem Baumeister *Giovanni Campione* realisiert. Zeitweilig nutzte *Tycho Brahe*, dänischer Astronom am Hofe Kaiser *Rudolfs II.*, die Terrasse für seine nächtlichen Beobachtungen. Später beherbergte das Haus bis zu seiner Restaurierung durch *Bernard Grueber* 1845/46 ein Laboratorium. Eine weitere Restaurierung erfolgte 1952/55 durch *Pavel Janák.* Heute dient das Gebäude für Ausstellungen der Nationalgalerie.
Auf den ersten Blick fallen die Leichtigkeit, die feinen Proportionen und die horizontale Verteilung des Baukörpers auf, der somit einen deutlichen Kontrast zu dem in die Höhe strebenden Stil der Gotik

Sog. ›Singender Brunnen‹

darstellt. Auf den mit mythologischen Szenen der Antike verzierten Sockelpostamenten erheben sich schlanke Säulen mit ionischen Kapitellen. Über diesen Säulen erstrecken sich weitgespannte Bögen, die einen das Erdgeschoß nach allen Seiten umlaufenden Arkadengang bilden, den ein abschließender, an pflanzlichen und figürlichen Motiven reicher Rankenfries sowie Reliefs in den Zwikkelfeldern mit Darstellungen aus der griechischen Mythologie schmücken. Die Rahmen der Fenster und Türen des Erdgeschosses wirken dagegen etwas derb und schwer; sie entstanden nach Vorlagen des Italieners *Sebastiano Serlio* (1475–1554). Durch das von *B. Wolmut* entworfene Obergeschoß mit seinem geschweiften Dach erhielt das Gebäude sein charakteristisches Äußeres. Die Fassade im Wechsel zwischen Fenstern und Rundbogennischen wirkt plastisch bewegt und bildet einen harmonischen Übergang von den weitgeschwungenen Arkadenbögen des Erdgeschosses zu der geschweiften Dachform.

Im Innern des Erdgeschosses befanden sich ursprünglich die herrschaftlichen Wohnräume. Der große Raum im Obergeschoß diente als Tanzsaal und Galerie. Auf 14 Gemälden zwischen den Fenstern entstand 1851–1865 ein Zyklus nach Vorlagen von *Christian Ruben*, der bedeutende Ereignisse der böhmischen Geschichte darstellt; zuletzt 1952/55 von *Pavel Janák* restauriert.

Der sog. ›Singende Brunnen‹ vor dem Belvedere, eine Bronzearbeit nach einem Entwurf *Francesco Terzios*, 1564 von *Tomáš Jaroš* gegossen, zeigt eine Fülle plastischer Details von der Darstellung pflanzlicher und tierischer Motive bis zu griechischen Gottheiten und einem Dudelsackpfeifer. Nach diesem und dem Klang, den die auf beide Bronzeschalen fallenden Wasserstrahlen auslösen, erhielt der Brunnen seinen Namen.

3 Hradschiner Platz (*Hradčanské náměstí*)

Mit Mariensäule, Erzbischöflichem Palais, Basteigarten, Spanischem Saal, Palais Sternberg (Nationalgalerie), Palais Schwarzenberg, Palais Toscana, Alter Rathausstiege und Hradschiner Rathaus.

Hradschiner Platz

Lage: U-Bahnhof Hradčanská, Straßenbahn 22, 23.

Der Hradschiner Platz bildet den westlichen Zugang zur Prager Burg. An seiner Stelle (im heutigen Umfang) enstand um 1320 die dritte Prager Stadt, ›Hradschin‹. Unter *Karl IV.* wurde sie nach Norden erweitert und mit einer Mauer umgeben. Der ursprüngliche Hradschiner Platz bildete seitdem den Mittelpunkt der Gemeinde, über den der Krönungsweg der böhmischen Herrscher führte. Nach dem schweren Brand der Burg von 1541 erfuhr der Platz eine völlige Umgestaltung. Sämtliche Bürgerhäuser mußten den Adelspalais weichen. 1547 diente der Platz als Hinrichtungsstätte für 4 Anführer der Stände gegen *Ferdinand I.*, die sich geweigert hatten, im Schmalkaldischen Krieg (1546/47) gegen ihre protestantischen Glaubensbrüder in Deutschland zu kämpfen.
Die Mariensäule, in einer kleinen Grünanlage auf dem Hradschiner Platz, entstand 1725/26 als Dank für die Verschonung vor der Pest. Die künstlerische Gestaltung lag bei *Ferd. Max. Brokoff.* Auf einem doppelten dreieckigen Podest gruppieren sich die böhmischen Landespatrone um die Marienstatue. Die kräftige, fast derbe Gestalt der Madonna ist ein Spätwerk *Brokoffs*, in dem das böhmische Element zu einem Realismus von wirkungsvollster Ausdruckskraft gefunden hat.

Erzbischöfliches Palais — Nr. 3

Lage: Hradčanské náměstí NC 56, an der Nordseite des Hradschiner Platzes. – *Geöffnet:* nur Gründonnerstag 9.00–17.00 Uhr.

Das Mitte des 16. Jh. errichtete Renaissance-Palais befand sich ursprünglich im Besitz des königlichen Sekretärs *Florian Graf von Griespek.* Von diesem erwarb es *Ferdinand I.* und übergab es dem ersten Prager Erzbischof nach den Hussitenkriegen als Residenz. Dieser ließ das Haus durch *Udalrico Aostali* 1562/64 erweitern und 1599 eine Kapelle hinzufügen. Ein weiterer Umbau im Stil des Barock erfolgte 1669–1694 im Auftrag des Erzbischofs *Johann Friedrich von Waldstein* durch den französischen Baumeister *Jean Bapt. Mathey.* Die jetzige Dreiflügelanlage wurde 1722/25 auf der Nordseite zum Hirschgraben

Erzbischöfliches Palais:
Familienwappen Fürsterzbischof Anton Peter Graf von Přichowitz

durch einen vierten Flügel von *Paul Ignaz Bayer* geschlossen. 1764/65 erhielt die Anlage auf der Seite zum Hradschiner Platz von *Johann Josef Wirch* ihre heutige Rokokofassade mit dem plastischen Schmuck von *Ignaz Platzer.* Dabei blieben das Portal mit Balkon und die Dachterrasse von *Mathey* erhalten. Die Seitenflügel wurden durch Säulen und Arkaden miteinander verbunden.

Das heutige Palais wird im wesentlichen durch die Rokokofassade zum Hradschiner Platz beherrscht. Auf dem 7 Achsen breiten und 3 1/2 Geschosse hohen vorderen Baukörper mit flachem Dach und abschließender Balustrade mit plastischem Schmuck erhebt sich über den mittleren 3 Achsen ein Belvedere mit klassischem Dreiecksgiebel. Dem durch seine Mauerschichtung horizontal gelagerten Sockelgeschoß folgt das, durch Scheitelsteine über den Fenstern und Mauerbänder vertikal gegliederte, 1. Obergeschoß. Das folgende Hauptgeschoß und das abschließende Halbgeschoß werden durch eine große Ordnung von Pilastern und Säulen zusammengefaßt. Einen besonderen Akzent erhält das Hauptgeschoß durch seine markanten, verschieden hohen Fensterbekrönungen. Das abschließende Halbgeschoß weist eine Folge von einem runden, zwei quadrati-

schen, drei runden und wieder zwei quadratischen sowie einem runden Fenster auf, die mit den Fensterabschlüssen der unteren Geschosse korrespondiert und so die rhythmische Gliederung der Fassade bestimmt. Schließlich wird die Mittelachse von einem großen Bogen überragt, der als Träger der Wappenkartusche einen bekrönenden Abschluß bildet.
Die Innenräume des Erzbischöflichen Palais zählen zu den besterhaltenen Räumen spätbarocker Profanbauten in Prag. Hervorzuheben sind die Originaltapisserien aus Pariser Werkstätten (›Das alte und das neue Indien‹) sowie in der Kapelle 2 gotische Reliquienbüsten der Ap. Petrus und Paulus.

Basteigarten · Spanischer Saal · Rudolfsgalerie **Nr. 3**

Lage: Hradschiner Platz. U-Bahnhof Hradčanská, Straßenbahn 22, 23.

Der Basteigarten rechts vom Erzbischöflichen Palais steigt terrassenartig zum Hirschgraben an. An seinem Ende rechts befindet sich ein Balkonvorbau der ehem. Marställe mit dem ›Spanischen Saal‹ und der ehem. ›Rudolfsgalerie‹. Beide Säle entstanden im Auftrag *Ferdinands I.* Ihre künstlerische Gestaltung erhielten sie unter *Rudolf II.*
Der *Spanische Saal* (48 m lang, 24 m breit, 12 m hoch) wurde 1589/96 mit Wandmalereien von *Vredeman de Vries* und 1611 mit Stukkaturen von *Giovanni B. Quadri* geschmückt. Die heutigen, ganz in weiß gehaltenen Stukkaturen, Allegorien von Kunst, Wissenschaft, Handel und Industrie, in beiden Räumen sind erst 1865–1868 zu Ehren *Franz Josephs I.* entstanden.
Die *Rudolfsgalerie* diente im 17. Jh. als *Schatzkammer Rudolfs II.* (48 m lang, 11 m breit, 8 m hoch). 1922/23 erfolgte eine grundlegende Restaurierung beider Räume, die nur sporadisch der Öffentlichkeit zugänglich sind (Zugang zur Burggalerie nur über den 2. Burghof, s. S. 47).

Palais Sternberg (*Nationalgalerie*) **Nr. 3**

Lage: Links hinter dem Erzbischöflichen Palais, Zugang durch dessen linkes Bogenportal. U-Bahnhof Hradčanská, Straßenbahn 22, 23. – *Geöffnet:* Di–So 10.00–18.00 Uhr.

Die Entstehungszeit und wer die Entwürfe lieferte sowie die bauliche Ausführung zu der hochbarocken Vierflügelanlage mit Innenhof leitete, ist nicht gesichert. Bisher wird davon ausgegangen, daß das Palais im Auftrag von *Wenzel Adalbert Graf Sternberg* durch *Giovanni Batt. Alliprandi* nach den Plänen des Wiener Architekten *Domenico Martinelli* zwischen 1698 und 1720 errichtet wurde. Der Bau weist äußerlich keine besonderen Merkmale auf. – Im Innern ist das ›Chinesische Kabinett‹ im 2. Stock hervorzuheben, ein ovaler Saal mit vergoldeten Stuckarbeiten von *Donato Frisoni* und zahlreichen Chinoiserien von *J. V. Kratochvil.* Heute beherbergt das Gebäude einen Teil der ›Sammlung europäischer Kunst‹ der Nationalgalerie.

Nationalgalerie im Palais Sternberg

Die Räume der Nationalgalerie sind nicht numeriert, die Exponate im wesentlichen nach den Herkunftsländern der Künstler ausgestellt. Wir empfehlen, eine Besichtigung im 1. Stock zu beginnen. Hier befinden sich Arbeiten italienischer und holländischer Maler sowie Ikonen aus verschiedenen Ländern, in der Mehrzahl aber russische. – Im 2. Stock sind neben einzelnen Arbeiten französischer und spanischer Künstler vor allem Werke italienischer Maler des 16.–18. Jh., deutscher Maler des 14.–18. Jh. und holländischer Maler des 17. Jh. zu sehen. – Im Erdgeschoß befindet sich die wohl größte und bedeutendste Sammlung französischer Meister außerhalb Frankreichs. Die Arbeiten sind, im letzten Raum beginnend, chronologisch geordnet. – Im 1. Stock des Nord- und Westflügels wird die ›Sammlung europäischer Kunst‹ des 19. und 20. Jh. gezeigt. – Von den zahlreichen Exponaten der Nationalgalerie seien hier nur einige der bedeutendsten Werke und deren Künstler genannt.

Erster Stock:
Die Florentiner Schule wird u. a. veranschaulicht durch *Sebastiano del Piombo* (1485–1547) ›Madonna del Velo‹, die holländische Malerei des 14. und 15. Jh. u. a. durch *Jan Gossaert gen. Mabuse* (1478–1536) ›Der hl. Lukas, die Madonna zeichnend‹ sowie durch *Pieter Brueghel d. Ä.* und d. J.

Zweiter Stock:
Die italienischen Maler sind hier hervorragend vertreten durch *Tintoretto* (1518–1594) ›Kopf des hl. Hieronymus‹, *Jacopo Bassano* (1501–1546) ›Geißelung Christi‹, *Lorenzo Lotto* (1480–1556) ›Porträt eines Musikers‹, *Angelo Bronzino* (1503–1572) ›Porträt der Eleonore von Toledo‹, *Canaletto* (1697–1768) ›London mit der Themse‹, *Giovanni Battista Tiepolo* (1696–1770) ›Porträt eines Mannes‹, *Sebastiano Ricci* (1659–1734) ›Himmelfahrt Mariä‹, *Giovanni Battista Pittoni* (1687–1767) ›Opferung der Polyxena‹, *Francesco Guardi* (1712–1793) ›Hof eines Palastes‹.
Die bedeutendsten Vertreter der deutschen Malerei sind u. a.: *Hans Holbein d. Ä.* (1465–1524) mit zwei Tafeln eines Flügelaltars, *Albrecht Altdorfer* (um 1480–1538) ›Marter des hl. Florian‹, *Lucas Cranach d. J.* (1515–1586) ›Porträt einer alten Frau‹, ›Porträt eines alten Mannes‹, *Lucas Cranach d. Ä.* (1472–1553) u. a. ›Bildnis eines jungen Mädchens‹, ›Adam und Eva‹, ›Madonna mit der hl. Katharina und der hl. Barbara in der Landschaft‹, ›Hl. Christina‹, *Hans Baldung Grien* (1485–1545) ›Enthauptung der hl. Dorothea‹, *Albrecht Dürer* (1471–1528) ›Rosenkranzfest‹, das zu den bedeutendsten Werken dieses Künstlers zählt, *Hans Schäufelein* (1480/85–1538/40) ›Kopf eines alten Mannes‹, *Hans Holbein d. J.* (1497–1543) ›Porträt der Elisabeth Vaux‹, von *Tilman Riemenschneider* (um 1460–1531) die Holzplastik ›Hl. Wolfgang‹.
Von den holländischen Meistern sind besonders zu nennen: *Jan Brueghel* (1568–1625) ›St. Martin‹, auf einer Kupferplatte gemaltes ›Blu-

Albrecht Dürer: ›Rosenkranzfest‹

menstück‹, *Peter Paul Rubens* (1577–1640) ›Studien eines Mannes‹, ›Heimsuchung Mariens‹, ›Kleopatra‹ und ›Bildnis des genuesischen Feldherrn Ambrosio Spinola‹, *Jacob Jordaens* (1593–1678)› Kopf eines Apostels‹, *Rembrandt* (1606–1669) ›Judas will die Silberlinge zurückgeben‹, ›Der Gelehrte in der Studierstube‹, *Salomon van Ruysdael* (1600–1670) ›Landschaft mit Weg in den Dünen‹, *Anthonis van Dyck* (1599–1641) ›Abraham und Isaak‹, ›Hl. Bruno‹, *Franz Hals* (1580–1666) ›Bildnis des Utrechter Richters Jasper Schade van Westrum‹, *Jakob Ruysdael* (1628–1682) ›Landschaft mit Weg‹, *Jan Steen* (1626–1679) ›Die Serenade‹, ›Der Gelehrte‹.
Die französische Malerei repräsentiert besonders *François Boucher* (1703–1770) mit ›Rahel in der Landschaft‹. – Spanien ist u. a. durch *Francisco Goya* (1746–1828) ›Porträt von Don Miguel Lardizabal‹, *El Greco* (um 1541–1614) ›Christuskopf‹ und *José de Ribera* (um 1590–1652) ›Hl. Sebastian‹ und ›Hl. Hieronymus‹ hervorragend dokumentiert.

Nord- und Westflügel, Erdgeschoß:
Französische Malerei und Plastik von der Romantik Anfang des 19. Jh. bis hin zum Kubismus des 20. Jh. in chronologischer Übersicht: u. a. *Eugène Delacroix* (1798–1863) ›Tiger und Löwe‹, ›Jakob kämpft mit

dem Engel‹, *Honoré Daumier* (1808–1879) ›Familie auf der Barrikade‹, *Auguste Rodin* (1840–1917) ›Die Verteidigung‹, ›Mädchenakt‹, ›Das eherne Zeitalter‹, *Jean Bapt. Corot* (1797–1875) ›Der Wald von Fontainebleau‹, *Theodore Rousseau* (1812–1867) ›Landschaft mit Regenbogen‹, *Gustave Courbet* (1819–1877) ›Im Wald‹, ›Juralandschaft‹, *Eugène Boudin* (1824–1898) ist allein mit 15 Arbeiten vertreten, *Claude Monet* (1840–1926) ›Zwei Frauen im Garten‹, *Camille Jacob Pissarro* (1831–1903) ›Im Gemüsegarten‹, *Auguste Renoir* (1841–1919) ›Das Liebespaar‹, *Henri Rousseau* (1844–1910) ›Selbstbildnis‹, *Paul Cézanne* (1839–1906) ›Kleines Stilleben mit Früchten‹, ›Das Haus in Aix‹, *Paul Gauguin* (1848–1903) ›Die Flucht‹, ›Das Urteil des Paris‹, *Vincent van Gogh* (1853–1890) ›Das grüne Kornfeld‹, *Henri de Toulouse-Lautrec* (1864–1901) ›Moulin Rouge‹, *Aristide Maillol* (1861–1944) ›Pomona‹, *Henri Matisse* (1869–1954) ›Joaquina‹, *Maurice Utrillo* (1883–1955) ›Die Vorstadtstraße‹, *Edgar Degas* (1834–1917) ›Große Arabeske‹, *André Derain* (1880–1954) ›Sitzende Frau‹, ›Das Bad‹, *George Bracque* (1882–1963) ›Stilleben mit Geige und Glas‹, *Marc Chagall* (geb. 1887) ›Der Zirkus‹, *Pablo Picasso* (1881–1973) u. a. ›Sitzender Frauenakt‹, ›Frauenbildnis‹, ›Klarinette oder Spanisches Stilleben‹ und ›Stehender Frauenakt‹.

Nord- und Westflügel, Erster Stock:
Hier sind Arbeiten von Künstlern des 19. und 20. Jh. aus weiteren europäischen Ländern ausgestellt: u. a. Werke der deutschen Maler *Caspar David Friedrich* (1774–1840), *Max Liebermann* (1847–1937) und Künstlern der ›Brücke‹, der Österreicher *Ferdinand Georg Waldmüller* (1793–1865), *Gustav Klimt* (1862–1918) und *Oskar Kokoschka* (1886–1980), des italienischen Malers *Renato Guttuso* (geb. 1912), des norwegischen Malers *Edvard Munch* (1863–1944), des russischen Malers *Ilja Rjepin* sowie des italienischen Bildhauers *Giacomo Manzù.*
Im Garten des Palais stehen Arbeiten der Bildhauer *J. B. Carpeaux* (1827–1875), *J. Lauda* (1898–1960), *J. Bernard* (1866– 1931) und *Auguste Rodin* (1840–1917; ›Johannes d. T.‹ und ›Meditation‹).

Palais Schwarzenberg *(Museum für Heeresgeschichte)* **Nr. 3**

Lage: Hradčanské náměsti N 56. U-Bahn Hradčanská, Straßenbahn 22, 23. – *Geöffnet:* Mai–Okt. Di–So 9.00–15.30 Uhr.

Geschichte: Das im Stil der Renaissance 1545–1563 von *Augustin Vlach* errichtete Gebäude gehörte ursprünglich *Johann Graf Lobkowitz*, ging dann 1600 in den Besitz von *Peter Vok von Rosenberg*, nach dessen Tod an die Familie *Schwamberg* und 1620 an das Haus *Eggenberg* über, bis es schließlich 1719 durch Heirat an das Geschlecht *Schwarzenberg* gelangte. Heute beherbergt es das ›Museum für Heeresgeschichte‹.

Das aus drei verschieden hohen Flügeln bestehende Palais umschließt einen Ehrenhof und wird zum Hradschiner Platz durch

Palais Schwarzenberg

eine bis zum 1. Obergeschoß reichende festungsartige Mauer geschlossen. Vor allem die Sgraffito-Malereien, kunstvoll in der Form von Diamantquadern bearbeitete Flächen nach venezianischem Muster, mit denen drei Außenwände geschmückt sind, vermitteln das charakteristische Äußere. Ein weit vorkragendes Kranzgesims mit Lünetten, die nach lombardischem Vorbild die oberen Fenster bekrönen, wird von einem ungewöhnlich steilen Dach überragt. Die Stirnwände schließen über dem Lünettengesims mit mehrfach gestuften, reich verzierten Giebeln aus übereinandergestellten toskanischen Pilastern ab. Mit der so weithin sichtbaren Silhouette des Schwarzenberg-Palais erhielt das Panorama des Hradschin einen weiteren herausragenden Akzent.
Die Deckengemälde im Innern stammen von einem unbekannten Künstler aus der Zeit um 1580. Dargestellt sind u. a. Personifikationen und Allegorien der Antike: ›Das Urteil des Paris‹ und ›Szenen aus dem Trojanischen Krieg‹.

Museum für Heeresgeschichte: Seit 1956 dient das Palais Schwarzenberg als Museum für Heeresgeschichte und beherbergt eine Sammlung von Exponaten des europäischen Kriegswesens von der Antike bis zum Ende des 1. Weltkriegs. Neben Waffen aller Art sind Uniformen, Orden, Fahnen, Banner und Pläne der bekanntesten Schlachten zu sehen.

Lage: Am westlichen Ende des Hradschiners Platzes, U-Bahnhof Hradčanska, Staßenbahn 22, 23.

Das Palais wurde 1689/91 von dem damals in Prag führenden französischen Baumeister *Jean Bapt. Mathey* für den Grafen *Thun-Hohenstein* errichtet. 1718 ging es für 200 Jahre, bis zum Untergang der Österreichisch-Ungarischen Monarchie 1918, in den Besitz der Herzöge der Toscana über. Heute gehört es zum Außenministerium der Tschechoslowakischen Republik. – Bei dem Palais handelt es sich um eine zweigeschossige frühbarocke Vierflügelanlage mit starkem französischem Akzent. Dagegen entsprechen die helle und klare Fassadengestaltung, die Anordnung der Portale, Altane und Attika eher dem Klassizismus römischer Paläste. Die Plastiken auf der Attika (6 Figuren antiker Gottheiten) und des Tritonbrunnens auf dem Hof schuf *Johann Brokoff.* Die Eckfigur, ›Hl. Michael im Kampf mit dem Drachen‹, ist eine Arbeit des Bildhauers *Ottavio Mosto* (1693).

Alte Rathausstiege: Sie stellt die Verbindung zwischen dem Hradschiner Platz und der Kleinseite dar und führt vom Palais Toscana als breite, terrassenartige Treppe von der Loretogasse durch ein Bogenportal zur Nerudagasse.

Hradschiner Rathaus: Das ehem. Rathaus der Hradschinstadt in unmittelbarer Nähe der Alten Rathausstiege wurde 1589 im Stil der Renaissance errichtet und 1601/04 von *Kasper Oemichen* umgebaut. Die Stirnwand ist mit kunstvollen Sgraffiti versehen, die im Laufe der Zeit wiederholt restauriert wurden.

4 St.-Johannes-von-Nepomuk-Kirche

Lage: Hradschin, Kanovnická ulice, U-Bahnhof Hradčanská, Straßenbahn 22, 23.

St.-Johannes-von-Nepomuk entstand 1720–1729 als erster Kirchenbau des bedeutendsten Baumeisters des Hochbarock in Böhmen, *Kilian Ignaz Dientzenhofer.* Der 1815 weitgehend zerstörte Turm wurde 1819 verkürzt. – Über einem kreuzförmigen Grundriß erhebt sich ein streng gegliederter Zentralbau mit achteckiger Haupthalle, von einer angeschnittenen Stutzkuppel überwölbt. Die Kirche erhält durch das auf einem Sockel ruhende Hauptgeschoß und durch die an der Stirnfassade vertikal übereinandergestuften Teile, Portal, Mittelfenster, Attika, Giebel mit bekrönender Figur und Turm, einen auffallenden Akzent auf der Mittelachse. – Die Deckenmalereien mit Darstellungen aus dem Leben des hl. Johannes von Nepomuk stammen von *Wenzel Lorenz Reiner* (1729), die Bilder des Hauptaltars und der beiden Seitenaltäre von *Michael Willmann* (1630–1706) und *Joh. Christoph Lischka* (1650–1712); sie stellen den ›Hl. Johannes von Nepomuk‹, den ›Evangelisten Johannes‹ und den ›Tod des hl. Adalbert‹ dar.

5 Loreto-Heiligtum

Lage: Hradschin, Loretánské náměstí, Straßenbahn 22, 23.

Geschichte: Zu Ehren der Jungfrau Maria und aus Dankbarkeit für den Sieg der katholischen Parteien über die Protestanten in der Schlacht am Weißen Berge (1620) entstand im Verlauf von über 100 Jahren die Wallfahrtsstätte Loreto. Das eigentliche Heiligtum ist eine Kopie des Hauses der hl. Familie aus Nazareth, das der Legende nach von Engeln nach Italien gebracht worden sein soll; dort 1291 zunächst in Fiume, ab 1294 in Loreto (Provinz Ancona) aufgestellt, bildet es seitdem den Mittelpunkt großer Prozessionen. Die Prager Kopie der ›Casa Santa‹, religiöses und architektonisches Zentrum des Loreto-Heiligtums, ist eine Nachbildung der von *Bramante* in Loreto errichteten ›Casa Santa‹ und wurde 1626 von *Benigna Katharina Fürstin Lobkowitz* gestiftet. *Giovanni Orsi de Orsini, O. Allio* und *Silvestre Carlone* errichteten 1626–1631 das kleine freistehende Bauwerk mit seinen kunstvollen Fassaden. Zwischen 1634 und 1640 entstand um die ›Casa Santa‹ der Arkadenumgang. An dessen Ostseite begann man 1661 mit dem Bau der ›Christi Geburt-Kapelle‹, die zwischen 1717 und 1723 zur Kirche ausgebaut wurde. Die vier Eckkapellen des Umgangs entstanden 1661–1696. Die beiden Eckkapellen der Hauptfront auf der Westseite sowie der barocke Turm in der Mitte gehen auf Entwürfe *Christoph* und *Kilian Ignaz Dientzenhofers* zurück. Das berühmte Glockenspiel für den Turm schuf der Uhrmacher *Peter Neumann* 1694; es besteht aus 27 Glokken und erklingt zu jeder vollen Stunde. Die 1710/12 erbaute ›Franziskuskapelle‹ an der Nord- und die ›Antoniuskapelle‹ an der Südfront des Umgangs stammen ebenfalls von Vater und Sohn *Dientzenhofer.* 1746/47 wurde der Umgang durch ein 2. Geschoß erhöht.

Casa Santa

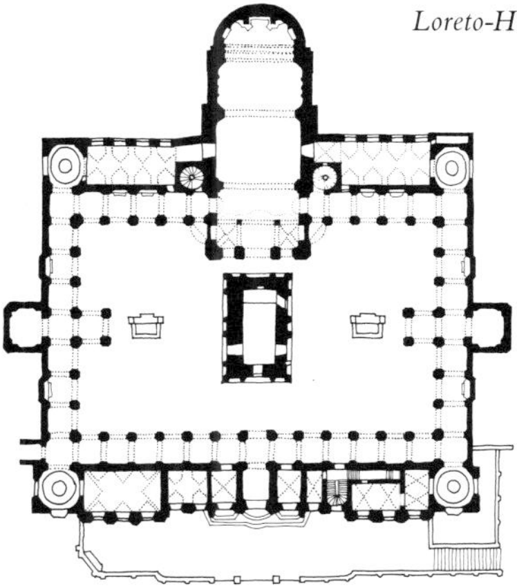

Loreto-Heiligtum: Grundriß

Der Fronttrakt von Loreto: Mit der westlichen Frontfassade des Loreto-Heiligtums haben *Christoph* und *Kilian Ignaz Dientzenhofer* 1721/24 der Wallfahrtsstätte Loreto einen harmonischen Abschluß gegeben. Das zweigeschossige Gebäude wird durch toskanische Pilaster in einen siebenachsigen Mitteltrakt, dem sich auf beiden Seiten je ein dreiachsiger seitlich vorspringender Risalit und eine etwas zurückversetzte Eckkapelle anschließen, gegliedert. Über den äußeren Risaliten erheben sich hohe mit Figurenschmuck bekrönte Wellengiebel; in der Mitte zwischen diesen Giebeln der alles überragende Glockenturm mit Chronogramm und Wappen unterhalb der Uhr und nach oben mit geschweifter Barockhaube abschließend. Den plastischen Schmuck der Fassade und der Terrasse schufen die Bildhauer *Johann Friedrich Kohl* und *Andreas Philipp Quittainer:* über dem Portal die Statuen des hl. Joseph (links) und Johannes d. T., auf der Balustrade des Daches die vier Evangelisten mit ihren Symbolen (Engel, Adler, Löwe und Stier), der hl. Christophorus und die hl. Anna, auf den beiden Giebeln die kniende Maria und der Engel der Verkündigung.
Der *Loretoschatz* im 1. Stock des Fronttraktes besteht aus über 300 wertvollen Exponaten: u.a. liturgische Geräte, Insignien und Gewänder, darunter die einzigartige, 12 kg schwere, aus vergoldetem Silber gearbeitete und mit 6222 Diamanten besetzte ›Diamantenmonstranz‹. Sie ist ein Meisterwerk der Wiener Goldschmiede *M. Stegner* und *J. Känischbauer* und entstand 1699 nach Entwürfen *Fischers von Erlach* als Votivgabe der Gräfin *Ludmilla von Kolowrat.*
Die *Casa Santa* im Innenhof des Loreto-Heiligtums ist ein kleiner fensterloser Bau im Stil der Hochrenaissance, wobei besonders die

Loreto-Heiligtum: Fronttrakt

enge Verschmelzung von Architekturelementen und überaus kunstvollem plastischem Schmuck auffällt. Die Außenfassade wird durch 16 korinthische Halbsäulen auf einem Sockelfries gegliedert. Über den korinthischen Kapitellen ein Mäanderfries mit abschließendem doppeltem Kranzgesims. In übereinandergestellten Nischen zwischen den korinthischen Säulen die Statuen weissagender Frauen und Propheten. Die übrigen Wandflächen, ursprünglich mit Malereien ausgestattet, schmücken seit 1664 Reliefs mit eindrucksvollen Darstellungen der Marienlegende. Sie wurden von *Giacomo Agosto*, *Giovanni Batt. Cometa* und *Giovanni Batt. Colombo* geschaffen. – Der Innenraum durch künstliches Licht in eine mystische Atmosphäre gehüllt, erhielt 1795 einen Freskenzyklus mit Szenen aus dem Marienleben. Zur weiteren Ausstattung gehören ein silberner Altar und eine geschnitzte Madonna. – Die *Brunnen* an beiden Seiten der ›Casa Santa‹, mit plastischem Schmuck des Spätbarock (›Himmelfahrt Mariä‹ und ›Auferstehung Christi‹) schuf *Joh. Michael Biederle* 1739/40.

Kirche Christi Geburt: Deckenfresko

Arkadenumgang: Die untere Arkadenfolge aus toskanischen Pilastern und geschichteten Scheitelsteinen wurde zwischen 1634 und 1664 erbaut. Die erst 1750 vollendete Ausmalung der 45 Gewölbefelder erfolgte durch *Felix Anton Scheffler*; sie enthält Szenen der ›Lauretanischen Litanei‹, einem Flehgebet in Form einer Reimlitanei aus dem frühen Mittelalter, das in dem italienischen Loreto seit 1531 als gebräuchlich nachweisbar ist. – Das 1740–1749 nach Entwürfen von *K. I. Dientzenhofer* erstellte Obergeschoß des Kreuzgangs hebt sich von dem unteren durch weichere Formen und reichhaltigeren Ornamentschmuck ab. Die Bogenfolge ist flacher; Volutenkonsolen neben den mit pflanzlichen Motiven verzierten Pilastern verleihen der oberen Fassade eine aufgelockerte Note.
Kirche Christi Geburt: Christoph Dientzenhofer baute die 1661 gestiftete Christi-Geburt-Kapelle an der Ostseite des Kreuzgangs seit 1717 zu einem barocken Saalbau aus. *Kilian Ignaz Dientzenhofer* führte nach dem Tod seines Vaters die Arbeiten fort und vollendete die ersten

drei Joche. 1734 fügte *Johann Georg Aichbauer* den Chorschluß mit seinen geschweiften Fenstern hinzu. – Das Innere weist eine unübersehbare Fülle von Plastiken aus Holz, Stuck und Stein auf, die kleine Putten und überlebensgroße Engel, Apostel, Propheten und Heilige darstellen. Die von *Johann Hennevogel* mit Kunstmarmor verkleideten Wände sind mit plastischem Schmuck ausgestattet. Den Hauptaltar schmückt das Gemälde ›Christi Geburt‹ von *Georg Heintsch*; die Bilder der Seitenaltäre schuf *Anton Kern* (›Hl. Apolena‹ und ›Hl. Agathe‹). – Die Deckengemälde in den drei Jochgewölben stammen von *Wenzel Lorenz Reiner* (›Darstellung im Tempel‹) und *Johann Anton Schöpf* (›Anbetung der Hirten‹ und ›Anbetung der Könige‹).

6 **Palais Czernin**

Lage: Hradschin, Loretánskě náměsti NC 101; Straßenbahn 22, 23.

Nach den Plänen *Francesco Carattis* begannen 1669 *Giovanni Capuli* und *Abraham Leuthner* mit der Errichtung dieses gigantischen Palais für die Familie *Czernin*. 1667–1692 leitete *Giovanni Batt. Maderna* und bis 1697 *Egidio Rossi* die Arbeiten an dem Bau, den *František Maximilian Kănka* mit der Fertigstellung des Treppenhauses, der Galerie und Kapelle 1718/20 vollendete. Nach der teilweisen Zerstörung des Gebäudes 1742 durch französische Truppen wurde es 1747 von *Anselmo Lurago* wiederhergestellt und durch die Portale und den Balkon über der Hauptfront erweitert. Das im 19. Jh. als Kaserne genutzte Gebäude erhielt 1928/32 durch die Restaurierung von *Pavel Janák* wieder seine ursprüngliche Gestalt. Seitdem ist es Sitz des Außenministeriums und kann im Innern (Fresko von *Wenzel Lorenz Reiner* ›Kampf der Giganten‹) nicht besichtigt werden.
Die Vierflügelanlage, im Stil des oberitalienischen Barock und in Anlehnung an die architektonischen Vorstellungen *Palladios*, gruppiert sich um zwei Innenhöfe. Die 150 m lange Hauptfassade ist durch 29 Fensterachsen gegliedert. Über einem hohen Sockelgeschoß aus Diamantquadern erhebt sich eine Kolossalordnung mit abschließenden Fratzenkapitellen, denen ein Mezzaningeschoß mit weit vorkragendem Kranzgesims folgt. Durch die mächtigen Säulen und den Wechsel von Dreiecks- und Segmentgiebeln der Fenster erhält der massige Baukörper eine auflockernde Bewegung, die noch besonders durch den geschwungenen, sich über 14 Achsen erstreckenden Balkon über den drei Portalen betont wird. Die 13 Achsen breite Seitenfront zum Garten bekommt ihren besonderen Akzent durch die von Arkaden im Stil *Palladios* abgeschlossene ›Sala terrena‹. Die Statue des Herkules ist eine Arbeit von *Ignaz Platzer*.

Palais Czernin

7 **Kloster Strahov** (*Museum für tschechische Literatur*)

Lage: Hradschin, Strahovské nádvoří; Straßenbahn 22, 23. – *Geöffnet:* Di–So 9.00–17.00 Uhr.

Geschichte: Das Kloster Strahov, auf Anregung Bischof *Jindřich Zdiks* 1148 von *Wladislaw II.* als Prämonstratenser- und zweitältestes Kloster Prags gegründet, erfuhr im Laufe seiner wechselvollen Geschichte wiederholte Umbauten und Erweiterungen. Zelle und zugleich Ursprungsbau der heutigen Klosterkirche war eine dreischiffige romanische Basilika, deren Chor 1182 erhöht wurde. Nach einem Brand Mitte des 13. Jh. erfolgten Umbauten und Erneuerungen im gotischen Stil; 1603/17 Bau der Rochuskirche unter *Rudolf II.* zum Dank für die Verschonung vor der Pest 1599. 1627 Neugestaltung der Fassade der Klosterkirche nach Vorstellungen der Renaissance. Während der Belagerung von 1741 (Österreichischer Erbfolgekrieg) wurde die Fassade beschädigt und zwischen 1743 und 1752 erneuert. Dabei erhielt die Anlage auch ihre beiden charakteristischen Türme (nach Entwürfen von *Anselmo Lurago*). Mit dem 1782/84 errichteten Bau der berühmten Bibliothek fand die Anlage schließlich die Vollendung, die sich dem Besucher bis heute darstellt. Seit der sorgfältigen Restaurierung des ehem. Klosters 1950/53 beherbergt es das ›Museum für tschechische Literatur‹.

Tor zum Kloster Strahov

Den Haupteingang zum Kloster bildet ein 1742 errichtetes barockes Tor, das in der Mitte von einer ›Statue des hl. Norbert‹ überragt wird, dem Gründer des Prämonstratenserordens; zu beiden Seiten des Heiligen weiterer Figuren-

Kloster Strahov: Eingangsportal

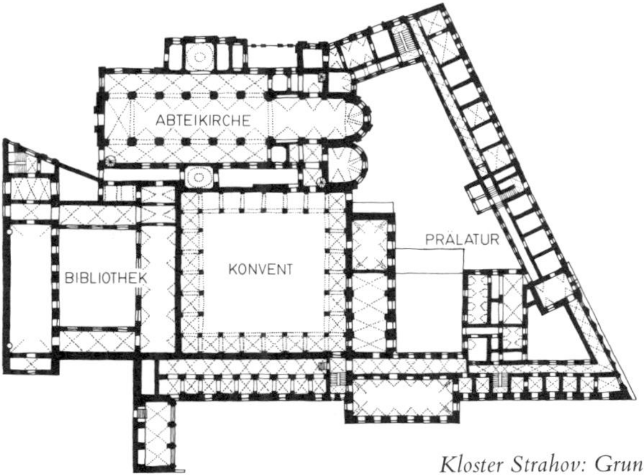

Kloster Strahov: Grundriß

schmuck (alle Arbeiten von *Andreas Ph. Quittainer*). – Hinter dem Tor erstreckt sich ein weiter Hof, an dessen linker Seite die kleine *Rochuskirche* steht. Der spätgotische Bau weist bereits zahlreiche Renaissance-Elemente auf. Neben der Klosterkirche und der Bibliothek wird der Hof von Wirtschaftsgebäuden und einem Brauereigebäude, das ursprünglich auch zum Kloster gehörte, umgeben.

Ehem. Klosterkirche ›Mariä Himmelfahrt‹

Das Äußere der Klosterkirche bestimmt, neben den markanten barocken Zwillingstürmen, vor allem die dekorative Westfassade. Sie ist durch Pilaster mit schmückenden Kapitellen in drei Achsen gegliedert. Die hohen Fenster mit ihren vorgewölbten Bekrönungen wirken leicht verspielt. Über dem Portal eine von *Joh. A. Quittainer* gefertigte ›Immaculata‹, die als eine der besten Plastiken des Prager Barock gilt. Die Statuen auf der Attika stellen von links nach rechts die hll. Augustinus, Adrian, Jakobus und Norbert dar; als Abschluß und ruhender Pol über dem Giebel das ›Lamm Gottes‹.

Das Innere enthält bis heute Elemente der romanischen Basilika; es vermittelt im Querschiff das Zeitalter der Gotik, in seiner reichhaltigen, von unzähligen Künstlern geschaffenen Innenausstattung vor allem aber die Epoche des Barock.

Die Stukkaturen von *Michael Ignaz Palliardi* unterteilen das große Deckengewölbe in acht Bildflächen, die *Josef Kramolin* mit ›Szenen aus dem Marienleben‹ versah. In den Wölbungszwickeln sind 32 marianische Symbole von *Ignaz Raab* dargestellt; über den Arkaden 12 Gemälde von *Wilhelm Joseph Neunherz* mit ›Begebenheiten aus dem

Klosterkirche Mariä Himmelfahrt

Leben des hl. Norbert‹. Bei der bildnerischen Gestaltung der 15 Altäre handelt es sich vorwiegend um Arbeiten von *Franz Xaver Balko* (›Bekehrung des hl. Paulus‹ und ›Hl. Johannes von Nepomuk‹, auf den Altären am Eingang links), *Michael Lukas Leopold Willmann* (›Mariä Heimsuchung‹ und ›Christi Geburt‹) und *J. C. Lischka* (›Herz Jesu‹). Der plastische Schmuck der Altäre stammt vor allem von *J. A. Quittainer* und *I. Platzer d. Ä.* Hochaltar und Marmorkanzel schuf der Prager Steinmetz *Josef Lauermann*. Bemerkenswert sind auch das Chorgestühl von *Franz Ryckel* (1. Drittel 17. Jh.) mit Schnitzarbeiten von *J. A. Quittainer* und die Kirchenbänke von *M. Elgas* (Anfang 18. Jh.).

Die mächtige Orgel ist eine Arbeit des Orgelbauers *F. Fossmann*. Sie wurde zwischen 1740 und 1746 gebaut und 1765–1780 auf 63 Register und 4000 Pfeifen erweitert. Dieses Instrument spielte auch *W. A. Mozart* während seiner Aufenthalte 1787 und 1791 in Prag.

Die Deckengemälde der *Ursulakapelle*, der *Heilig-Kreuz-Kapelle*, der *Katharinakapelle* und der *Pappenheim-* oder *Marienkapelle* schuf ein Ordensbruder von Strahov, *Siard Nosecký*. Eine besondere Kostbarkeit der Ursulakapelle ist ein *Plenarium* (Reliquienplatte) vom Anfang des 14. Jh. Die 65 × 45 cm große, mit vergoldetem Silberdach beschlagene Holzplatte ist mit Edelsteinen und Perlen besetzt. Nach Vorlagen der Äbtissin *Kunigunde* entstand 1315/20 das Relief in der Mitte des Plenariums, das die ›Krönung Mariens‹ beinhaltet. Ein weiteres Plenarium zeigt Medaillons mit den vier Evangelisten.

Strahover Bibliothek

Das Bibliotheksgebäude des Klosters Strahov schließt sich unmittelbar an die Klosterkirche an, mit der es einen Winkel von etwa 70° bildet. Es wurde 1782/84 von *Ignaz Palliardi* errichtet und zeichnet sich besonders durch seine beiden Säle im 2. Geschoß und der von *Ignaz Platzer d. J.* mit plastischem Schmuck gestalteten Fassade aus, die als die herausragendste architektonische Arbeit der Zeit Kaiser *Josephs II.* in Prag gilt. Die zweigeschossige, durch vier Pilaster in drei Achsen gegliederte Fassade, mit klassischem Triglyphenfries und abschließendem Segmentgiebel mit einem Medaillon *Josephs II.* sowie zu Girlanden gewundenem pflanzlichem Ornament über dem Portal und als Fensterbekrönung, stellt den Übergang des ausklingenden Barock zum Klassizismus dar.
Die Strahover Bibliothek zählt aber nicht nur durch ihre bemerkenswerte architektonische Gestaltung zu einem der herausragendsten Kunstdenkmäler Prags, sondern besonders auch durch ihren äußerst wertvollen Bestand an seltenen Handschriften und Büchern aus mehreren Jahrhunderten. Sie beherbergt rund 100 000 Bände, unter denen sich zahlreiche Unikate befinden, 2000 alte Handschriften, ca. 1200 Inkunabeln sowie eine bedeutende Sammlung alter Stiche und Karten.

Philosophischer Saal: Das Tonnengewölbe des sich über zwei Geschosse erstreckenden Raumes ist mit einer beeindruckenden Deckenmalerei, die ›Geschichte der Menschheit‹ darstellend, von *Franz Anton Maulpertsch* (1724–1796), einem der bedeutendsten österreichischen Barockmaler, ausgestattet. Die kunstvoll gearbeiteten Bücherregale des Saales stammen aus dem ehem. Kloster Louka (Brück) in Mähren und wurden von dem Kunsttischler *Johann Lachhofer* angefertigt. Die Marmorbüste Kaiser *Franz I.* ist eine um 1800 entstandene Arbeit von *F. X. Lederer*. Die Inneneinrichtung des ›Philosophischen Saales‹ bildet den krönenden Abschluß des Prager Spätbarock; seinem Namen entsprechend ist hier die philosophische Literatur untergebracht.

Bibliothek: Theologischer Saal

Theologischer Saal: Den älteren Teil der Strahover Bibliothek, in dem sich die theologische Literatur befindet, bildet der bereits 1671/79 von dem Italiener *Giovanni Domenico Orsi de Orsini* erstellte ›Theologische Saal‹. Hier sind noch die ursprünglichen, typisch italienischen Stukkaturen, das üppige Rankenwerk und betont plastische Kartuschen vom Ausgang des 17. Jh. deutlich zu erkennen. 1711 wurde der Saal um zwei Joche verlängert. In diesem Zusammenhang erfolgte auch erst die Ausmalung der zahlreichen Einzelfelder des Tonnengewölbes durch den Prämonstratenserbruder *Siard Nosecký:* Allegorien zur Thematik des Raumes, die die religiöse Auseinandersetzung und Beschäftigung der Klosterbewohner mit der Literatur darstellen. Die Handschriften und Bücher sind in schönen Barockschränken und Vitrinen ausgestellt. Außerdem befinden sich in dem Saal einzigartige *Globen* aus dem 17. Jh.
Die bedeutendste Kostbarkeit ist ein *Evangeliar aus dem 9. Jh.,* das aus 218 handgeschriebenen Blättern besteht und, wie Schriftvergleiche ergeben haben, aus Trier stammen dürfte. Später erhielt es noch vier auf Purpurgrund gemalte Evangelienbilder und einen kunstvollen Einband aus Holz, der mit rotem Samt überspannt ist. Bemerkenswert für die Entwicklung der Schriftkunst ist auch das handgeschriebene Graduale (liturgische Meßgesänge) aus dem 17. Jh. von *Jan Václav.*

Den historischen Kern der Sammlung tschechischen Schrifttums oder auch tschechischer Literatur bilden die Bestände des Theologichen und Philosophischen Saals der alten Strahover Bibliothek. Das eigentliche Museum befindet sich dagegen im Kreuzgang und in den ihm benachbarten Räumen des ehem. Klosters. Die Sammlung besteht aus rund 50 000 Objekten: Exponate aus der Zeit der *Prszemysliden* bis zu *Karl IV.*, Faksimileseiten des ›Wyschehrader Evangeliars‹ und der ›Cosmas-Chronik‹, Karten aus der Zeit *Karls IV.* und Grundrisse aus romanischer Zeit. – Im *Romanischen Saal*, einem großen Raum aus dem 12. Jh., mit Wänden aus romanischem Quaderwerk und einem Gewölbe aus dem 17. Jh., sind die schriftlichen Zeugnisse aus der Zeit des *Jan Hus* ausgestellt, darunter mehrere Briefe des Reformators. Das den Raum beherrschende große Bronzestandbild ›Jan Hus‹ ist eine Arbeit von *Jan Štursa.* – Interessant und sehenswert ist auch die 1952/53 erfolgte Rekonstruktion einer Buchdruckerei aus dem 17. Jh. im oberen Wandelgang.

8 **Petřin** *(Laurenziberg)*

Lage: Zu erreichen mit Straßenbahn 22, Station Pohořelec.

Der *Petřin* umschließt den Kleinseitener Ring in weitem Bogen von Norden nach Osten, wo er in die Ausläufer des Weißen Berges (8. Nov. 1620 Sieg des katholischen Heeres über die Protestanten) übergeht. Den tschechischen Namen Petřin leitete der erste Chronist Böhmens, *Cosmas von Prag*, von dem Wort ›petra‹ (›Fels‹) ab. Die deutsche Bezeichnung ›Laurenziberg‹ erhielt er nach der in ihrem Ursprung bis ins 12. Jh. zurückreichenden Laurentiuskirche.

Auf dem Gipfel des Petřin steht der 1891 in Anlehnung an den Pariser Eiffelturm errichtete 60 m hohe *Aussichtsturm*, der vorübergehend auch als Fernsehsender diente. Über 299 Stufen gelangt man zum Aussichtsplateau, von dem sich bei gutem Wetter ein großartiger Rundblick weit über die Grenzen Prags hinaus bietet.

Laurentiuskirche: Wenige Meter vom Aussichtsturm entfernt, befindet sich eine kleine, dem hl. Laurentius geweihte Barockkirche. Die einschiffige Kirche romanischen Ursprungs soll 991 vom *hl. Adalbert* gegründet worden sein. Ihre erste Erwähnung ist aus dem Jahre 1135 belegt. Umbauten in der Zeit von 1735–1770 durch *K. I. Dientzenhofer* und *M. I. Palliardi* gaben der Kirche ihre heutige barocke Gestalt. Das kommt besonders in der nach außen geschwungenen Fassade zum Ausdruck, die sich nach oben in einen hervortretenden Giebel mit plastischem Schmuck verjüngt und von zwei viereckigen Türmen mit geschweifter Haube flankiert wird. Eine Kuppel bekrönt das Zentrum der Anlage.

Neben der Kirche steht die *Kalvarienbergkapelle* (1735) mit einer Sgraffitoarbeit nach Vorlagen von *Mikoláš Aleš*, (›Auferstehung der Toten‹), und den Nachbildungen des ›Kerkers Christi‹ und des ›Hl. Grabes‹ von Jerusalem. Gegenüber der Kirche eine verkleinerte Rekonstruktion des gotischen Tores vom

Wyschehrad, in dem sich ein sog. ›Irrgarten‹ befindet. Ein Spiegellabyrinth führt zu einem Illusionsgemälde von *Adolf Liebscher* und *Vojtěch Bartoněk*, das den ›Kampf der Prager gegen die Schweden 1648 auf der Karlsbrücke‹ zeigt.

Hungermauer und Gartenanlagen: Südwestlich des Petřin erstreckt sich die Hungermauer, die nach Norden zur Kleinseite die ehem. Gärten des erzbischöflichen Seminars und des Palais Lobkowitz umschließt, die heute zusammen eine der landschaftlich schönsten Anlagen Prags bilden. Die Mauer wurde um 1360, zur gleichen Zeit wie die Karlsbrücke, als Befestigungsanlage der erweiterten Kleinseite errichtet. Der Überlieferung zufolge wollte *Karl IV.* der damaligen Bevölkerung eine Erwerbsmöglichkeit während einer gerade herrschenden Hungersnot verschaffen, so daß sich bis heute für dieses Bauwerk die Bezeichnung ›Hungermauer‹ erhalten hat. In der Anlage befinden sich mehrere Durchbrüche, die einen lohnenden Spaziergang auf beiden Seiten der Mauer ermöglichen.

9 Ehem. Kinsky-Lustschloß und Garten

Lage: Smichov, náměsti Sovětských tankisto, Straßenbahn 5, 9.

Südlich der Hungermauer, durch Tore mit den Parkanlagen am Petřin verbunden, liegt der Kinsky-Garten mit dem 1827/30 von *Heinrich Koch* im Empirestil erbauten Lustschloß.
Das Gebäude beherbergt heute die *Ethnographische Abteilung des Nationalmuseums:* Gemälde, Möbel, illuminierte Gebetbücher, Holzschnitzereien, Keramik sowie Trachten und Stickereien vermitteln einen anschaulichen Überblick über die Volkskunst der slawischen Völker.
Neben dem ehem. Lustschloß ein ›Denkmal der Schauspielerin Hana Kvapilová‹ von *Jan Štursa* (1913); im Garten ein hölzerner Glockenturm aus der Wallachei, ein bemaltes Holzkreuz sowie eine aus den Karpaten übertragene Holzkirche.
Der Garten wurde 1825 von *Franz Höhnel* im englischen Stil angelegt und enthält einen über hundertjährigen Baumbestand. Auf dem Weg zum Schloß, unweit des Haupteingangs, steht die anmutige Bronzeplastik ›Die Vierzehnjährige‹ von *Karel Dvorák*.

10 Bertramka *(Mozart-Museum)*

Lage: Smichov, Mozartova 2, Straßenbahn 15, Station Pleňská/Radlická. – *Geöffnet:* Di–So 10.00–17.00 Uhr.

Die Villa Bertramka, wenn auch in der Nähe der Smichover Industrieanlagen, dennoch in reizvoller Landschaft gelegen, erhielt ihren Namen nach dem ursprünglichen Besitzer, *Bertram*. Das Haus erlangte Berühmtheit durch die Prager Aufenthalte *W. A. Mozarts* (1786, 1787, und 1791), der hier als Gast des Pianisten *František Dušek* und seiner Gemahlin, der Sängerin *Josefina Dušková*, u. a. die Oper ›Don Giovanni‹ komponierte, die im Oktober 1787 im Prager Tyl-Theater mit großem Erfolg uraufgeführt wurde.
Die 1955/56 mit erheblichen Mitteln restaurierte und umgebaute Villa dient heute als Gedenkstätte und wird von Musikfreunden aus aller Welt besucht. Das Cembalo und das Klavier sind noch dieselben, auf denen *Mozart* einst gespielt und komponiert hat. Auch ein großer Teil der übrigen Einrichtung stammt noch aus der Zeit *Mozarts*.

II Insel Kampa

Die Insel Kampa, von der Kleinseite durch die *Čertovka* (›Teufelsbach‹), einem Seitenarm der Moldau, getrennt, wird bereits 1169 erstmals erwähnt und hieß ursprünglich *Ostrov*. Ihren heutigen Namen erhielt sie erst Ende des 18. Jh., wahrscheinlich nach einem früheren Bewohner der Insel mit dem Namen *von Kamp*. 1785 wurde sie durch eine Holztreppe mit der Karlsbrücke verbunden, die *Josef Kranner* 1844 durch eine steinerne Treppe ersetzte. An dieser Stelle ist seit dem 16. Jh. ein *Töpfermarkt* auf der Insel belegt. Oberhalb der Čertovka, wo das Wasser des Flusses auf beiden Seiten die Häuser umspült und schließlich unter der Karlsbrücke hindurchführt, ist einer der malerischsten Winkel Prags, das ›Prager Venedig‹ genannt. Bis vor wenigen Jahren standen hier noch die charakteristischen Alt-Prager Mühlen mit ihren großen Holzrädern.

Das *Palais Kaiserstein* ist das bedeutendste direkt an diesem Flüßchen gelegene Gebäude. Es wurde 1696 als einstöckiger Barockbau mit zwei Türmen, betonter Attika und einem besonders dekorativen Portal, das als einziges erhalten blieb, errichtet. 1831 erfolgte der Umbau im Stil des Empire, 1864 wurde das Haus um ein Geschoß erweitert. – Die *Kirche des hl. Johannes d. T.* im südlichen Bereich der Insel ist ursprünglich als romanische Basilika Anfang des 13. Jh. entstanden, wurde im 13. und 17. Jh. umgebaut und 1935 erneuert. Die Statue des hl. Johannes von Nepomuk an der äußeren Seitenwand der Kirche ist eine Arbeit von *Johann Brokoff* (1715). Die Kirche ist mit einem von *Giovanni Capuli* 1662 erbauten Hospital mit Arkadenhof verbunden.

Insel Kampa: Hauszeichen

12 **Malteserplatz** *(Maltézské náměsti)*

Mit Malteserkirche, Palais des Großpriors, Palais Buquoy und Palais Nostitz

Der Malteserplatz, von der Mosteká über die Lazenská erreichbar, ist von einer Reihe von Gebäuden mit dekorativen Barock- und Rokokofassaden aus der Mitte des 18. Jh. umbaut. In seiner Mitte steht ›Johannes d. T.‹ von *Ferd. Max. Brokoff* (1715).

Malteserkirche *(St. Maria unter der Kette):* Die Kirche geht in ihrem Ursprung auf eine Mitte des 12. Jh. begonnene dreischiffige romanische Basilika der Johanniter bzw. Malteserritter zurück, von der lediglich die Außenmauer des südlichen Seitenschiffs bis heute erhalten geblieben ist. Die Apsis des Hauptschiffs wurde Mitte des 13. Jh. durch einen frühgotischen Chor ersetzt. Von einer im 14. Jh. geplanten Kirche im gotischen Stil konnten – wegen der Auseinandersetzungen während der Hussitenzeit – nur die Vorhalle, die Fassade und die beiden mächtigen, gedrungenen Türme (oberer Teil 1519 wieder abgetragen) um 1375 fertiggestellt werden. So entstand zwischen dem frühgotischen Chor aus dem 13. Jh., der 1640/60 von *Carlo Lurago* in den Formen des Barock umgestaltet wurde, und den beiden Türmen ein freier Platz, der den heutigen Innenhof bildet. Einer der bedeutendsten böhmischen Barockmaler und Schüler *Guido Renis, Karel Škréta,* schuf das Hochaltarbild ›Himmelfahrt Mariens‹ sowie ›Die Enthauptung der hl. Barbara‹ und ›Der Sieg bei Lepanto‹.

Palais des Großpriors: Unmittelbar rechts an die Malteserkirche schließt das für den Großprior *Gudanka Poppo von Dietrichstein* von *Bartolomeo Scotti*

Palais des Großpriors (rechts) und Palais Nostiz (links)

1726/38 errichtete zweigeschossige, zweiflügelige Barockpalais an. Die beiden gleichgestalteten Außenfassaden mit je einem Portal, über dem das Wappen des Großpriors prangt, zählen zur charakteristischen Fassadengestaltung des Prager Barock. Die plastische Ausschmückung erfolgte durch die Werkstatt von *Matthias B. Braun*. Bemerkenswert ist auch, neben der kostbaren Innenausstattung, das Treppenhaus mit seinen verspielten Putten aus Sandstein und schmückenden Laternen. – Heute befinden sich in dem Gebäude die *Musikabteilung des Nationalmuseums*, das *Musikarchiv* und eine *Sammlung kostbarer alter Musikinstrumente*. Im Garten finden Musik- und Theateraufführungen statt.

Palais Buquoy: Gegenüber dem Palais des Großpriors (auf seiner Längsseite zum Großpriorplatz, Velkopřevorské náměsti) erstreckt sich das dreigeschossige, wahrscheinlich nach Plänen von *Jean Bapt. Mantey* 1682 errichtete und 1738 umgebaute Palais Buquoy, heute Sitz der *Französischen Botschaft*. Das Gebäude mit einer 14achsigen Fassade und seitlich versetzten Portalen gilt als einer der ersten Versuche in Prag, sich von den Stilelementen des Barock zu lösen.

Palais Nostitz: Das dreigeschossige frühbarocke Gebäude bildet die südliche Begrenzung des Malteserplatzes. Die Vierflügelanlage, um einen Innenhof gruppiert, wurde 1660–1670 wahrscheinlich von *Francesco Caratti*, für *Johann Hertwig Graf von Nostitz* errichtet. Pilaster, die die Fassade gliedern und zusammenfassen, erstrecken sich über alle drei Geschosse und werden in der Gestaltung von Gesims und Attika wieder aufgenommen; letztere entstand 1720 durch *G. Santini*. Die Standbilder römischer Kaiser stammen aus der Werkstatt von *Ferd. Max. Brokoff* (inzwischen durch Kopien von *Jindřich Čapek* ersetzt). *Anton Hafenecker* schuf um 1760 das prachtvolle Rokokoportal. 1780 erhielten die den Renaissance-Vorstellungen nachempfundenen Doppelfenster klassizistische Giebel und Porträtmedaillons aus Stuck. Dem Geschmack der Zeit entsprechend, entstanden 1820 die kleinen Balkone mit schmiedeeisernen Geländern im 3. Stock. – Im Innern sind besonders einige Deckenmalereien, mit mythologischen Themen (von *Wenzel Ambrozzi*) beachtenswert. Das Gebäude beherbergt heute, neben der im 17. Jh. angelegten Nostitz-Bibliothek (14 000 Bände), das *Ministerium für Schulwesen* und die *Niederländische Botschaft*.

13 St. Maria de Victoria

Mit Wrtbagarten, Palais Schönborn, Palais Lobkowitz, Welsches Spital

St. Maria de Victoria

Lage: Kleinseite: Karmelitská ulice, Straßenbahn 12, 22.

St. Maria de Victoria, 1611/13 nach Plänen von *Giovanni M. Filippi* für die deutschen Lutheraner als Dreifaltigkeitskirche errichtet, ist die *älteste Barockkirche Prags*. Nach dem Sieg der Katholiken 1620 am Weißen Berg ging die Kirche in deren Besitz über und diente seit 1624 dem Orden der Karmeliter bis zu seiner Aufhebung 1784; danach wurde sie in eine Pfarrkirche umgewandelt. Bei einem Umbau durch die Karmeliter wurde die ursprüngliche Ostorientierung der Kirche verändert und der Chor nach Westen verlegt. Die 1636/40 errichtete Fassade zur Karmelitská erstreckt sich über zwei von starken Pilastern gegliederte Geschosse. Darüberhinaus fehlen, außer den seit-

lich aufgesetzten Voluten noch alle, für den Barock typische Elemente. Dafür erscheint mit der ›Statue der siegreichen Gottesmutter‹ in einer Rundbogennische über dem Portal die erste barocke Freiplastik an der Kirchenfassade in Prag. Die Gottesmutter, mit Krone, Zepter und Strahlenkranz als himmlische Königin dargestellt, wurde seitdem in der sakralen Kunst Böhmens immer wieder nachgebildet. Das *Innere* der einschiffigen Kirche, ein relativ schlichter, seitlich von Arkadennischen begrenzter Raum, läßt die reich ausgestatteten und kunstvoll gestalteten frühbarocken Altäre und Malereien besonders gut zur Geltung kommen. – Den Hauptaltar schuf *Johann F. Schor* 1723 im Stil eines römischen Triumphbogens. Die drei Altarbilder aus der gleichen Zeit sind Arbeiten von *Peter Brandl:* ›Hl. Josef‹, ›Hl. Joachim mit hl. Anna‹ und ›Hl. Simon‹. Kanzel (um 1680) und Seitenaltäre stammen von *Marcus Nonnenmacher* und *Johann L. Scheiermann.*
Das ›Prager Jesulein‹, eine 60 cm große Wachsfigur, kam im 16. Jh. von Spanien nach Prag und wurde 1628 von *Polyxena von Lobkowitz* der Kirche geschenkt. Das Figürchen erlangte rasch Bedeutung als Wallfahrtsziel und ist noch heute in den südlichen Ländern Europas und in Lateinamerika als ›Bambino di Praga‹ berühmt. Seinen Platz hat das ›Prager Jesulein‹ in einem Silberschrein von *Johann Pakeni* (1741) auf einem Altar aus Kunstmarmor von *Franz M. Lauermann* (1776).

Wrtba-Garten **Nr. 13**

Lage: Kleinseite; Karmelitská ulice Nr. 25, Straßenbahn 12, 22.

Durch das sog. Wrtba-Haus gelangt man in den Wrtba-Garten. Das Haus entstand 1591 nach Enwürfen von *Udalrico Aostali* und erhielt seine heutige Gestalt im Stil der Spätrenaissance nach 1631. – Der 1720/30 von *František M. Kánka* auf einem ehem. Weinberg angelegte Terrassengarten ist ein wahres Kleinod, das zu den bedeutendsten Werken barocker Gartenbaukunst Prags zählt. Die plastische Gestaltung der idyllischen Anlage mit Putten, Vasen, Statuen der antiken Mythologie (Atlas, Ceres, Bacchus) besorgte *Matthias Braun*, einer der herausragendsten Bildhauer des Prager Hochbarock. Auch die Fresken der ›Sala terrena‹ von *Wenzel Lorenz Reiner* im unteren Bereich des Gartens, haben mythologische Themen zum Inhalt. Die oberste Terrasse bietet eine besonders schöne Aussicht über Kleinseite und Moldau zur Altstadt.

Palais Schönborn **Nr. 13**

Lage: Kleinseite; Tržiště Nr. 15, Straßenbahn 12, 22.

Die 1643–1656 für den Grafen *Colloredo* entstandene Vierflügelanlage mit einer breiten, aber auffallend schlicht gehaltenen Frontseite ging 1794 in den Besitz der Familie *Schönborn* über. Zwischen 1705 und 1715 wurde die Fassade mit Giebeln und Erkern versehen und der Zugang zum Hof mit vier Giganten nach Plänen *Giovanni Santinis* neu gestaltet. Der in Terrassen angelegte Garten hinter dem Palais erlangte bereits im 17. Jh. Berühmtheit. Den Höhepunkt bildet ein kleiner Tempel in Gestalt einer Gloriette. Das Palais ist heute *Sitz der Botschaft der USA.*

Palais Lobkowitz **Nr. 13**

Lage: Kleinseite; Vlašska ulice Nr. 19, Straßenbahn 12, 22.

Das 1703/07 nach Entwürfen von *Giovanni B. Alliprandi* im frühbarocken Stil errichtete Palais kam 1753 in den Besitz der Familie *Lobkowitz.* 1769 fügte *Ignaz Palliardi* dem Gebäude ein weiteres Geschoß hinzu. Die Fassade zur Straße wird durch ein großes Portal und einen klassischen Dreiecksgiebel mit plastischem Schmuck betont. Große Statuen auf der abschließenden Attika setzen den krönenden Akzent der vorderen Fassade.

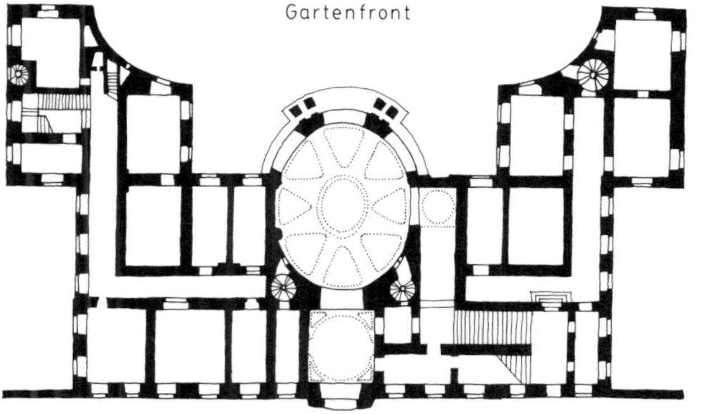

Palais Lobkowitz: Grundriß

Architektonisch bemerkenswerter ist die Gartenfront des Palais. Der Grundriß weist an den Seitenflügeln über eine Breite von drei Fensterfronten konkave Einbuchtungen auf, so daß nur noch eine Fensterachse verbleibt, die direkt zum Ehrenhof steht. Die Mitte wird durch einen ovalen Baukörper betont, der sich mit einem Drittel seines Umfangs zum Garten öffnet. Im Erdgeschoß ist als ›Sala terrena‹ eine Pfeilerhalle, im Geschoß darüber ein großer ovaler Saal entstanden. Die ›Sala terrena‹ trägt ein Deckenfresko (›Kronos‹) von *Hans Jakob Steinfels,* in Stukkaturen von *Tomaso Soldatti* gefaßt. Beide Künstler waren zum großen Teil auch an der Ausschmückung im Innern des Palais beteiligt. Die Statuen am Eingang zum Garten (›Entführung Proserpinas durch Neptun‹ und ›Entführung Oreithyias durch Boreas‹) stammen von unbekannten Künstlern. – Das Palais beherbergt heute die *Botschaft der Bundesrepublik Deutschland.*

Blick auf die Kleinseite mit St.-Niklas-Kirche

Lage: Kleinseite; Vlašská ulice, gegenüber dem Palais Lobkowitz, Straßenbahn 12, 22.

Die sog. ›Welsche Kongregation‹, eine 1573 von der italienischen Minderheit in Prag gegründeten Unterstützungsorganisation, der zahlreiche, im 16. Jh. aus Italien gekommene Handwerker, Künstler und Kaufleute angehörten, ließ ab 1602 den frühbarocken Gebäudekomplex des Welschen Spitals mit einer dem *hl. Karl Borromäus* geweihten Kapelle errichten. Die zweigeschossige Vierflügelanlage umschließt einen schönen, heute verglasten Arkadenhof. Als Baumeister wird der Italiener *Domenico di Bossi* angenommen, der mit der Kapelle einen bemerkenswerten Kuppelbau in Prag schuf. Das Innere schmückte ursprünglich ein großes Ölgemälde von *Karel Škréta*, ›Der hl. Karl Borromäus besucht Pestkranke in Mailand‹, wohl eines der bedeutendsten Werke des Künstlers, das sich heute in der Nationalgalerie befindet. – Heute dient das Welsche Spital als *Italienisches Kulturzentrum* (›Casa d'Italia‹).

14 Kleinseitener Ring *(Malostranské náměsti)*

Lage: Zu erreichen mit Straßenbahn 12, 22.

Der Kleinseitener Ring, bereits im 13. Jh. entstanden, wird durch den mächtigen Bau der St.-Niklas-Kirche in einen unteren und einen oberen Bereich geteilt. Das gesamte Areal beider Plätze bildete im Mittelalter das Zentrum einer eigenständigen Stadt. Erst durch die Bebauung von der Barockzeit bis zum Ende des 19. Jh. entwickelte sich der Platz zu seiner heutigen Gestalt. Die Fassaden der Häuser und Palais dokumentieren in einzigartiger Weise die Entwicklung der Architektur von der Renaissance bis zum Klassizismus.

Das *ehem. Rathaus*, an der Ostseite des Platzes (Ecke Latenská), entstand Ende des 15. Jh. Eine Gedenktafel erinnert daran, daß hier 1575 die ›Böhmische Konfession‹ (Glaubensartikel der nichtkatholischen Böhmischen Stände) erarbeitet wurden. Sein heutiges Äußeres im Stil der Renaissance soll es 1616/22 durch *Giovanni M. Filippi* erhalten haben. Während einer Renovierung 1660 durch *Wilhelm Oppenried* entstand das mit einem Wappen geschmückte Portal. – Das *Haus U Splavinu*, neben dem Rathaus, ist durch die Zusammenfassung von drei kleineren Häusern aus dem 14. Jh. entstanden. Um 1720 erhielt es sein barockes Aussehen und ein großes Fresko ›Krönung Mariens‹. – Das *Palais Kaiserstein*, neben dem Haus U Splavinu, 1699/1700 nach Vorstellungen von *Giovanni B. Alliprandi* errichtet, ist dezent gegliedert und mit feinen Stukkaturen geschmückt; auf der Attika Statuen der ›Vier Jahreszeiten‹ von *Ottavio Mosto.*

Palais Smiřický: Das Palais mit seinen beiden Erkertürmchen wurde um 1605 im Stil der Spätrenaissance errichtet. Seine heutige barocke Gestalt erhielt es 1763 von *Josef Jäger.* – Am 22. Mai 1618 faßte in diesem Gebäude der protestantische Adel Böhmens den Entschluß, die kaiserlichen Statthalter zu entmachten; sie sind am folgenden Tag aus dem Fenster der Landtagsstube der Burg gestürzt worden. Dieser Vorfall löste den Dreißigjährigen Krieg aus. Nach der Niederlage der Protestanten am Weißen Berg wurde *Smiřický* sein ganzer Besitz entzogen und an *Wallenstein* übergeben.

Palais Sternberg: Es setzt sich aus ursprünglich zwei Einzelhäusern zusammen. 1541 entflammte ein Feuer im rechten Haus, das erheblichen Schaden auf der Kleinseite und bis hinauf zur Burg verursachte. Graf Sternberg, der die beiden Häuser 1664 und 1684 kaufte, ließ sie Anfang des 18. Jh. von *Giovanni B. Alliprandi* zu dem heutigen Palais im Stil des Barock umgestalten. Das anschließende *Renaissance-Eckhaus* aus dem Jahre 1585 mit Eckerker erhielt 1670 einen Stuckgiebel und wurde bei einer 1899 erfolgten Renovierung mit neuen Sgraffiti von *Celda Klouček* geschmückt.

Palais Grömlingen oder Haus ›Zum steinernen Tisch‹ (in der Mitte des unteren Rings): Der Rokokobau wurde 1773 von *Josef Jäger* errichtet; *Ignaz Platzer d. J.* schuf den plastischen Schmuck (Gestalten der Mythologie). – In den 20er Jahren erlangte das Palais als ›Kleinseitener Kaffeehaus‹ Berühmtheit. Hier trafen sich Schriftsteller und Künstler, u. a. ›*Franz Kafka, Franz Werfel* und *Max Brod* (heute Café ›Malostranská Kavárna‹).
An der Südseite des Kleinseitener Rings stehen mehrere Häuser mit sehenswerten Fassaden der verschiedensten Stilepochen, die alle durch einen Arkadengang miteinander verbunden sind.

Dreifaltigkeitssäule: Der Obelisk in der Mitte des Platzes entstand 1715 zum Dank für das Ende der Pest. Der von *Giovanni Alliprandi* geschaffene Entwurf wurde von dem Steinmetz *Franz Wolf Herstorfer* und den Bildhauern *Johann Ulrich Mayer* und *Ferdinand Geiger* ausgeführt. Der untere Bereich wurde 1772 in einen Brunnen umgestaltet, dessen Rand mit Vasen und Putten von *Ignaz Platzer* dekoriert ist: auf dem unteren Absatz des Obelisken die böhmischen Landespatrone, an der Frontseite die Madonna, auf dem Sockelabsatz darüber Christus und Gottvater, der Hl. Geist in Gestalt einer Taube und abschließend, alles überschauend, das Auge Gottes.

Über die gesamte Westseite des Platzes erstreckt sich das 1791 von *Matthias Hummel* aus ursprünglich fünf Renaissance-Häusern umgestaltete *Palais Liechtenstein*, das nach 1620 der in die Geschichte als ›Blut-Statthalter‹ eingegangene *Karl Graf von Liechtenstein* bewohnte, der Initiator der Exekution von 27 böhmischen und deutschen Adligen am 21. Juni 1621 auf dem Altstädter Ring.

St.-Niklas-Kirche — Nr. 14

Lage: Kleinseitener Ring, Straßenbahn 12, 22.

An der Stelle eines gotischen Vorgängerbaus aus dem 13. Jh. entstand zwischen 1704 und 1755 in der Mitte des Kleinseitener Rings mit der St.-Niklas-Kirche eines der bedeutendsten Bauwerke des Prager Barock. Nach einer Gesamtkonzeption von *Christoph Dientzenhofer* wurden 1704/11 Hauptschiff, Seitenkapellen und Galerien errichtet. Die 1710 fertiggestellte Fassade gilt als *Hauptwerk des Böhmischen Barock.* Die zweigeschossige durch Säulen und Pilaster in drei Achsen gegliederte Fassade verjüngt sich durch konkave Einbuchtungen über der Mittelachse zu einem 3. Geschoß und abschließendem mit Kreuz und Vasen geschmücktem Giebel. Das Wappen des Grafen Kolowrat über dem Hauptportal sowie die Statuen der Kirchenväter auf den Balustraden schuf *Johann Friedrich Kohl.* Zwischen 1737 und 1753

St.-Niklas-Kirche und Dreifaltigkeitssäule

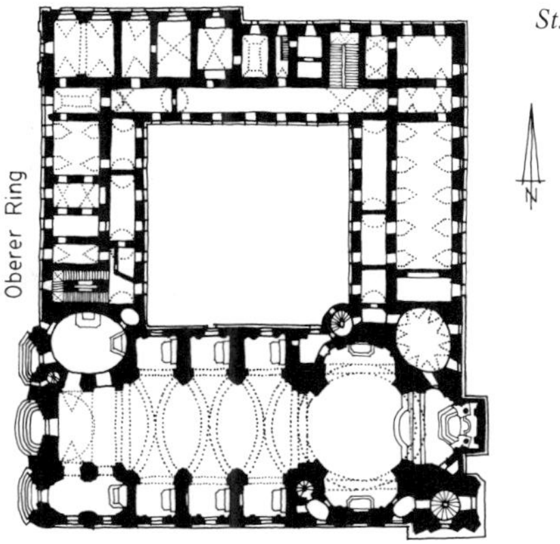

St.-Niklas-Kirche: Grundriß

erstellte *Kilian Ignaz Dientzenhofer* die mächtige, 75 m hohe Kuppel, und *Anselmo Lurago* führte 1755 mit der Errichtung des Glockenturms den Bau zu seiner äußeren Vollendung.

Das *Innere* mit seiner prunkvollen Ausgestaltung stellt eines der großartigsten Beispiele des Prager Hochbarock dar. Wände, Pfeiler, Simse und Wölbungen sind von *Johann Hennevogel* mit künstlichem Marmor verkleidet worden. Das große Deckenfresko im Hauptschiff, mit 1500 qm eines der größten Deckengemälde in Europa (1761–1767), die ›Verherrlichung des hl. Nikolaus‹, schuf *Lukas Kracker*, von dem auch die Altarbilder im Querschiff (›Heimsuchung Mariä‹ und ›Tod des hl. Josef‹; 1760) stammen. Die Fresken über der Orgelempore und in der Kuppel (›Hl. Dreifaltigkeit‹ und ›Engel, Apostel und Heilige im Himmel‹, 1753) sind Arbeiten von *Franz Xaver Balko*. Die bildnerischen Ausschmückungen der Galerien und der Seitenschiffe stammen von *Josef Hager* und *Josef Redelmayer*. *Ignaz Platzer* fertigte die aus Holz geschnitzten, mit Stuck verzierten Statuen der Heiligen auf den Konsolen der Pfeiler und Altäre (1752 und 1755) sowie die vier großen Standbilder der Kirchenlehrer unter der Kuppel (1769), außerdem schuf er auch die Figur des hl. Nikolaus auf dem Hauptaltar. Die aus Kunstmarmor und vergoldetem Holz gefertigte Kanzel (1765), mit elegant verspieltem Rokokoornament, plastischem Schmuck, allegorischen Darstellungen von Glaube, Liebe, Hoffnung sowie die ›Enthauptung Johannes d. T.‹ auf dem Deckel, ist ein bildhauerisches Meisterwerk von *Richard* und *Peter Prachner*. Die gewaltige Orgel schuf *Thomas Schwarz* 1745. Die Seitenkapellen sind mit Deckenfresken und Altarbildern von *Ignaz Raab*, *Josef Kramolin* und *Francesco Solimena* geschmückt.

St.-Niklas-Kirche: Innenraum

An die Nordseite der Kirche schließt sich das *ehem. Jesuitenkolleg* an. Bereits 1628 war den Jesuiten der gotische Vorgängerbau von St. Niklas übereignet worden, die noch vor dem Bau der heutigen Barockkirche zwischen 1663 und 1690 das Kolleg als eine Dreiflügelanlage um einen großen Innenhof von *Domenico Orsi* errichten ließen.

Christoph Dientzenhofer (geb. 1655 in St. Margarethen bei Rosenheim, gest. 1722 in Prag): Er hat als einer der ersten deutschen Baumeister die barocke Bauweise *Guarinis* und *Borrominis*, vor allem deren Gewölbedurchschneidung mit gekrümmten Gurten, übernommen und die bayerische Wandpfeilertechnik in eine eigene Formensprache für Franken und Böhmen übertragen. Er schuf u. a. die Wallfahrtskirche Maria Kulm bei Eger (1690–1712), die Schloßkapelle in Smiřice (1699), das Langhaus der St. Niklas-Kirche auf der Kleinseite in Prag (1703/11), die Klarissinnenkirche in Eger (1707/11) und die Klosterkirche Břevnov (1708/15). Sein Bruder *Johann* errichtete den Dom zu Fulda und die Klosterkirche der ehem. Abtei Banz in Oberfranken.

Liebe Artemis & Winkler-Bücherfreunde,

wenn Sie auch weiterhin über das Programm des Artemis & Winkler Verlages unterrichtet werden möchten, bitten wir Sie, diese Karte an uns zu senden und Ihre speziellen Interessengebiete anzukreuzen.

Wir möchten es übrigens nicht versäumen, Sie darauf hinzuweisen, daß Ihr Name und Ihre Anschrift bei Rücksendung der Karte elektronisch gespeichert werden, damit wir Sie weiterhin regelmäßig mit unseren Informationen versorgen können.

☐ **WINKLER WELTLITERATUR**
— **Dünndruckausgaben**
— **Werkdruckausgaben**
— **Faksimile-Ausgaben**
— **Winkler-Hausbücherei**
— **Reihe Winkler**

☐ **ARTEMIS-BIBLIOTHEK**

☐ **ANTIKE**
— **Bibliothek der Alten Welt**
— **Sammlung Tusculum**
— **Pegasus Paperbacks**
— **Lebendige Antike**

☐ **ARTEMIS-CICERONE**
Kunst- und Reiseführer

☐ **ARTEMIS-BILDBÄNDE**

☐ **BÜCHER ZUR MUSIK**

☐ **KINDERBILDER- UND JUGENDSACHBÜCHER**

☐ **LITERATUR- UND GEISTESGESCHICHTE**
— **Artemis-Einführungen**
— **Winkler Germanistik**
— **Zürcher Beiträge zur deutschen Literatur- und Geistesgeschichte**
— **Bibliothek des Morgenlandes**

☐ **WISSENSCHAFTLICHES PROGRAMM**

☐ **NACHSCHLAGEWERKE**

☐ **ARCHITEKTUR**

Artemis & Winkler

Postfach 44 02 54/55 · 8000 München 44

Absender:

Name:

Anschrift:

Beruf:

Altersgruppe: über 20/30/40/50/60 Jahre.

Zutreffendes bitte unterstreichen.

Diese Karte habe ich dem nachstehend aufgeführten Band entnommen:

Kritik und Anregungen sind uns willkommen, bitte schreiben Sie uns!

Buchbestellungen bitte an Ihre Buchhandlung.

Postkarte

Bitte Briefmarke nicht vergessen

An den

Artemis & Winkler Verlag

Werbeabteilung

Postfach 44 02 54/55

8000 MÜNCHEN 44

Kilian Ignaz Dientzenhofer (geb. 1689 in Prag, gest. 1751 in Prag): Er ging zunächst bei seinem Vater *Christoph Dientzenhofer* in die Lehre; weitere Studien folgten bei *Johann Lukas von Hildebrandt* in Wien sowie in Italien und Paris. Auch der Einfluß *Johann Bernhard Fischers von Erlach* und *Guarinis* ist in seinen Werken unverkennbar. Als Baumeister von europäischem Rang bestimmte er seit 1720 die Blütezeit des böhmischen Spätbarock in Prag. Vor allem seine zahlreichen Kirchenbauten zeugen von seiner außerordentlichen Schaffenskraft. Die vollendete Durchdringung von Langhaus und Zentralbau wird bei ihm noch durch reiches Ornament verstärkt. In Prag entstanden: St. Thomas (1723), St. Bartholomäus (1726/31), St. Johannes von Nepomuk am Felsen (1731), St. Niklas auf der Kleinseite (1732/52) sowie die Profanbauten Villa Amerika (1712/ 20) und das Palais Sylva-Tarouca (1749). In Karlsbad schuf er die Kirche St. Maria Magdalena (1732/35).

15 St. Thomas-Kirche

Lage: Kleinseitener Ring, a. d. Einmündung der Letanská, Straßenbahn 12, 22.

Die Kirche entstand gleichzeitig mit dem 1285 von *Wenzel II.* gestifteten Augustinerkloster. Der langgestreckte Chor konnte 1285–1316 fertiggestellt werden, wogegen der Westturm und das dreischiffige Langhaus im Stil einer gotischen Basilika erst 1379 zur Vollendung kamen. Mitte des 14. Jh. wurden die Sakristei mit einem Kreuzrippengewölbe sowie eine Vorhalle angefügt. 1596 versah *Bernardo de Alberto* das Gebäude mit marmornen Renaissance-Portalen. Das Hauptportal schmücken die Statuen des ›Hl. Augustinus‹ und des ›Hl. Thomas von Aquin‹ (1684) von *Hieronymus Kohl.* Durch *Kilian Ignaz Dientzenhofer* erhielt die Kirche schließlich 1723/31 ihre heutige barocke Fassade; an der Umgestaltung des Innern und der prunkvollen Ausstattung waren namhafte Künstler Böhmens beteiligt.
Das Innere wird besonders durch die Deckengemälde von *Wenzel Lorenz Reiner* beherrscht. Sie stellen im Langhaus Szenen aus dem Leben des hl. Augustinus und des hl. Thomas von Aquin dar sowie in der Kuppel Allegorien der vier Erdteile. Die kostbare Innenausstattung stammt vorwiegend aus der Zeit der Barockisierung. Bemerkenswert ist vor allem der 1731 von dem Kunsttischler *Kristián Kovář* (wahrscheinlich nach Entwürfen *Dientzenhofers*) geschaffene Hauptaltar. Die Schnitzereien sowie die beiden großen Standbilder im Altarraum schuf *Joh. A. Quittainer.*
Die sechs kleineren Statuen der böhmischen Landespatrone sind Arbeiten von *Ferd. M. Brokoff* und dessen Schüler *Ignaz Müller* (1731), die Altarbilder Kopien (1896) nach Gemälden von *Peter Paul Rubens* ›Hl. Augustinus‹ und ›Martyrium des hl. Thomas‹ (die Originale befinden sich heute im Palais Sternberg der Nationalgalerie). Auch die Kanzel entstand in Zusammenarbeit des Kunsttischlers *Kovář* mit dem Bildhauer *Quittainer.* Das Altarbild des hl. Sebastian (auf der linken Seite des Chors) ist ein Werk von *Bartholomäus Spranger.*

Beachtenswert auch gleich um die Ecke in der Tomášká (Thomasgasse) das von *Kilian Ignaz Dientzenhofer* errichtete Barockhaus mit einem der schönsten Hauszeichen Prags (›Zum goldenen Hirsch‹). Die Plastik ›St. Hubertus mit Hirsch‹ schuf *Ferd. M. Brokoff* 1726.

St.-Josefs-Kirche **Nr. 15**

Lage: Josefská ulice, gegenüber der Thomaskirche.

Die Kirche wurde von dem 1656 durch *Ferdinand III.* gegründeten Konvent der Karmeliterinnen zwischen 1686 und 1689 errichtet. Ungeklärt ist, wer die Pläne zu dem von einer Kuppel überwölbten Zentralbau und besonders der spätmanieristisch-barocken Fassade schuf. Den verschiedenen Quellen zufolge kommen als mögliche Urheber *J. B. Mathey, P. I. Beyer* und *J. B. Fischer von Erlach* in Betracht. Auch gibt es keine Übereinstimmung darüber, bei wem die bauliche Ausführung lag (*J. B. Mathey* oder *Abraham Parigi*). Den plastischen Schmuck der Fassade schuf *Matthias Wenzel Jäckel.* – Das Innere bildet einen ovalen von einer Kuppel überwölbten Raum. Der Hauptaltar sowie die beiden Seitenaltäre der hl. Thekla und der hl. Theresia sind Arbeiten des Kunsttischlers *Marcus Nonnenmacher.* Auch der plastische Schmuck der Altäre stammt von *M. W. Jäckel.* Das Altarbild des Hochaltars ›Hl. Familie‹ (1702) ist ein Werk *Peter Brandls.*

16 **Palais Waldstein** *(Wallenstein)*

Lage: Kleinseite, Valdstejnské namesti, Straßenbahn 12, 22.

Dieser erste großangelegte profane Gebäudekomplex im Stil des Prager Barock, der sich um 5 Höfe gruppiert und dem sich ein weiter Garten anschließt, entstand 1623–1630 im Auftrag von *Albrecht Eusebius Wenzel von Waldstein* (*Wallenstein*, 1583–1634), einer der umstrittensten Gestalten des Dreißigjährigen Krieges. *Wallenstein* entschied 1620 für die kaiserlich-katholischen Heere die Schlacht am Weißen Berg bei Prag. Danach erstand er durch Heirat und Kauf riesige Güter in Böhmen (Friedland, Reichenberg), die er zu einem eigenständigen staatsähnlichen Herrschaftsgebiet zusammenfaßte. Er eroberte 1627 Schlesien und 1628 Mecklenburg. 1630 wurde er auf Betreiben der katholischen Liga aus den kaiserlichen Diensten entlassen, weil er sich weigerte, den Katholiken die Kirchengüter der Protestanten zu überlassen und diese vom Religionsfrieden auszuschließen. Nach seiner Entlassung trat er in Verhandlungen mit *Gustav Adolf* von Schweden, wurde aber in die Dienste *Ferdinands II.* zurückgerufen und erhielt 1632 wieder den Oberbefehl als kaiserlicher Generalissimus. Aufgrund erneuter Verhandlungen mit der gegnerischen Partei kam es am 25. Febr. 1634 zu seiner Ermordung in Eger.
Für das großangelegte Projekt ließ *Wallenstein* 23 Häuser und eine Ziegelei abtragen sowie mehrere Gärten einebnen. Nach Entwürfen von *Andrea Spezza* und *Giovanni Pieroni*, die sich deutlich an italie-

Palais Waldstein: Fassade

nischen Vorbildern orientierten, errichtete *Giovanni Batt. Marini* unterhalb des Hradschin einen der prunkvollsten Paläste Prags. Die Fassade des dreigeschossigen Hauptgebäudes ist dem Palazzo Farnese in Rom nachempfunden. Sie ist in 17 Achsen gegliedert, unterbrochen durch ein größeres Portal in der Mitte und je ein Portal in der dritten Achse von außen. Durch Rundbogenfenster im 1. und 2. Geschoß und kleine Dachhäuschen wird die für das Barock noch relativ schlicht gehaltene Fassade belebt.
Das Innere des Hauptflügels wird vor allem durch den großen *Fest-* oder *Rittersaal* geprägt, der sich über zwei Stockwerke erstreckt. Die Stukkaturen und Gemälde sowie die bemerkenswerten geflügelten Plastiken auf den Kapitellen vor den Zwickeln schuf der Italiener *Baccio Bianco*. Das in Stuck gerahmte Fresko in der Mitte der Decke zeigt ›Wallenstein als Mars auf einem Triumphwagen‹. 1853 verkleidete *Achill Wolf* die Wände mit Kunstmarmor. In der *Kapelle* befinden sich ebenfalls von Stuck umrahmte Gemälde von *Bianco*. Den Altar schnitzte *Ernst Heidelberger*, das Altarbild, die ›Ermordung des hl. Wenzel‹, ist eine Arbeit von *Johann Schlemüller*.
Die *Sala terrena* (Gartensaal), nach Plänen von *Giovanni Pieroni* in Anlehnung an den Palazzo di Te in Mantua 1624/27 errichtet, stellt eine bis dahin in Mitteleuropa beispiellose künstlerische Verbindung von Landschaft und Architektur dar. Die monumentalen Dimensionen der Loggia, die sich über die gesamte Höhe des westlichen Gartenflügels erstreckt, werden besonders durch die toskanischen Dop-

Decke der ›Sala terrena‹

pelsäulen betont. Stukkaturen in Form von Ranken und Früchten sowie Gemälde mit ›Szenen aus dem Trojanischen Krieg‹ von *Bianco* schmücken das Tonnengewölbe der Sala terrena, die sich in drei hohen Rundbogenarkaden zum Garten öffnet.
Der *Garten*, 1625/30 von *Niccolò Sebregondi* und *Giovanni Pieroni* angelegt, mit einem künstlichen See, verspielten Brunnen, Grotten, weiten Rasenflächen und seltenen Gewächsen, wird aber vor allem durch die Bronzestatuen von *Adrian de Vries* beherrscht. Dabei handelt es sich um Kopien, deren Originale 1648 von den Schweden als Kriegsbeute in das königliche Schloß Drootningholm gebracht wurden, wo sie sich noch heute befinden. Von der Sala terrena ausgehend, folgen jeweils auf eine Pferdeplastik rechts eine ›Ringergruppe‹, ›Laokoon‹, ›Bacchus‹ und links ›Venus und Adonis‹, ›Neptun‹, ›Apollo‹. Weitere Plastiken von *de Vries* stehen auf der Insel des künstlichen Sees (›Herkules‹ und ›Najaden‹) und im hinteren Bereich des Gartens.

Palais Kolowrat **Nr. 16**

Lage: Valdštejnská (Waldsteingasse), gegenüber dem Palais Waldstein (heute eine Abteilung des Ministeriums für Kultur).

An der Stelle eines Vorgängerbaus der Renaissance entstand 1770 nach Entwürfen von *Ignaz Palliardi* eines der letzten Palais im Stil des Prager Barock. Die 15 Achsen des dreigeschossigen Baus werden durch Pilaster in Dreiergruppen gegliedert. Die mittleren 3 Achsen werden noch traditionell durch das prächtige Portal und den abschließenden Dreiecksgiebel betont. Die Fensterbekrönungen und Stukkaturen im 2. Geschoß sowie eine den Giebel zu beiden Seiten flankierende und mit Vasen geschmückte Balustrade bilden die weiteren belebenden Elemente der Fassade. – Den Garten des Palais, einen der schönsten der Kleinseite, legte *I. Palliardi* um 1785 im Stil italienischer Barockgärten an. Zwischen Wasserspielen, Skulpturen und seltenen Gewächsen führen Terrassen mit Rundbogen und kleinen offenen Pavillons den Burghang hinauf bis zum Wallgarten.

17 **Nerudova ulice** *(Nerudagasse)*

Mit Palais Morzin, Palais Thun-Hohenstein, Theatinerkirche ›St. Maria zu den Kajetanern‹

Die Nerudagasse war einst die wichtigste Verbindung zur Prager Burg. Sie führt vom Kleinseitener Ring bergauf zur 1663 erbauten Burgrampe unterhalb des Palais Schwarzenberg. Bis heute wird der Charakter dieser malerischsten Gasse der Kleinseite von den Formen des Hochbarock geprägt. Besonders beachtenswert sind die noch an den meisten Gebäuden erhaltenen kunstvollen *Hauszeichen*, die ursprünglich an jedem Haus in Prag angebracht waren und erst unter *Maria Theresia* durch Hausnummern ersetzt wurden. Ihren heutigen Namen erhielt das Gäßchen nach dem tschechischen Schriftsteller *Jan Neruda* (1834–1891), der in seinen ›Kleinseitener Geschichten‹ in einer liebenswert-ironischen Art die Menschen und das Leben auf der Kleinseite beschrieb. *Neruda* wohnte im Haus ›Zu den zwei Sonnen‹. Weitere bemerkenswerte Hauszeichen: ›Zum roten Löwen‹, ›Zum grünen Krebs‹, ›Zu den drei Geigen‹, ›Zum goldenen Becher‹, ›Zum hl. Johannes von Nepomuk‹, ›Zum Esel an der Krippe‹, ›Zum goldenen Hufeisen‹ und ›Zur schwarzen Muttergottes‹.

Palais Morzin (h. Rumänische Botschaft): Wegen seiner architektonischen Gestaltung und seines plastischen Schmucks gehört das Palais Morzin zu den herausragendsten Bauten des Prager Barock. Das 1713/14 von *Giovanni Santini* aus ursprünglich drei schmalen Häusern zu einem Palais umgestaltete dreigeschossige Gebäude mit einer Fassade von 13 Achsen erhält durch die reiche Gestaltung des fünfachsigen Mitteltraktes seine hervorstechende Wirkung. In der Mitte über dem Sockelgeschoß ein Balkon, der von zwei Mohren getragen wird (heraldisches Motiv des Bauherrn: Morzin = Mohr). Zu beiden Seiten des Balkons je ein Rundbogenportal mit einer bekrönenden allegorischen Plastik: links der ›Tag‹ und rechts die ›Nacht‹. Das ganze Emsemble wird von einer Wappenkartusche über dem Balkonfenster überragt. Den Abschluß bilden ein Dreiecksgiebel und eine mit den Allegorien der vier Erdteile geschmückte Attika. Sämtliche Plastiken stammen von *Ferd. Max. Brokoff*, zu dessen bedeutendsten Arbeiten die ›Mohren‹ am Palais Morzin zählen.

Palais Morzin: ›Mohren‹ (links) und ›Die Nacht‹ (rechts)

Palais Thun-Hohenstein (h. Italienische Botschaft): An der Stelle eines von *Orsi de Orsini* errichteten Vorgängerbaus aus dem 17. Jh. erstellte *G. Santini* 1710–1720 für die Familie *Kolowrat* das heutige Palais, das, wie das Palais Morzin, zu den Meisterwerken der barokken Baukunst in Böhmen gerechnet wird und 1768 in den Besitz des Grafen *Thun-Hohenstein* überging. Die Fassade des dreigeschossigen Gebäudes ist ebenfalls in 13 Achsen gegliedert. Die Mitte wird durch einen dreiachsigen Risalit mit einem prunkvollen Portal, flankiert von ovalen Fenstern über zwei kleinen Seitenportalen, dem Wappen der Grafen Kolowrat über dem Rundbogenfenster im 2. Geschoß und abschließendem halbrundem Frontgiebel, im Vergleich zu der übrigen fast nüchtern wirkenden Fassade auffallend dekorativ betont. Lediglich die Fenster im 2. Geschoß sind mit einem offenen Dreiecksgiebel bekrönt, wogegen das 3. Geschoß nur mit relativ kleinen quadratischen Fenstern ausgestattet ist. Seine höchste Steigerung findet der Mitteltrakt jedoch in den beiden großen Adlern (dem Wappentier der Kolowrat) mit mächtigen gespreitzten Schwingen (*Matth. Braun*) am Hauptportal und den Statuen von ›Jupiter‹ und ›Juno‹ eines unbekannten Künstlers über dem Portal.
Das Innere zeichnet sich besonders durch ein dreischiffiges Säulenvestibül aus; die Gruppen mythologischer Statuen in den Nischen

stammen ebenfalls von *M. Braun*. Das 1870 nach Plänen von *Josef Zitek* errichtete Treppenhaus ist mit Gemälden (›Das Leben des Menschen‹) von *František Ženišek, Josef Scheiwl* und *Josef Tulka* geschmückt.

Theatinerkirche St. Maria zu den Kajetanern: Anstelle der 1679 von *Guarino Guarini* entworfenen Fassung eines voll durchstrukturierten Baukörpers (drei quergestellte, sich überschneidende Ovale) entstand 1691–1717 über einem kreuzförmigen Grundriß ein nüchterner Kuppelbau, dessen Urheber nicht bekannt ist. Die einfach gehaltene Fassade gestaltete *G. Santini*. – Die barocken Altäre und Statuen in den Nischen im Innern schufen *Johann Ulrich Mayer* und *Matthias Jäckel*, die Altarbilder *Franz Xaver Balko* (›Hl. Thekla‹), *Michael Halwachs* (›Hl. Familie‹), *Johann Valerius Callot* (›Hl. Maria und Kajetan‹) und *Franz Rothmayer* (›Hl. Kajetan‹). Die Orgel ist ein Werk von *Adalbert Beer* aus dem Jahre 1757.

18 Kleinseitener Brückentürme

Die beiden Brückentürme am linken Moldauufer mit ihrer unverkennbaren Silhouette sind seit dem Mittelalter durch ein Tor verbunden, das den Zugang von der Karlsbrücke zur Kleinseite bildet. Der kleinere romanische Turm aus dem 12. Jh. stammt noch von der ursprünglichen Befestigungsanlage der 1342 eingestürzten *Judithbrücke*, die 1158–1172 unter *Wladislaw II.* errichtet wurde und wahrscheinlich schon damals aus zwei romanischen Türmen und einem Verbindungstor bestand. 1591 erfolgte am kleinen Turm eine Umgestaltung des Dachs und der Giebel nach den Vorstellungen der Renaissance. *Wenzel IV.* ließ 1411 das ursprünglich romanische Tor durch ein gotisches Tor ersetzen, das noch heute vorhanden und mit den Wappen der von *Wenzel* regierten Länder geschmückt ist. Unter *Georg von Podiebrad* entstand 1464 der größere Brückenturm im spätgotischen Stil, der offensichtlich seine architektonische und plastische Gestaltung in Anlehnung an den Altstädter Brückenturm von *Peter Parler* erhielt.

19 Karlsbrücke mit Brückenplastiken

Die noch nach gotischen Gesichtspunkten errichtete Karlsbrücke mit ihrem meisterlichen Barockskulpturen gehört zu den bedeutendsten Baudenkmälern und Sehenswürdigkeiten Prags und kann darüberhinaus als eine der schönsten und berühmtesten Brücken Europas bezeichnet werden. Einer ersten Holzbrücke folgte 1158–1172 der Bau der romanischen *Judithbrücke*, die 1342, vom Hochwasser überflutet, einstürzte. Auf Geheiß Kaiser *Karls IV.*, nach dem die Brücke später benannt wurde, und unter der Leitung von *Peter Parler* begann *Johannes Ottl* 1357 mit dem Bau der heutigen Brücke, die

Karlsbrücke mit Kleinseitner Brückenturm

jedoch erst Anfang des 15. Jh. fertiggestellt wurde. Die mit 16 Bogen auf mächtigen Pfeilern ruhende Brücke ist 520 m lang und 10 m breit und war bis 1836 der einzige Übergang über die Moldau. Damit war die Karlsbrücke über Jahrhunderte einer der wichtigsten Verkehrskreuzungspunkte Mitteleuropas.
In ihrer bewegten Geschichte mußte sie oft Ereignisse von großer politischer Tragweite über sich ergehen lassen. 1393 ließ *Wenzel IV.* den Generalvikar von Prag, *Jan von Ponuka*, von der Karlsbrücke in die Moldau stürzen und ertränken, da sich die Herren über die Kompetenzen von Kirche und Königtum nicht einigen konnten. Als *Johannes von Nepomuk* erfuhr der Geistliche 1729 seine Heiligsprechung und wird seitdem in ganz Europa als Schutzpatron der Brükken verehrt. 1420 nahmen die Hussiten ihren Weg über die Brücke zur Kleinseite. *Friedrich von der Pfalz* , der ›Winterkönig‹, flüchtete 1620 über sie nach der vernichtenden Niederlage am Weißen Berg. 1648 verteidigten die Prager Studenten auf der Brücke die Altstadt vor den anstürmenden Schweden; in den Pfingsttagen 1848 war die Brücke Schauplatz erbitteter Kämpfe um die nationale Unabhängigkeit und Gleichberechtigung der Tschechen gegenüber den Deutschen. Heute ist die Karlsbrücke ausschließlich den Fußgängern vorbehalten.

Plastiken auf der Karlsbrücke

Die 30 Statuen und Figurengruppen auf der Karlsbrücke gehen auf Stiftungen des Adels, der Universitäten und der verschiedensten Orden zurück. 10 der bedeutendsten Bildhauer der Zeit schufen 1683–1714 Kunstwerke von außerordentlichem Niveau; sie stellen den Höhepunkt barocker Bildhauerkunst in Böhmen dar. – Außer der Statue des ›Hl. Johannes von Nepomuk‹, die in Bronze gegossen ist, und der des ›Hl. Philippus Benitius‹ aus Marmor sind alle übrigen Plastiken aus böhmischem Sandstein gefertigt. Die älteste Arbeit ist das 1657 aufgestellte ›Kruzifix‹; ihr folgte 1683 die Statue des ›Hl. Johannes von Nepomuk‹.
Als künstlerisch wertvollstes Werk gilt die Figurengruppe mit der ›Hl. Luitgard‹ von *Matt. B. Braun*. Sie zeigt die Vision der Heiligen, in der sich Christus vom Kreuz zu ihr herabbeugt und sie mit der Hand berührt. Weitere Arbeiten aus der Werkstatt *Brauns* sind der ›Hl. Ivo‹ und die Statuen der ›Hll. Ludmila und Wenzel‹.
Zu den bedeutendsten Arbeiten zählen ferner die Gruppe der ›Madonna mit den hll. Dominikus und Thomas von Aquin‹ (von *M. W. Jäckel)*, die die Übergabe des Rosenkranzes an den Gründer des Dominikanerordens darstellt, sowie die Statuen des ›Hl. Franziskus von Borgia‹, einem der herausragendsten Vertreter des Jesuiten-

Karlsbrücke: ›Madonna mit hll. Dominikus und Thomas von Aquin‹ (links) und ›Hll. Cyrillus und Methodius‹ (rechts)

ordens, und des ›Hl. Kajetan‹, dem Patron der Theatinerkirche auf der Kleinseite, von *F. M. Brokoff.* Mit der Gestalt des ›Türken‹, der die in einem Kerker gefangenen Christen bewacht, schuf *Brokoff* wohl die populärste Gestalt der Karlsbrücke. Von ihm stammen noch 4 weitere Figurengruppen auf der Karlsbrücke (vgl. Skizze).

Im 18. und 19. Jh. wurden leider einige Originale durch Hochwasser vernichtet und durch weniger bedeutende Arbeiten von *Josef Kamil Böhm* und den Brüdern *Josef* und *Emanuel Max* ersetzt. Dennoch ist die Karlsbrücke in ihrer künstlerischen Gesamtkonzeption bis heute einzigartig in der Geschichte des Brückenbaus.

KLEINSEITE

Hl. Wenzel Josef Kamil Böhm, 1858	*Christus mit den Hll. Cosmas und Damian* Johann Mayer, 1709
Hll. Johannes von Matha, Felix von Valois und Iwan mit einem Türken Ferd. Max. Brokoff, 1714	*Hl. Veit* Ferd. Max. Brokoff, 1714
Hl. Adalbert Jos. Mich. Brokoff (?), 1709	*Hl. Philippus Benitius* Michael Bernhard Mandl, 1714
Hl. Luitgard Matthias B. Braun, 1710	*Hl. Kajetan* Ferd. Max. Brokoff, 1709
Hl. Nikolaus von Tolentino Johann Friedr. Kohl, 1708	*Hl. Augustinus* Johann Friedr. Kohl, 1708
Hll. Vinzenz Ferrer und Prokop Ferd. Max. Brokoff, 1712 (darunter Kopie der Rolandsäule von Ludvig Šimek, 1884)	*Hl. Judas Thaddäus* Johann Mayer, 1708
Hl. Franziskus Seraphicus Emanuel Max, 1855	*Hl. Antonius von Padua* Johann Mayer, 1707
Hll. Ludmila und Wenzel Werkstatt Matthias Braun, 1730	*Hl. Johannes von Nepomuk* Johann Brokoff und Matthias Rauchmüller, Guß W. H. Heroldt, 1683
Hl. Franziskus von Borgia Ferd. Max. Brokoff, 1710	*Hll. Wenzel, Norbert und Sigismund* Josef Max, 1857
Hl. Franziskus Xaverius F. M. Brokoff, 1711 (Kopie von 1913)	*Hll. Cyrillus und Methodius* Karel Dvorák, 1938
Hl. Josef Josef Max, 1854	*Hl. Anna Selbdritt* Matthias Wenzel Jäckel, 1707
Pietà Emanuel Max, 1859	*Kruzifix* Körper Christi in Bronze, 1629, Inschrift, 1696, Statuen von Emanuel Max, 1861
Hll. Barbara, Margarete und Elisabeth Ferd. Max. Brokoff, 1707	*Madonna mit hll. Dominikus und Thomas von Aquin* Matthias Wenzel Jäckel, 1708 (Kopie 1961)
Hl. Ivo Matthias Bernhard Braun, 1711 (Kopie F. Hergesel, 1908)	*Madonna mit hl. Bernhard* Matthias Wenzel Jäckel, 1709

ALTSTADT

20 Altstädter Brückenturm

Mit St.-Franziskus-Kirche (ehem. Kreuzherrenkirche), Denkmal Karls IV., Smetana-Museum

Der Altstädter Brückenturm wurde unter *Karl IV.* begonnen und unter seinem Sohn, *Wenzel IV.*, Ende des 14. Jh. vollendet. Dieses Meisterwerk der Hochgotik, von der Bauhütte *Peter Parlers* errichtet, ist einer der schönsten und künstlerisch bedeutendsten Wehrtürme in Europa. Die unterste Zone auf der Altstadtseite über der hohen Durchfahrt ist mit den Wappen der von Kaiser *Karl IV.* beherrschten Länder geschmückt, darüber, zwischen den Bauherren *Karl IV.* (links) und *Wenzel IV.*, etwas erhöht der *hl. Veit.* Im obersten Bereich, in die Mitte einer Maßwerkgalerie gestellt, links der erste Bischof von Prag, der *hl. Adalbert*, und daneben der erste Märtyrer Böhmens, der *hl. Wenzel.* Die Rückseite des Turmes zur Moldau ist während der Belagerung durch die Schweden 1648 zerstört worden. Heute schmücken diese Seite nur eine von *Giovanni Spinetti* geschaffene Gedenktafel, die an dieses Ereignis erinnert, und das Wappen der Altstadt. Bei einer Restaurierung 1878 durch *Josef Mocker* erhielt der Turm sein heutiges Dach.

Detail vom Altstädter Brückenturm

St.-Franziskus-Kirche *(ehem. Kreuzherrenkirche)* **Nr. 20**

Die dem ›Hl. Franziskus Seraphicus‹ geweihte ehem. Kreuzherrenkirche wurde auf den Fundamenten eines frühgotischen Vorgängerbaus vom Ende des 13. Jh. von *Domenico Carnevale* nach Entwürfen *Joh. Bapt. Matheys* 1679–1689 errichtet. In der Krypta des von einer Kuppel über der Vierung überwölbten barocken Zentralbaus sind noch Fragmente der frühgotischen Anlage vorhanden. Die beeindruckende Hauptfassade ist durch breite Pilaster gegliedert, zu beiden Seiten nach hinten eingebuchtet und in der Mitte von einem Dreiecksgiebel überdacht. Rechts und links vom Portal auf hohen Sockeln die Statuen der ›Madonna‹ und des ›Hl. Johannes von Nepomuk‹ von *Richard Prachner* (1758); an der rechten Einbuchtung die sog. ›Winzersäule‹ mit dem hl. Wenzel (1676 von *Joh. G. Bendl*).
Die mittlere Zone der Fassade wird von großen Rundbogennischen mit den Statuen der böhmischen Landespatrone bestimmt (von links): hl. Franziska, hl. Ludmila, hl. Franziskus, hl. Wenzel und hl. Veit; sie stammen wahrscheinlich von *Andreas Quittainer* (um 1723/24); auf der Attika, mit der mächtigen Kuppel (der ältesten Prags) als Hintergrund, bewegt modellierte Engelsgestalten, die um 1722 in der Werkstatt *Matthias W. Jäckels* entstanden sind (heute Kopien von *J. Hnátek*).
Der *Innenraum* besticht durch seine klare Raumaufteilung, übersichtliche Anordnung der kostbaren Ausstattung und eine nuancierte Übereinstimmung von Form und Farbe. Den beherrschenden Akzent setzt die hohe Kuppel in der Mitte mit einem Deckenfresko (›Jüngstes Gericht›) von *W. L. Reiner*, von dem auch die Fresken in den Zwickeln stammen. Die Wände sind mit böhmischem Marmor aus Slivenec verkleidet, mit Stukkaturen von *Tomaso Soldatti* verziert und durch Pilaster gegliedert; in den Nischen Statuen der hll. Joachim, Anna, Martin und Georg (links vom Hauptaltar beginnend) von den Dresdener Bildhauern *Jeremias* und *Konrad Süssner* (um 1690). Die weiteren plastischen Arbeiten schuf *M. W. Jäckel*. Das Hauptaltarsbild, die ›Stigmatisierung des hl. Franziskus‹, und das Deckenfresko im Chor, ›Engel mit allegorischen Gestalten‹, stammen von *Joh. Chr. Lischka*. Beachtenswert sind in den beiden Seitenkapellen die Altarblätter ›Kreuzerhöhung‹ und ›Himmelfahrt Mariens‹ von dem ostpreußischen Maler *Michael Willmann* (Rahmen von *M. W. Jäckel*).

Denkmal Kaiser Karls IV. **Nr. 20**

Lage: Kreuzherren-Platz (Křižovnické náměsti), zwischen Altstädter Brükkenturm und Franziskuskirche.

Zu Ehren Kaiser *Karls IV.*, dem Gründer der Karls-Universität, ließ diese 1848 zur 500. Wiederkehr ihres Gründungstages ein Denkmal errichten. Das Werk entstand nach einem Entwurf des Dresdener Bildhauers *Ernst Hähnel* im neogotischen Stil und wurde in der Werkstatt von *Johann Burgschmidt* in Nürnberg in Bronze gegossen. Der Kaiser steht auf einem hohen Sockel, dessen Nischen vier weibliche Gestalten, die Allegorien der ersten vier Fakultäten der Universität darstellen sollen, aber meistens für die vier Frauen des Kaisers gehalten werden.

Smetana-Museum **Nr. 20**

Lage: Links unterhalb des Altstädter Brückenturms, unmittelbar an der Moldau, Uferpromenade Smetanovo nábřeži. – *Geöffnet:* tgl. außer Di 10.00–17.00 Uhr.

Das Gebäude des Smetana-Museums wurde 1883 nach Entwürfen von *Antonin Wiehl* im Stil der Neorenaissance für das *ehem. Prager Wasserwerk* errichtet. Seine besonderen Merkmale sind die dekorativen Giebel und der auffällige Sgraffitoschmuck an der Stirnwand (›Kampf gegen die Schweden auf der Karlsbrücke 1648‹) nach Entwürfen von *F. Ženišek.* Die Sgraffitodarstellungen der bedeutendsten Persönlichkeiten in den Nischen der Seitenwand, die zur Rettung der Altstadt beigetragen haben, wurden von *Mikoláš Aleš* und *Jan Koula* nach Vorlagen von *J. Subič* ausgeführt.

Smetana-Museum

Das 1936 von der Smetana-Gesellschaft gegründete Museum, zum Andenken an den Begründer der tschechischen Nationalmusik, *Friedrich (Bedřich) Smetana* (1824–1884), verfügt über einen umfangreichen Bestand an Originalhandschriften der wichtigsten Werke des Komponisten (u. a. ›Mein Vaterland‹, ›Die verkaufte Braut‹), Briefen, Bildern, Aufführungsprogrammen, persönlichen Gegenständen sowie über eine Sammlung von Musikinstrumenten. Das Museum überragt im Hintergrund der mit einem hellen Anstrich versehene *Wasserturm* aus dem Jahre 1489. Nach einem Brand 1878 erhielt er sein heutiges Dach und eine Uhr.

21 **Clementinum** *(ehem. Jesuitenkolleg)*

Mit St.-Salvator-Kirche, Welscher Kapelle, St.-Clemens-Kirche

Lage: Großer zusammenhängender Gebäudekomplex, begrenzt von der Karlova, Křižovnická, Platnéřská und dem náměstí primátora Vacka (ehem. Marienplatz).

An der Stelle eines früheren Dominikanerklosters und eines ganzen Stadtviertels von 32 Bürgerhäusern, 3 Kirchen und einigen Gärten entstand seit 1578 mit dem Clementinum der größte zusammenhängende Gebäudekomplex nach der Burg auf dem Hradschin als Domizil der Jesuiten, die 1556 unter *Ferdinand I.* nach Prag gekommen waren und hier ein Zentrum der Gegenreformation bildeten. Zunächst unter der Leitung von *Francesco Caratti* und später unter *František Maximilian Kanká* wuchs das Clementinum in mehreren Bauabschnitten, durch die verschiedensten Stilrichtungen geprägt, zu seiner heutigen Gestalt. Mit Salvatorkirche, Welscher Kapelle, Clemenskirche, Wohngebäuden, Bibliotheks- und Studiensälen und

Clementinum mit Karlsbrücke

einer Sternwarte umschließt der Komplex fünf Innenhöfe, die durch Zwischentrakte getrennt sind. Die Hauptfassade des Kollegiengebäudes mit 22 Fensterachsen (gegenüber der Franziskuskirche), 1654/58 errichtet, ist durch breite, bossierte Pilaster mit Akanthuskapitellen gegliedert; über den Kapitellen Stukkaturen in Form von Muscheln, Lorbeer, grotesken Fratzen und Köpfen römischer Kaiser; letztere von *G. B. Cometa*. Große rustikal gestaltete Zwerchhäuser über dem 3. Geschoß der Fassade bilden einen markanten Abschluß.

Der Nordflügel des Kollegienkollegs (an der Platnéřská) wurde Ende des 17. Jh. fertiggestellt. Anfang des 18. Jh. folgte der den gesamten Komplex abschließende Verbindungstrakt mit barockem Portal, Balkon und Giebel (am Marienplatz, heute náměsti primátora dr. Václava Vacka).

Die Decken in den langen Gängen des Hauptflügels sind mit Stuckkartuschen und Fresken geschmückt, die Ereignisse aus der Geschichte des Jesuitenordens darstellen. Von den zahlreichen Räumlichkeiten verdient vor allem die *Spiegelkapelle* Beachtung, die in der ursprünglichen Bibliothek hinter dem Refektorium nach Entwürfen von *F. M. Kanká* 1724 eingerichtet und mit vergoldeten Stukkaturen sowie mit Deckenfresken (Szenen aus dem Marienleben) von *Johann Hiebl* geschmückt wurde. Heute finden hier Ausstellungen und Konzerte statt. Über der Spiegelkapelle befindet sich der *Bibliotheksaal* der Jesuiten, der nach Vorlagen *Kankás* 1727 fertiggestellt und auch mit Deckengemälden von *Hiebl* ausgestattet wurde, die Themen aus der Antike, dem Alten und Neuen Testament zum Inhalt haben. Der sog. *Mozartsaal* ist mit Gemälden und Bücherschränken aus der Rokokozeit eingerichtet.

Heute beherbergt das Clementinum die Staatsbibliothek, die Universitätsbibliothek, die Bibliothek der Technischen Hochschule und die Slawische Bibliothek und verfügt über einen Bestand von über 5 Mill. Bänden, darunter ca. 6000 Handschriften und ca. 3000 Inkunabeln. Besondere Kostbarkeiten sind die ›Velislav-Bibel‹ (um 1340) mit einer umfangreichen Bilderfolge aus der Hl. Schrift sowie das ›Wyschehrader Krönungsevangeliar‹ (1086).

St.-Salvator-Kirche **Nr. 21**

Lage: Vor dem Altstädter Brückenturm, Ecke Karlova ulice (Karlsgasse).

Mit der Salvatorkirche (Baubeginn 1578) entstand das erste Bauwerk des Clementinums und damit auch die erste Kirche der Jesuiten in Böhmen. Zunächst erfolgte der Bau des Ostchors durch einen unbekannten Meister, der sowohl Elemente der Gotik als auch der Renaissance verwendete. 1600/01 folgten das Langhaus der dreischiffigen Basilika und das Querschiff mit drei Portalen aus Marmor. 1651/53

Clementinum: Bibliothek

stellte *Francesco Caratti*, nachdem er bereits 1648 über der Vierung eine Kuppel errichtet hatte, der Hauptfassade zum Altstädter Brükkenturm einen dreibogigen, durch Doppelpilaster gegliederten Portikus voran. Mit den Statuen (von *J. G. Bendl*) auf der Balustrade des Portikus und auf dem Giebel entstand eine der wirkungsvollsten Kirchenfassaden Prags: über dem Mittelportal die 4 Kirchenväter (von links) Augustinus, Gregor d. Gr., Ambrosius und Hieronymus; zwischen diesen, etwas erhöht in einer prächtigen Nische mit Einflüssen der florentinischen Spätrenaissance, die gegenüber den übrigen Figuren bewegter gestaltete Statue der Maria; auf den Giebelschrägen zwischen den 4 Evangelisten Christus mit der Weltkugel als Welterlöser. Schließlich fügte *F. M. Kanká* 1714 die beiden Türme hinzu. – Das Innere ist durch verschiedene Stilrichtungen geprägt. Der spätgotische Chor und das Querschiff weisen auch schon Renaissance-Elemente auf. Der Chorabschluß ist mit Kunstmarmor aus der Zeit des Rokoko verkleidet und einem Deckengemälde (›Die vier Erdteile‹) von *Karel Kovař* (1748) geschmückt. Über dem Rokoko-Hochaltar eine Kopie von *Raffaels* ›Verklärung Christi‹, 1632 von

Johann G. Häring gefertigt. *Carlo Lurago* errichtete 1638/40 die Emporen in den Seitenschiffen, *J. G. Bendl* versah zur gleichen Zeit Wände und Gewölbe mit dekorativen Stukkaturen; von ihm stammen auch die Skulpturen der 12 Apostel auf den barocken Beichtstühlen (1673).

Welsche Kapelle **Nr. 21**

Lage: Karlova ulice (Karlsgasse), neben der Salvatorkirche.

Die der ›Himmelfahrt Mariens‹ geweihte kleine Kirche auf ovalem Grundriß wurde 1590–1600 unter *Rudolf II.* von der Welschen Kongregation, einer Hilfsorganisation italienischer Einwanderer in Prag, errichtet (s. auch Nr. 13). Sie ist insofern von Bedeutung, als sie der erste barocke Zentralbau in Prag ist, der wesentliche Einflüsse römischer Architekturvorstellungen der Zeit aufweist. Der Architekt ist nicht bekannt. Als mögliche Urheber werden *Ottaviano Mascarino* und *Domenico Bossi* angenommen. Das äußerlich schlichte Bauwerk ist durch große dreigeteilte Rundbogenfenster gegliedert und über einem flachen Kuppeldach mit einer Laterne ausgestattet. Vor dem Portal der Kirche befindet sich ein gestaffelter Portikus mit einem schmiedeeisernen Gittertor (1715 von *F. M. Kanká*), das die beiden Zugänge der Welschen Kapelle und der anschließenden Clemenskirche verbindet. – Der *Innenraum* ist durch acht Doppelpilaster mit vergoldeten Kapitellen gegliedert und bildet einen Arkadenumgang mit 7 Kapellen; über diesen eine umlaufende Empore, die sich durch Rundbögen zum Innenraum öffnet. Die Gewölbe der Kapellen sind mit Marienbildern (1607) ausgemalt, die Kuppel mit dem Fresko ›Himmelfahrt Mariens‹ eines unbekannten Künstlers aus dem Jahre 1773 (vor einigen Jahren restauriert).

St.-Clemens-Kirche **Nr. 21**

Lage: Karlova ulice (Karlsgasse), rechts (östlich) an die Welsche Kapelle anschließend.

Eine erste romanische Kirche, seit Anfang des 13. Jh. im Besitz der Dominikaner, ging 1556 an die Jesuiten über, die an ihrer Stelle 1711/15 durch *F. M. Kanká* den heutigen barocken Saalbau errichten ließen. – Der Innenraum ist durch vorspringende Wandpfeiler deutlich in vier Zonen abgegrenzt: Vorraum, 2 Joche des Langhauses und Chor. Durch ihre einheitliche barocke Ausgestaltung und Ausstattung zählt die Kirche zu einem der bedeutendsten Zeugnisse dieser Kunstepoche in Prag. Den Höhepunkt bilden die in den Nischen der Seitenpfeiler aufgestellten Sandsteinfiguren der 4 Evangelisten und 4 Kirchenväter von *M. B. Braun*, der mit diesen Plastiken sein bedeutendstes Werk hinterließ. Er schuf auch die übrige plastische Ausschmückung der Kirche, z.B. die vergoldeten Schnitzereien an den Altären. Im Chor ein großes perspektivisches Illusionsgemälde (als Hochaltar) von *Josef Kramolin.* Das Altarbild des ›Hl. Leonhard‹ stammt von *Peter Brandl,* die ›Szenen aus dem Leben des hl. Clemens‹ in der Deckenwölbung von *Johann Hiebl.* Die letzte Restaurierung des Innenraums wurde im April 1983 abgeschlossen.

22 Palais Clam-Gallas

Lage: Husova ulice (Husgasse).

Johann Wenzel Graf von Gallas, Landmarschall von Böhmen und seit 1714 Vizekönig von Neapel, ließ bei relativ ungünstigen Platzverhältnissen in der engen Husgasse an der Stelle mehrerer ehem. Bürgerhäuser und einer Pfarrei nach den Entwürfen des Wiener Architekten *Johann B. Fischer von Erlach* einen der bemerkenswertesten und kunsthistorisch bedeutendsten Barockpaläste Prags errichten. 1713 begann *Domenico Carnevale* mit der Ausführung des dreigeschossigen Palais, das in einen Mitteltrakt von 9 Achsen und 2 Eckbauten mit je einem prächtigen Portal gegliedert ist. Das 3. Geschoß hebt sich gegenüber den beiden unteren durch höhere Fenster und deren kunstvolle Bekrönungen ab. Von Wellengiebeln umrahmte Medaillons im Wechsel mit in Segmentgiebel eingerahmten Dreiecken sind hier die belebenden Elemente der sonst eher zurückhaltenden Fassade. In gleicher Höhe wie die Eckbauten endet über den drei mittleren Achsen ein klassischer Dreiecksgiebel. Auf der Balustrade der abschließenden Attika waren ursprünglich über das ganze Gebäude 13 Statuen antiker Götter verteilt, die Ende des 19. Jh. teilweise entfernt wurden und heute in der Nationalgalerie zu sehen sind. Die kraftvollen Portalplastiken, Giganten, die einen mit Vasen, Putten und Wappen verzierten Balkon tragen, verfehlen nicht ihre Wirkung; an den Sockeln zu Füßen der Giganten Reliefs mit den ›Taten des Herkules‹. Schöpfer des plastischen Schmucks, der wohl die herausragendste Komponente des Palais darstellt, war *Matthias B. Braun.* Das *Treppenhaus,* das als das prunkvollste des Prager Barock gilt, ist mit einem kunstvollen Sandsteingeländer, dekorativen Vasen und Kandelabern, die von Putten gestützt werden, versehen. Das Dekkengemälde (›Triumph des Apollo‹) sowie die antiken Gottheiten an den Wänden und in den Gewölben des Treppenhauses stammen von *Carlo Carlone. Santini Bossi, Giovanni Fiumberti* und *Rochus Bolla* schufen die prächtigen Stukkaturen.

Das Palais Clam-Gallas beherbergt heute das *Stadtarchiv* von Prag mit einer ausgezeichneten Sammlung historischer Dokumente seit dem 14. Jh. Alte Stiche, Veduten, Karten, Pläne, Bekanntmachungen, Pla-

Palais Clam-Gallas

kate und Zeitungen sowie eine Bibliothek und Photothek bilden die wichtigsten und wertvollsten Quellen zur Geschichte der Stadt Prag.

Im Norden grenzt die Gartenmauer des Palais Clam-Gallas an den náměsti primátora dr. Václava Vacka (ehem. Marienplatz). In einer Nische der Mauer befindet sich ein *Brunnen* mit einer Mädchengestalt als Verkörperung der Moldau (*Václav Prachner*, 1812), einer der beliebtesten Statuen der Prager Bevölkerung. Gegenüber dem Brunnen das 1926/30 von *František Roith* errichtete *Gebäude der Städtischen Volksbücherei*, rechts davon das *Neue Rathaus*, 1908/11 im späten Jugendstil nach Entwürfen von *Osvald Polivka* erbaut und mit Plastiken von *Josef Marátka* auf dem Balkon, Statuen von *Ladislav Saloun* an den Ecken und Reliefs von *Stanislav Sucharda* ausgestattet. Links von der Volksbücherei das barocke Nordostportal des Clementinums.

23 **Altstädter Ring** *(Staromestské namesti)*

Mit Altstädter Rathaus (a), Hus-Denkmal (b), Teynkirche, (c), Teynschule (d) Teynhof (e), Palais Kinsky (f), St.-Niklas-Kirche (g), Haus zur Minute (h), Handelsministerium (i), Eckhaus zur Glocke (j), Südseite des Rings (k) und Kleinem Ring (l).

Geschichte: Auf dem Terrain des Altstädter Rings, dem Zentrum der Prager Altstadt, ließen sich jüngsten archäologischen Forschungen zufolge wahrscheinlich im 10. Jh. die ersten Siedler nieder. Für das 11. Jh. wird hier bereits ein Markt und ein Hof, der *Teyn*, für auswärtige Kaufleute angenommen. Im 11. und 12. Jh. wurde das ursprünglich tiefer liegende Gebiet von schweren Überschwemmungen der Moldau heimgesucht, die erhebliche Schäden verursachten, so daß die Bürger schließlich den gesamten Bereich des Altstädter Rings aufschütteten und die heutigen Gebäude auf den Ruinen der ursprünglich romanischen Bebauung errichteten (Reste in den Kellern der Häuser rund um den Platz). Seit Ende des 12. Jh. sind auf dem Altstädter Ring die ersten Gemeinwesen belegt. So ist aus dieser Zeit u. a. noch eine *Rechtsordnung deutscher Kaufleute* erhalten. 1232/34 vereinigten sich die unterschiedlichsten Ansiedlungen um den Platz zu einem städtischen Gemeinwesen. Seit dieser Einigung ist der Altstädter Ring nach dem Hradschin der historisch bedeutendste Ort in Prag, an dem sich immer wieder Ereignisse von erheblicher politischer und gesellschaftlicher Tragweite ereignet haben, an dem die Prager Bevölkerung aber auch große Freudenfeste feierte. Der Platz war über Jahrhunderte eine Station auf dem traditionellen Krönungsweg vom Wyschehrad zum Hradschin. Einer der radikalsten Verfechter der hussitischen Lehre, der Prediger *Jan Želivský*, wurde hier 1422 hingerichtet; 1437 folgten ihm der letzte Hauptmann der Hussiten und seine Kampfgefährten. Im Rathaus wurde 1458 *Georg von Podiebrad* zum König in Böhmen gewählt. 1621 fand die Hinrichtung von 27 tschechischen und deutschen Anführern des

Altstädter Ring: Südseite

protestantischen Ständeaufstandes gegen die Herrschaft der Habsburger statt. Nach dem Zusammenbruch der Habsburger Monarchie kam es im Oktober 1918 zu Demonstrationen der Prager Bevölkerung für einen souveränen Staat. Mit großem Jubel begrüßten hier die Menschen Ende des 2. Weltkriegs die Truppen der Sowjetunion als Befreier von den Nationalsozialisten. Im Februar 1968 hielt *Klement Gottwald* vom Balkon des Palais Kinsky seinen Appell zum Aufbau des Sozialismus. Unabhängig von Geschichte und Politik ist der Altstädter Ring einer der beliebtesten Rastplätze der Altstadt.

Altstädter Rathaus (a) **Nr. 23**

König *Johann von Luxemburg* bewilligte der Prager Altstadt 1338 die Einrichtung eines Rathauses. Daraufhin kaufte der Rat der Altstadt zwei Häuser am Altstädter Ring, ließ sie umbauen und dazu einen Turm mit einer der Jungfrau Maria geweihten Kapelle errichten, die 1364 fertiggestellt wurde. Auch die erste astronomische Uhr stammt bereits aus dieser Zeit. Nach dem Erwerb von zwei weiteren Häusern veranlaßte der Rat erneut einen Umbau, der im spätgotischen Stil erfolgte und 1470 abgeschlossen wurde. Das spätgotische Portal mit Blumenornamenten an der Südseite des Rathauses sowie daneben das Doppelfenster im gleichen Stil, das mit einem plastisch gestalteten Wappen verziert ist, entstanden um 1475. Als Schöpfer wird der Steinmetz *Matthias Rejsek* angenommen. Die geschnitzte frühbarocke Tür ist für das Jahr 1652 belegt. Erst im Laufe der folgenden Jahrhunderte erhielt die aus dem Turm und vier Häusern bestehende Südfassade des Rathauses ihr heutiges Aussehen. Das Ge-

Altstädter Ring: Orientierungsplan

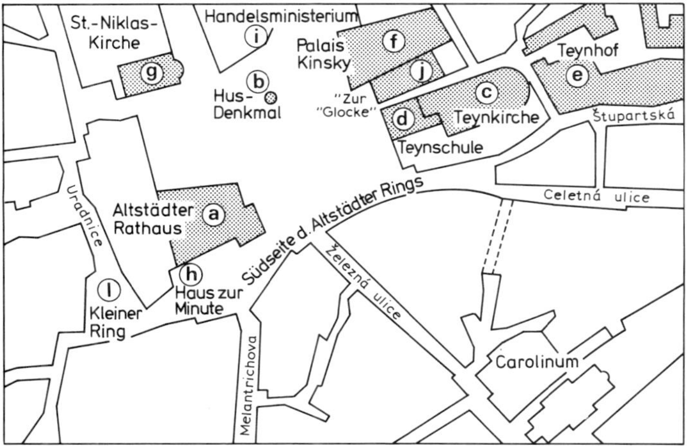

bäude links neben dem Hauptportal wurde 1520/28 mit Renaissance-Fenstern ausgestattet. Den besonderen Akzent verleiht ihm jedoch ein durch feine Pilaster gegliedertes dreiteiliges Fenster über einem verkröpften Gesims mit dem Wappen der Prager Altstadt als krönendem Abschluß. Das folgende Haus erhielt 1879/80 durch *Antonin Baum* seine heutige Neorenaissance-Fassade. Die Arkadenlauben mit gotischen Gewölben im Erdgeschoß sind erst 1938 durch *Pavel Janák* freigelegt und verglast worden. Das letzte Gebäude, das ›Haus zum Hahn‹, mit einer Fassade im Empirestil (Anfang 19. Jh.), hat im Keller noch einen romanischen Raum aus dem 12. Jh.
Das *Hauptportal* auf der Südseite des Rathauses führt in eine spätgotische *Vorhalle*, die mit Mosaiken, ›Prag und die Huldigung der slawischen Völker‹, ›Libussa, die sagenhafte Gründerin Prags, prophezeiht den Ruhm der Stadt‹ (1937 nach Vorlagen von *Mikoláš Aleš* erneuert), und den Wappen von Böhmen und der Prager Altstadt geschmückt ist. – Die alte *Ratsstube* ist ebenfalls ein spätgotischer Raum mit einer bemerkenswerten Vertäfelung und Balkendecke. Über dem Hauptportal befindet sich das von *Ferdinand II.* 1649 verliehene Wappen der Prager Altstadt und über dem Seiteneingang ein älteres Wappen der Altstadt, das noch nicht die später in vielen Auseinandersetzungen zum Symbol gewordene ›gepanzerte Faust‹ enthält. Ferner befinden sich in dem Raum eine Marienstatue aus dem 16. Jh., die Plastiken ›Johannes d. T.‹, ›Hl. Wenzel‹, ›Hl. Ludmila‹ sowie 42 Prager Handwerksembleme und Fahnen aus dem Dreißigjährigen Krieg. – Die alte *Gemeindestube* ist mit plastisch ausgeprägten Portalen der Spätgotik und einer sehenswerten Decke ausgestattet. – Den neuen *Sitzungssaal* von 1879 ziert ein altes Portal aus wertvollem Rotmarmor, das ursprünglich zum Zollhaus der Altstadt auf der Karlsbrücke gehörte. Die beiden historischen Gemälde stammen von *Václav Brožik:* ›Jan Hus vor dem Konzil in Konstanz‹ und ›Die Wahl Georg von Podiebrads zum König von Böhmen‹.

Die Erkerkapelle des Altstädter Rathauses: Oberhalb der astronomischen Uhr befindet sich die kleine, 1381 der Jungfrau Maria geweihte Erkerkapelle. Sie hat einen achteckigen Grundriß und wird nur von einem Pfeiler getragen. Trotz ihrer geringen Ausmaße ist sie ein wahres Kleinod der Prager Gotik. Die 5 nach außen gestellten Seiten des Erkers werden von feinen Ziergiebeln zusammengefaßt, die anschließenden Bogenzwickel der Fenster sind mit Maßwerk geschmückt. Die Plastiken (Mitte 19. Jh.) von *Josef Max* sind von kleinen Baldachinen in Gestalt einer Krone überdacht. Die freien Wandflächen zieren plastische Wappen. Die kurz vor Ende des 2. Weltkriegs schwer beschädigte Kapelle ist inzwischen wieder sorgfältig restauriert worden und dient als Gedenkstätte für die Gefallenen der

Erkerkapelle am Altstädter Rathaus

Astronomische Uhr am Altstädter Rathaus

beiden Weltkriege. Unterhalb des Erkers erinnert eine Bronzeplatte an den Hussitenführer *Jan Želivský*, der 1422 im Rathaus enthauptet wurde. Die Platte schuf *K. Lidicky* 1960. Auf einer Bronzetafel (1911) sind die Namen der 27 tschechischen und deutschen Anführer der protestantischen Stände eingelassen, die nach ihrem mißglückten Aufstand gegen die Habsburgerherrschaft 1621 auf dem Altstädter Ring hingerichtet wurden.

Die astronomische Uhr des Altstädter Rathauses: Die erste urkundliche Erwähnung einer astronomischen Uhr ist für das Jahr 1410 belegt. Danach ist ein erstes Uhrwerk bereits während der Errichtung des Rathausturmes und der Erkerkapelle in der 2. Hälfte des 14. Jh. von *Nikolaus von Kaaden* konstruiert worden. Auch der aus dichtem Knorpelwerk gearbeitete Ring um das untere Kalenderblatt wird in die Zeit der Hochgotik um 1400 datiert. Ende des 15. Jh. erfolgte eine Erneuerung der Uhr durch den Astronomen *Magister Hanusch*; damals entstand auch das bemerkenswerte spätgotische Gehäuse, das die Uhr umrahmt. Die Figuren an den Pfeilern (1659) sowie die Apo-

stel (1864), die zu jeder Stunde an den kleinen Fenstern über der Uhr vorbeiziehen, fielen 1945 einem Brand zum Opfer und sind 1950 durch Neuschöpfungen von *Vojta Sucharda* ersetzt worden. Auch das 1865 in Öl auf Kupfer gemalte Kalenderblatt von *Josef Mánes*, das in der Mitte das Wappen der Altstadt zeigt, umgeben von den Tierkreiszeichen und allegorischen Darstellungen des Landlebens, ist eine Kopie von *Bohumil Čilas*. Das Original befindet sich im Museum der Hauptstadt Prag. Die Figuren an den oberen Pfeilern versinnbildlichen (von links) die Eitelkeit, den Geiz, den Tod und das Heidentum. Die beherrschende Gestalt unten stellt den Erzengel Michael dar.
Das untere Kalenderblatt ist in 365 Markierungen unterteilt. Es dreht sich jeweils um Mitternacht um einen Teilstrich weiter und zeigt so den Ablauf eines Jahres an. Auf dem oberen Zifferblatt geben die äußeren arabischen Ziffern die alte böhmische Zeiteinteilung in 24 Stunden von Sonnenuntergang zu Sonnenuntergang an. Die römischen Zahlen zeigen in zweimal 12 Stunden die heute gebräuchliche Zeiteinteilung an. Der kleinere Ring mit den Tierkreiszeichen bezeichnet den jeweiligen Monat und gibt gleichzeitig mit seinem goldenen Zeiger den Stand des Mondes an. Die zwölf gebogenen Linien mit den schwarzen Ziffern weisen auf die jeweilige Stellung der Planeten zwischen Sonnenuntergang und Sonnenaufgang hin.

Jan Hus-Denkmal (b) **Nr. 23**

Das Denkmal wurde zum 500. Todestag von *Jan Hus* am 6. Juli 1915 in der Mitte des Altstädter Rings enthüllt. Hus vertrat außer reformato-

Jan Hus-Denkmal

Teynkirche am Altstädter Ring, vorne links Palais Kinsky

rischen auch nationaltschechische Interessen. Da er seine Lehre vor dem Konzil in Konstanz nicht widerrufen wollte, wurde er 1415 verbrannt (s. S. 14). Das tschechische Volk verehrt ihn seither als Nationalheiligen. – Dem Schöpfer des Monumentalwerkes, *Ladislav Šaloun*, gelang es, in bildhaften Momentaufnahmen Verfolgung, Untergang und Erneuerung der reformatorischen und nationaltschechischen Bewegung zu veranschaulichen.

Teynkirche *(Maria vor dem Teyn)* **(c)** **Nr. 23**

Lage: Altstädter Ring; Zugang durch die der Kirche vorgelagerte Teynschule und von der Celetná ulice.

Die beiden Türme der Teynkirche, die nach dem Veitsdom das bedeutendste sakrale Bauwerk Prags darstellt, setzen mit ihren charakteristischen Turmhauben einen der bekanntesten Akzente der Prager Altstadt. Mit dem Bau der Kirche wurde zwischen 1365 und 1370 von *Peter Schmelzer* und *Otto Scheuffler* begonnen, die zunächst die Stirnwand und die Seitenschiffe nach den Vorstellungen einer dreischiffigen gotischen Basilika fertigstellten. Seit 1390 führte die Bauhütte *Peter Parlers* die Arbeiten fort. Es entstanden die Wölbung des Mittelschiffs, der flache Abschluß des steilen Chores mit seinen hohen Fenstern und das Frontfenster. Schließlich erhielt die dreischiffige Halle ein provisorisches Dach. Auch das prunkvolle Baldachinportal an der Nordseite der Kirche, der Teyngasse zugewandt, stammt aus der Werkstatt *Peter Parlers* (zwischen 1400 und 1410). Es ist mit kunstvoll gestalteten Konsolen und kleinen Baldachinen zur Aufnahme von Statuen besetzt. Herausragend im Tympanon Szenen aus der Leidensgeschichte Christi mit einer besonders sorgfältigen Ausführung im Detail: zwischen ›Geißelung‹ (links) und ›Dornenkrönung‹ (rechts) die ›Kreuzigung‹; Randfiguren zwischen den einzelnen Szenen verbinden diese zu einer harmonisch geschlossenen Gesamtkomposition.
Durch die Hussitenbewegung wurden die Arbeiten an der Kirche rund 50 Jahre unterbrochen. Erst 1457 erhielt sie ihr endgültiges Dach. Unter *Georg von Podiebrad* wurden 1463 der Westgiebel auf der Seite zum Altstädter Ring und bis 1466 der Nordturm errichtet. Der Südturm entstand 40 Jahre später unter *Wladislav II.* Nach einem Brand im Jahre 1679 wurde das Mittelschiff mit einem barocken Gewölbe und die Kirche mit barocken Altären und Bildern ausgestattet. 1819 fiel der Nordturm einem Brand zum Opfer und ist 1834/35 wieder originalgetreu rekonstruiert worden. Die kleinen Erkertürmchen der Turmhauben, die der Kirche ihre unverkennbare Silhouette vermitteln, dienten nicht nur als künstlerische Schmuckelemente, sondern wurden ursprünglich auch als Beobachtungsposten genutzt.

Teynkirche: Grundriß

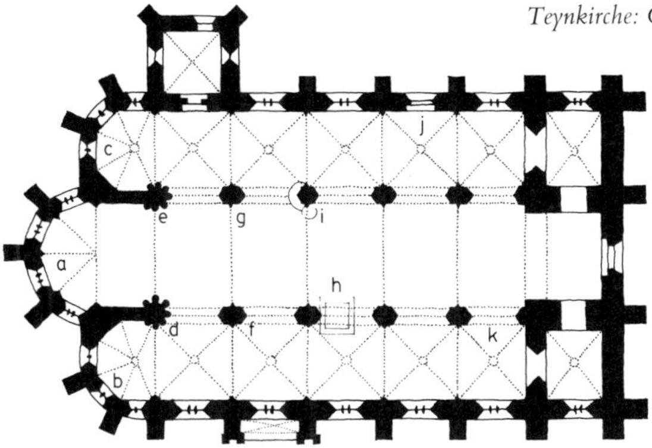

Das *Innere* wird besonders durch die überwiegend barocke Ausstattung geprägt. Daneben hat sich aber die ursprünglich gotische Innenarchitektur auch weiterhin ihre Eigenständigkeit bewahrt. Den *Hauptaltar* (a) von 1649 schmücken zwei Bilder von *Karel Škréta* ›Himmelfahrt Mariens‹ und ›Hl. Dreifaltigkeit‹. An den Wänden des Chors die Gemälde ›Heimsuchung Mariä‹ und ›Anbetung der Hirten‹ von *Girolamo Romanino* (Anfang 16. Jh.). Den Abschluß des linken Seitenschiffes bildet ein *Altar* (b) aus dem Jahre 1762 mit einer *Kreuzigungsgruppe* aus Holz, wahrscheinlich zwischen dem 15. und 16. Jh. entstanden, eine der bedeutendsten Arbeiten der böhmischen Holzschnittskunst aus der Zeit vor der hussitischen Bewegung, von der starke Impulse, auch über die Grenzen Böhmens, ausgingen. Der Chorabschluß des rechten Seitenschiffes (c) ist mit *Kopfkonsolen* aus der Werkstatt *Peter Parlers* und den *Porträtbüsten* eines nicht identifizierten Herrscherpaares ausgestattet, ferner mit einem *Altar* von 1860, zu dem *Bedřich Wachsmann* den Entwurf und *Antonin Lhota* die Gemälde schufen; links vom Altar die Marmorgruppe ›Cyrill und Method‹ von *Emanuel Max* (1847). Das gotische *Taufbecken* gegenüber entstand 1414. Es ist aus Zinn, mit ornamentalem Reliefschmuck verziert und einer krönenden Christusfigur geschmückt. Der *Verkündigungsaltar* (d), der *Barbaraaltar* (e) und der *Josefsaltar* (f) sind mit Gemälden von *K. Škréta* ausgestattet. Die Grabplatte mit der Relieffigur *Tycho Brahes* (g), des Hofastronomen *Rudolfs II.*, stammt vom Anfang des 17. Jh. Größte Aufmerksamkeit verdient der spätgotische *Baldachin* (h) aus dem 15. Jh. von *Mathias Rejsek* über einem neugotischen Grabaltar aus dem 19. Jh. von *Josef Hellich*; gegenüber der *Renaissance-Altar* ›Johannes d. T.‹ (i) mit einem Relief die ›Taufe Christi‹ eines unbekannten Künstlers mit den Initialien I. P. aus dem 16. Jh.

Grabstein Tycho Brahes (links) und Gotische Madonna (rechts)

Die gotische *Madonna mit Jesuskind* (j) ist um 1400 entstanden und wahrscheinlich von dem gleichen Künstler, der die Kreuzigungsgruppe (b) schuf. Der *Adalbertaltar* (k) enthält ein weiteres Gemälde von *K. Škréta.*

Die *ehem. Teynschule* (d) ist der Teynkirche zum Altstädter Ring vorgelagert, eine Pfarrschule, deren Ursprung bis ins 14. Jh. zurückreicht, im ausgehenden Mittelalter unter ihrem Rektor und Baumeister *Mathias Rejsek* (1445–1506) ihre höchste Anerkennung fand und bis zur Mitte des 19. Jh. hier bestand. Über romanischen Gewölben im Keller entstand im 13. Jh. ein Bau im frühgotischen Stil mit den typischen Laubengängen. In der 2. Hälfte des 16. Jh. erhielt das Gebäude dann seine heutigen charakteristischen Renaissance-Giebel, die das Bild der Fassade zum Altstädter Ring bestimmen.

Teynhof (e; Týnská – Ecke Štupartská ulice). Die Geschichte des *Teyn* (= ›umgrenzter Raum‹ oder ›Hof‹) reicht bis ins 11. Jh. zurück. Aus dieser Zeit sind hier bereits Werkstätten, eine Herberge, Spital und Kirche belegt. Er diente ausländischen Händlern als Unterkunft, Schutz und Lagerplatz für ihre Waren. Dafür hatten sie zunächst eine Gebühr zu entrichten. Schon im 14. Jh. wurde daraus ein fester Zoll mit der Bezeichnung ›Ungelt‹, die sich dann auch für den Hof einbürgerte, auf dem jetzt alle Waren, die von auswärtigen Kaufleuten in die Stadt eingeführt, gewogen und gelagert wurden, verzollt werden mußten. Nach Aufhebung der Zollpflicht ging das ursprüngliche Zollhaus in den Besitz des ehem. Zolleinnehmers über, der das Gebäude 1560 in ein

Renaissance-Palais mit einem Arkadenhof umgestalten ließ. Die Wände des langgestreckten Gebäudes wurden mit Malereien geschmückt, die biblische und mythologische Themen darstellen, die heute aber leider kaum noch erkennbar sind. Doch die ursprüngliche Anlage als langgestreckter, von Gebäuden begrenzter Hof mit zwei Toren ist noch heute erhalten. Zur Zeit wird erwogen, den Teynhof in dieser ursprünglichen Gestalt künftig als Hotel zu nutzen.

Palais Kinsky (f) **Nr. 23**

Das spätbarocke Palais entstand 1755/65 im Auftrag von *Johann Ernst Graf von Golz*. Der italienische Baumeister *Anselmo Lurago* errichtete das Gebäude nach den Plänen von *K. I. Dientzenhofer*, die dieser noch vier Jahre vor seinem Tod entworfen hatte. 1786 ging das Palais in den Besitz der *Fürsten Kinsky* über, die es bis 1945 verwalteten. Seit dem 19. Jh. beherbergte es das *Altstädter Deutsche Staatsgymnasium*, das 1893–1901 auch *Franz Kafka* besuchte, dessen Vater in dem Gebäude einen kleinen Laden führte. Heute befindet sich hier die *Graphische Sammlung der Nationalgalerie* mit einem Bestand von über 100 000 Blättern, Zeichnungen und Graphiken von Künstlern aus aller Welt. Den Schwerpunkt bildet natürlich die tschechische Graphik, u. a. von *Josef Mánes*, *Mikoláš Aleš* und *Václav Hollar*.
Das dreigeschossige Palais ist ein gelungenes Beispiel für den Übergang vom Barock zum Klassizismus. Die in 13 Achsen mit zwei dreiachsigen Seitenrisaliten über zwei Rundbogenportalen gegliederte Fassade weist eine klare elegante Formgebung und Leichtigkeit auf, die nicht mehr den ursprünglichen Barockvorstellungen entsprechen. Die mit reichen Rokokoornamenten und Stuckkartuschen verzierte Fassade gilt als eine der schönsten Prags. Die Portale werden von starken Zwillingssäulen flankiert, über denen sich über die ganze Breite von einem Pilaster zum anderen ein Balkon erstreckt. Über den durchgehenden Pilastern der Risalite erheben sich zwei große Dreiecksgiebel mit plastischem Schmuck und mythologischen Szenen im Tympanon. Den krönenden Abschluß bilden Statuen auf der Attika und den Giebeln (von *Ignaz Platzer*); sie verkörpern die vier Elemente.

St.-Niklas-Kirche (g) **Nr. 23**

Lage: Altstädter Ring – Ecke Pařížská (Pariser Straße).

Geschichte: An der Stelle der heutigen Barockkirche ließen deutsche Kaufleute in der Mitte des 13. Jh. die erste Kirche der Prager Altstadt errichten. Der frühgotische Bau, der seit 1272 urkundlich belegt ist, diente bis zu diesem Zeitpunkt auch für Versammlungen der Gemeindeverwaltung, bis diese die Genehmigung erhielt, ein eigenes Rathaus zu errichten. Im 14. Jh. erfolgte der Umbau in eine gotische Basilika ohne Chor. 1634 ging die Kirche in den Besitz der slawischen Benediktiner über, die 1727/30 nach den Plänen von *K. I. Dient-*

St.-Niklas-Kirche in der Altstadt

zenhofer und *F. M. Kanka* auch ein Kloster im Stil des Barock erbauen ließen, das 1785 von Kaiser *Joseph II.* wieder aufgehoben wurde, danach wiederholt den Eigentümer wechselte und im 19. Jh. abgerissen wurde. Dem Kloster folgte 1732/37 die Errichtung der heutigen Kirche nach einem Projekt von *K. I. Dientzenhofer*, das der Baumeister *Hans Fitz* ausführte. 1870–1914 diente das Gotteshaus der *russisch-orthodoxen Kirche* und ging dann in den Besitz der 1920 gegründeten *tschechoslowakischen Kirche* über, in deren Auftrag die jüngste Restaurierung von 1970–1975 erfolgte.

Die prunkvolle Barockanlage ist sowohl im Grundriß als auch in ihrer architektonischen Gestaltung durch eine komplizierte Konzeption gekennzeichnet. Den Grundriß bildet ein ungleichmäßiges Kreuz mit einem polygonalen Mittelraum, über dem sich eine mächtige Kuppel wölbt. Das auffälligste Merkmal der äußeren Gestaltung ist, daß die Hauptfassade von einer Längsseite gebildet wird. Diese ist vertikal durch den Portalbereich und die Kuppel in der Mitte und die sie flankierenden, etwas abgesetzten Türme deutlich in drei Bereiche unterteilt. Dagegen bilden das niedrige Sockelgeschoß und das Hauptgeschoß horizontal eine Einheit, von der sich Kuppel und Türme dominierend abheben. Auffällig ist auch die Gestaltung der Fenster in unterschiedlicher Form und Größe. Den

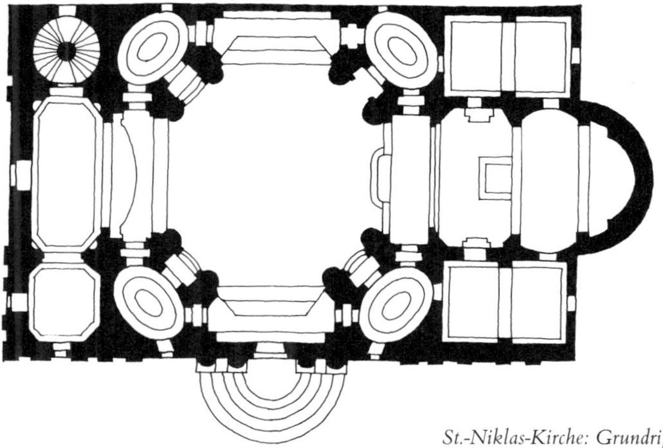

St.-Niklas-Kirche: Grundriß

Rundbogenfenstern im unteren Teil folgen im Hauptgeschoß längliche Fenster mit flachen Segmentbogen, über diesen kleine ovale Fenster und in der Turmzone wieder hohe Rundbogenfenster. Den stärksten Eindruck vermittelt jedoch die Überhöhung des Portals im Hauptgeschoß. Zu beiden Seiten des Portals mächtige, von Segmentgiebeln überdachte Doppelsäulen, dazwischen, etwas erhöht, ein geschweifter, von einem Kreuz und Strahlenkranz bekrönter Dreiecksgiebel.

Der reiche Figurenschmuck von *Anton Braun* wirkt nicht mehr so bewegt, wie für das Barock eigentlich typisch: Allegorien des Alten und des Neuen Testaments zwischen den Säulen des Mittelrisalits und die hll. Nikolaus und Prokop an beiden Außenseiten, in Höhe der Kuppel die hll. Benedikt und Scholastika sowie an den Turmecken die Landespatrone Böhmens.

Das *Innere* wird von dem großen überkuppelten Mittelraum beherrscht, der von Chor und Kapellen umgeben ist. Die Kuppel ist geschmückt mit den überlebensgroßen Heiligenstatuen von *Anton Braun* und den Fresken von *Peter Asam* (Szenen aus der Legende des hl. Nikolaus und dem Leben des hl. Benedikt). Die vier Evangelisten, ursprünglich auch von *Asam*, sind Neuschöpfungen aus dem Jahre 1914. Die reiche und dekorative Ausschmückung mit Stukkaturen besorgte *Bernardo Spinetti*.

Den prächtigen *Metall-Lüster* in der Mitte des Raumes mit Schmuckelementen aus glitzerndem Kristallglas hat die russisch-orthodoxe Kirche im 19. Jh. von der böhmischen Glashütte in Harrachov anfertigen und anbringen lassen.

An dem Eckhaus, das sich direkt links an die Niklaskirche anschließt, erinnert eine moderne Plastik an *Franz Kafka*, der hier am 3. Juli 1883 geboren wurde. Von dem eigentlichen Geburtshaus ist jedoch nur noch das Portal erhalten.
Das *Haus zur Minute* (h) ist ein gotischer Bau mit einer Renaissance-Fassade vom Anfang des 17. Jh. und einem hohen Lünettensims sowie auffälligen Sgraffitomalereien mit biblischen und antiken Themen. – Der Löwe auf dem Eckpfeiler war das Hauszeichen einer *ehem. Apotheke* in dem Gebäude, das den Zugang vom Altstädter Ring zum *Kleinen Ring* (Malé náměsti; l) bildet, einem kleinen, idyllischen Platz, der durch den Gebäudekomplex des Rathauses vom Altstädter Ring getrennt ist, er wird umgeben von sehenswerten, mit farbigen Sgraffitomalereien und Schmuckelementen der verschiedensten Stilrichtungen verzierten Bürgerhäusern und hat einen kleinen Renaissance-Brunnen in der Mitte.
Das Gebäude des *Handelsministeriums der ČSSR* (i) wurde um die Jahrhundertwende von *Osvald Polivka* errichtet und ist reich mit plastischem Schmuck ausgestattet; rechts daneben das *ehem. Kloster der Paulaner* (i), 1689 von *Pavel Ignaz Bayer* erbaut. Die Standbilder der Heiligen auf der Dachbalustrade und dem Giebel schuf *M. W. Jäckel* 1696. – Das *Eckhaus Zur Glocke* (j) zählt zu den bedeutendsten Profanbauten des Mittelalters in Böhmen. Das in seinem Ursprung gotische Gebäude entstand um 1340. Die Fassade ist mit den Figuren böhmischer Herrscher und das Innere mit Wandmalereien geschmückt.
Auf der *Südseite des Altstädter Rings* (k) reichen die Häuser in ihrem Kern bis zu den Anfängen der Gotik zurück. Die ursprünglichen, frühgotischen Erdgeschosse aus dem 13. Jh. sind meistens noch als Kellerräume erhalten. Die heutige Fassadengestaltung stammt aus dem 18. Jh. – Bemerkenswert ist das *Eckhaus zum Ochsen* an der Melantrichova mit seinem frühbarocken Giebel und der ›Josef-Statue‹ von *Lazarus Widmann* (um 1760). Es folgen das *ehem. Kloster der Serviten* von *Fr. I. Prée* (1740) und das *Haus zum Goldenen Engel* mit Gastwirtschaft; die Statue des hl. Florian an der Ecke stammt von *I. F. Platzer.*

24 **Künstlerhaus** *(Rudolfinum)* **und Kunstgewerbemuseum**

Lage: Altstadt, Namesti Krasnoarmejcu, an der Mánesbrücke. – *Geöffnet:* tgl. außer Mo 10.00–17.00 Uhr.

Das Haus der Künste wurde 1876–1884 zur Pflege der Musik und der bildenden Künste errichtet und erhielt zu Ehren von Kronprinz *Rudolf von Österreich* den Namen ›Rudolfinum‹. Das von den Architekten *Josef Zitek* und *Josef Schulz* entworfene Bauwerk ist neben dem Nationaltheater das bedeutendste Baudenkmal der Neorenaissance

Künstlerhaus (Rudolfinum)

in Prag. Zwischenzeitlich diente es als Museum und Sitz der tschechischen Nationalversammlung. Nach seiner Restaurierung noch während des 2. Weltkriegs durch *Anton Engel* hat es seit 1946 wieder seine ursprüngliche Funktion erhalten und ist der zentrale Ort des Prager Musiklebens. Im Innern bildet ein großartiger Säulensaal den dominierenden Mittelpunkt, der den Namen eines der größten tschechischen Komponisten trägt: *Dvořák-Saal.*
Die Gestalten vor dem Rudolfinum von *A. Wagner* sind Allegorien der Kunst und Musik. Die Standbilder auf der Attika des Gebäudes stellen bekannte tschechische Komponisten und bildende Künstler dar.

Kunstgewerbemuseum **Nr. 24**

Lage: Altstadt, ulice 17. listopadu, gegenüber der Seitenfront des Rudolfinums.

Das Gebäude entstand 1897–1901 nach Entwürfen des Architekten *Josef Schulz.* Die Stirnseite ist mit Reliefs geschmückt, die die verschiedenen Handwerke symbolisieren. Das Museum enthält eine öffentliche Fachbibliothek von rund 100 000 Bänden und Zeitschriften zur Geschichte der Kunst und des Kunsthandwerks in aller Welt. Die ausgestellten Exponate vermitteln einen Überblick über Entstehung und Entwicklung des Kunstgewerbes vom Altertum bis zur Gegenwart. Einen herausragenden Schwerpunkt bildet die *Glassammlung,* die als die größte der Welt gilt.

25 Staatliches Jüdisches Museum in Prag

Mit Altneusynagoge (a), Hoher Synagoge und Rathaus (b), Ehem. Zeremonienhalle (c), Klausensynagoge (d), Jüdischem Friedhof (e), Pinkassynagoge (f), Maiselsynagoge (g) und Spanischer Synagoge (h).

Geöffnet: tgl. außer Sa 9.00–16.30 Uhr.

Geschichte: Die erste schriftliche Erwähnung der Stadt Prag geht auf den jüdischen Kaufmann *Ibrahim Ibn Jakub* zurück, der um 965 die Stadt besucht hatte. Zu dieser Zeit war Prag bereits eine Stadt mit weitreichenden Handelsbeziehungen, und es kann davon ausgegangen werden, daß ein wesentlicher Teil des Handels von Juden betrieben wurde, die sich in der Stadt niedergelassen hatten und denen es verboten war, anderen Tätigkeiten nachzugehen. Dennoch prägten und gestalteten die Juden über Jahrhunderte hinweg nachhaltig das Leben und das Gesicht von Prag. Seit dem 12. Jh. waren sie gezwungen, in einer von einer Mauer mit sieben Toren umgebenen Siedlung zu leben; das 3. Laterankonzil von 1179 hatte nämlich verfügt, daß die Juden von den Wohnstätten der Christen durch eine Mauer oder einen Graben getrennt werden sollten. Trotz der beengten Verhältnisse, bei ständig zunehmender Bevölkerung auf gleichbleibendem Raum, gingen von diesem Ghetto immer wieder starke geistige Impulse aus. So entstand hier 1512 die *erste Druckerei* in Mitteleuropa, die Schriften in hebräischer Sprache druckte. Auch die Wissenschaft erlangte hier in dieser Zeit internationales Niveau. Das Leben konzentrierte sich um die Synagogen, von denen die *Altneusynagoge* aus dem 13. Jh. die älteste Europas ist. Unter *Rudolf II.* stiftete der damalige Bürgermeister der Judenstadt, *Mordechaj Markus Maisel*, das 1586 erbaute *Rathaus* und ließ die nach ihm benannte *Maiselsynagoge* errichten. Wiederholte Pogrome, Plünderungen und Brände 1378 und 1754 sowie mehrere gewaltsame Vertreibungen, u. a. durch das Dekret *Maria Theresias* vom 18. Dez. 1744, führten immer wieder zu Rückschlägen in der Entwicklung der jüdischen Gemeinde. Erst unter Kaiser *Joseph II.* kam es zu einigen Erleichterungen; die trennenden Mauern wurden abgebrochen, das Ghetto bekam den Namen ›Josephstadt‹. Doch das Bürgerrecht erhielten die Juden erst nach der Revolution von 1848. Dadurch änderten sich aber noch keineswegs die inzwischen fast unerträglich gewordenen beengten und unhygienischen Verhältnisse, sondern eher die Bevölkerungsstruktur, da viele Juden in andere Stadtteile zogen und in den veralteten Häusern, die noch nicht der Kanalisation angeschlossen waren, nur noch Menschen aus den ärmsten Bevölkerungsschichten lebten. Ab 1893 wurden dann bis auf die Synagogen und das Rathaus fast alle Gebäude abgerissen und durch Neubauten mit dem Komfort der Zeit ersetzt, die aber künstlerisch meist bedeutungslos sind.

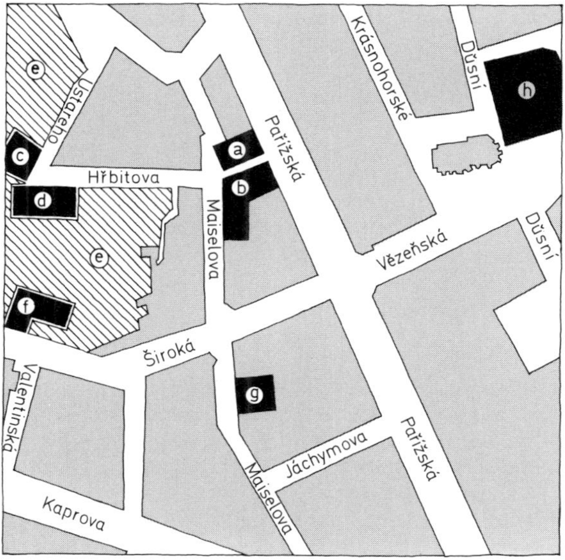

Staatliches Jüdisches Museum: Orientierungsplan

Nach dem Willen der Nationalsozialisten, unter deren Regime 90% der jüdischen Bevölkerung Prags ums Leben kamen, sollte hier ein ›Museum der Juden als einer ausgestorbenen Rasse‹ entstehen. Sie ließen aus allen Teilen Europas jüdische Kultur- und Kunstgegenstände zusammentragen und legten damit unfreiwillig den Grundstein für eine unvergleichliche *Dokumentation der Kultur und Religion des jüdischen Volkes.* Im Jahre 1950 wurde auf Beschluß der tschechoslowakischen Regierung das ›Staatliche Jüdische Museum in Prag‹ gegründet. Der Staat hat sich zur Aufgabe gesetzt, die Kulturgüter des jüdischen Volkes in Pflege zu nehmen, sie einer breiten Öffentlichkeit zugänglich zu machen und sie für die Forschung auf historischem, kulturellem und wissenschaftlichem Gebiet bereitzustellen. Einen besonderen Schwerpunkt bildet dabei die *Erforschung der Geschichte der ehemaligen Judenstadt in Prag.*

Altneusynagoge (a) **Nr. 25**

Lage: Maiselova ulice – Ecke Pařížská.

Die im frühgotischen Stil um 1270 errichtete Synagoge ist die älteste ihrer Art in Prag und darüberhinaus in ganz Europa. Sie hieß ursprünglich ›Neue‹ oder auch ›Große‹ Synagoge. Nach dem Bau einer weiteren Synagoge in der jüdischen Siedlung erhielt sie dann im 16. Jh. den Namen ›Altneusynagoge‹. – Der zweischiffige Bau im Stil der Zisterziensergotik mit steilem Satteldach ist mit einem Rippengewölbe ausgestattet, das auf zwei Pfeilern ruht. Das schöne Portal schmückt ein Lebensbaumrelief. Der markante Backsteingiebel entstand Ende des 15. Jh., die Galerie der Frauen – den Hauptraum durften nur Männer betreten – erst im 17. Jh. Im Innenraum befindet sich in der Mitte die von einem schmiedeeisernen Gitter umgebene *Kanzel* (der Almemor) und an der Ostwand der *Thoraschrein* (Thora = Pergamentrolle mit dem Text der fünf Bücher Mose).

Hohe Synagoge und Jüdisches Rathaus (b) **Nr. 25**

Lage: Maiselova ulice, gegenüber der Altneusynagoge.

Das Gebäude des Jüdischen Rathauses, in dem sich im ersten Geschoß die Hohe Synagoge befindet (daher auch der Name ›Hohe‹) wurde 1568 im Stil der Renaissance von *Pankraz Roder* errichtet. Ein 1763 erfolgter Umbau weist erste Barockelemente auf. Gleichzeitig erhielt das Rathaus sein charakteristisches Türmchen mit Normaluhr sowie eine Uhr mit hebräischem Zifferblatt am Giebel zur Altneusynagoge. – Im 19. Jh. erhielt die Hohe Synagoge einen eigenen vom Rathaus unabhängigen Eingang. Der Innenraum der Hohen Synagoge mit einem eindrucksvollen Kreuzgewölbe steht heute für Wechselausstellungen zur Verfügung.

Ehem. Zeremonienhalle (c) **Nr. 25**

Lage: U starého hřbitova, Eingang am Jüdischen Friedhof.

Das idyllische Gebäude der ehem. Zeremonienhalle im pseudoromanischen Stil mit einem kleinen gedrungenen Turm wurde 1906 an der Stelle eines Vorgängerbaus aus dem 16. Jh. errichtet. In dem Gebäude befindet sich heute eine ständige Ausstellung, die eine einzigartige Sammlung von Kinderzeichnungen, Schulheften, Tagebüchern und Partituren, die im Konzentrationslager Theresienstadt (Terezin) entstanden sind, enthält.

Klausensynagoge (d) **Nr. 25**

Lage: U starého hřbitova, links von der Zeremonienhalle.

An der Stelle von drei kleineren Gebäuden (Klausen), die als Gebets-, Schul- und Krankenhaus dienten, entstand 1694 ein barocker Saalbau, der 1884 seine heutige äußere Gestalt erhielt. In der Klausensynagoge ist eine ständige Ausstellung über die Entwicklung der Wissenschaft im Prager Ghetto bis zu seiner Sanierung im 19. Jh. geplant.

Altneusynagoge

Ehem. Zeremonienhalle (links) und Jüdischer Friedhof (rechts)

Jüdischer Friedhof (e) **Nr. 25**

Lage: U starého hřbitova.

Der jüdische Friedhof wurde in der 1. Hälfte des 15. Jh. anstelle der früheren Begräbnisstätten auf der Kleinseite und der heutigen Neustadt angelegt. Er ist neben der Altneusynagoge die bedeutendste historische Sehenswürdigkeit des ehem. Ghettos. Die rund 12000 Grabmäler, zumeist Stelen, unter denen sich aber eine weit größere Anzahl von Bestatteten befindet, sind inzwischen als eine wichtige Geschichtsquelle erkannt und deren Inschriften wissenschaftlich ausgewertet worden. Sie enthalten den Namen des Verstorbenen und den Namen des Vaters sowie bei Frauen den Namen des Ehemannes, außerdem das Datum des Todes und der Bestattung sowie, meist in poetischer Sprache oder in Versen, eine Aufzählung der guten Taten der Verstorbenen. Die oft sehr kunstvollen Reliefs weisen symbolisch auf den Namen (Bär, Löwe, Gans) oder den Beruf und Stand des Verstorbenen hin.

Das älteste Monument des Friedhofs ist der Grabstein des Dichters und Rabbi *Avigdor Karo* mit der Jahreszahl 1439. Am bekanntesten ist das Grabmal des berühmten *Rabbi Löw* (1520–1609), des Gründers der Rabbi-Schule im ehem. Ghetto und angeblichen Schöpfers des

sagenhaften ›Golem‹. Das Grabmal, eine Tumba im Stil der Spätrenaissance, ist mit einem Löwen und zwei von Arkaden umrahmten Schrifttafeln geschmückt.
Der beengte Raum des Friedhofs erforderte es, daß auf bereits bestehende Gräber immer wieder neues Erdreich für weitere Bestattungen aufgeschüttet werden mußte, so daß im Laufe der Zeit mehrere Grabschichten übereinander entstanden. Daraus entwickelte sich schließlich das für den Jüdischen Friedhof charakteristische hügelige Areal.

Pinkassynagoge (f) **Nr. 25**

Lage: U starého hřbitova, auf dem Jüdischen Friedhof.

Archäologische Ausgrabungen haben ergeben, daß die älteste Bausubstanz an dieser Stelle bis ins 11. Jh. zurückreicht und sich hier ursprünglich ein *Ritualbad* befand. Umbauten in den Jahren 1535 und 1625 weisen Elemente der Spätgotik und Renaissance auf; 1625 fügte der Baumeister *Juda Goldschmied de Herz* dem Gebäude auf der Südseite auch einen Frauentrakt an. Neben der Altneusynagoge ist die Pinkassynagoge die älteste und künstlerisch bedeutendste Synagoge in Prag. Zwischen 1950 und 1958 wurde sie zu einer *Gedenkstätte und Mahnmal für die Opfer des Nationalsozialismus von 1940–1945* umgestaltet. An den Wänden stehen die Namen von 77 297 Juden und die Namen der Konzentrationslager, in denen sie auf grausame Weise durch die Nationalsozialisten ums Leben kamen. Das Gebäude wird zur Zeit der Drucklegung dieses Cicerone restauriert.

Maiselsynagoge (g) **Nr. 25**

Lage: Maiselova ulice.

In dem 1590/92 von *Josef Wahl* und *Juda Goldschmied* errichteten, von 20 Säulen getragenen Saalbau gründete *Mordechai Maisel* eine Familiensynagoge, die seinen Namen erhielt. Das Gebäude fiel 1689 einem Brand zum Opfer und wurde danach im Barockstil wieder aufgebaut. Nach einem Entwurf von *Alfred Grotte* erfolgte 1893–1905 eine Umgestaltung in neogotischen Formen.
Heute ist in der Synagoge eine ständige *Sammlung jüdischer Kult- und Kunstgegenstände* zu sehen. Schwerpunkt bilden die Metallarbeiten, besonders Kronen, Schilde, Leuchter sowie Schalen, Becher und Pokale aus Silber, die die hohe Kunst der böhmischen Silberschmiedearbeit repräsentieren. Darüberhinaus werden Arbeiten aus Wien, Nürnberg und Augsburg gezeigt.

Spanische Synagoge (h) **Nr. 25**

Lage: Dušni 12.

An der Stelle der ehem. Alten Schule, der ursprünglich ältesten Synagoge Prags, errichteten Juden, die vor der Inquisition in Spanien fliehen mußten, die erste spanische Synagoge. Mitte des 19. Jh. baute *V. I. Ullmann* die heutige Synagoge im maurischen Stil mit Rundbögen, Zinnen und Kuppeln. Der Innenraum wurde der Alhambra in Granada nachempfunden und 1882/83 mit orientalischen Stukkaturen geschmückt.
Die ständige *Ausstellung ritueller Textilien* soll demnächst in die Hohe Synagoge verlegt werden. Die Sammlung enthält u. a. über 6000 Thora-Mäntel, 2000 Thora-Vorhänge, Rabbinermäntel, Brautkleider und Hochzeitsgürtel.

Heiliggeistkirche **Nr. 25**

Gegenüber der Spanischen Synagoge liegt die einschiffige gotische Heiliggeistkirche aus dem Jahre 1346, die nach einem Brand 1689 teilweise barockisiert wurde und ihre heutige Gestalt im 18. Jh. erhielt. Im Innern eine bemerkenswerte *Pietà* aus dem 14. Jh.; vor der Kirche das Standbild des hl. Johannes von Nepomuk von *F. M. Brokoff.*

▷
Ehem. Agneskloster: Grundriß

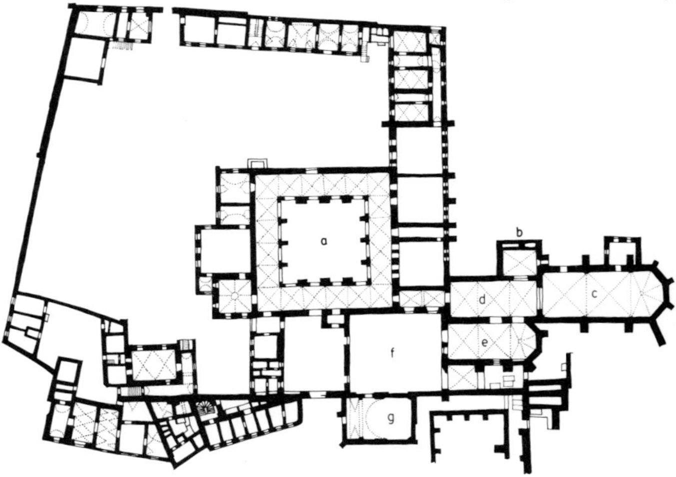

26 Ehem. Agneskloster

(Museum für tschechische Malerei und Kunstgewerbe des 19. Jh.)

Lage: Anezská ulice, Straßenbahn 3, 26, 29; Busse 133, 144, 156, 197. – *Geöffnet:* tgl. außer Mo 10.00–18.00 Uhr.

Der Gebäudekomplex des ehem. Agnesklosters zählt zu den historisch bedeutendsten Baudenkmälern Prags. Es handelt sich hier um die ersten gotischen Bauwerke in Böhmen. Das Areal des Klosters umfaßt Kreuzgang (a), Kapitelsaal (b), Maria-Magdalena-Kapelle (c), Salvatorkirche (d), Presbyterium (e), Schiff der Franziskanerkirche (f) und Barbarakapelle (g), außerdem mehrere Höfe sowie zahlreiche Wohn- und Wirtschaftsgebäude.

Agnes, die *Schwester Wenzels I.,* gründete zwischen 1231 und 1234 das *Kloster der Klarissinnen,* deren erste Äbtissin sie auch wurde. Sie folgte dem Beispiel der Ordensgründerin, der *hl. Klara* (1194–1253) von Assisi, was der erhaltene Briefwechsel zwischen den beiden Frauen bestätigt. Gleichzeitig erfolgte die Gründung eines *Männerklosters der Minoriten,* das dem Frauenkloster angeschlossen wurde. In mehreren Bauabschnitten entstanden daraufhin die zahlreichen Gebäude der beiden Klöster im Stil der burgundischen Zisterziensergotik: Zunächst 1231–1240 der Ostflügel des Frauenklosters und das anschließende Schiff der Franziskanerkirche, zwischen 1238 und 1250 der Chor der Franziskanerkirche und das Kloster der Minoriten. In den Jahren danach wurde das Frauenkloster vollendet und 1275–1280 die *Salvatorkirche* mit ihrem charakteristischen Dachreiter errichtet. Sie gilt als das bedeutendste Beispiel der frühen Gotik in Böhmen.

Der jüngsten Forschung zufolge diente sie wahrscheinlich als *Grablege der Przemysliden.* Als ein Indiz für diese Annahme werden die plastischen Darstellungen bekrönter Häupter an den Kapitellen des Portalbogens zwischen der Salvatorkirche und dem Kapitelsaal angesehen, die als Przemysliden-Herrscher gedeutet werden. Das vielfältig gegliederte Rippengewölbe des Innenraums der Salvatorkirche gilt als die vollkommenste Schöpfung der ›französichen‹ Gotik des 13. Jh. in Böhmen. Nach Fertigstellung der Salvatorkirche war noch zu Lebzeiten der sel. Agnes eine vollständige Klosteranlage entstanden, in der sie nach ihrem Tode 1282 beigesetzt wurde; lediglich der Kreuzgang ist erst 1330 errichtet worden. Ende des 14. Jh. folgte südlich der Franziskuskirche der Bau der kleinen Barbarakapelle, die um 1700 barock umgestaltet wurde.

Während der hussitischen Bewegung verließen die Ordensleute die Anlage, und das Minoritenkloster verfiel. 1556–1626 bewohnten die Dominikaner das Frauenkloster; dann kehrten die Klarissinnen zurück. Unter *Joseph II.* wurde das Kloster schließlich 1782 aufgeho-

Agneskloster: Kreuzgang

ben. Die Gebäude wurden als Unterkünfte für Arme und als Lagerhäuser genutzt. 1892 erfolgte die Gründung einer ›Gesellschaft zur Erneuerung des Agnesklosters‹, die sich in den folgenden Jahren mit Erfolg um die Wiederherstellung der Anlage bemühte. Nach gründlichen archäologischen Forschungen 1941/42 sowie Untersuchungen der technischen und künstlerischen Möglichkeiten 1953/55, begann 1958 das Institut für Denkmalspflege in Prag unter der Leitung von *Josef Hejzlar* mit der sorgfältigen Rekonstruktion der ehem. Klosteranlage, die 1963 von der Nationalgalerie in Prag übernommen wurde. Nach Wiederherstellung eines ersten Teils der Anlage eröffnete die Nationalgalerie in den Räumen des Klosters 1980 die ständige Ausstellung ›Tschechische Malerei und Kunstgewerbe des 19. Jh.‹

Museum für Tschechische Malerei und Kunstgewerbe des 19. Jh. Nr. 26

Erdgeschoß: Böhmisches Kunstgewerbe des 19. Jh.

In den Räumen 2–7 wird eine repräsentative Sammlung ausgezeichneter Exponate des böhmischen Kunsthandwerks aller im 19. Jh. in Europa entwickelten Stilmittel gezeigt. Empire, Biedermeier, Neorenaissance, Neobarock, tschechische Volkskunst und Jugendstil sind die Ausdrucksformen, die vielfach unmerklich und fließend ineinander übergehen – Ausdruck eines Jahrhunderts des Aufbruchs und der ständigen Erneuerung. Dies wird auch deutlich in den

Kunstgewerbemuseum: Orientierungsplan

Erdgeschoß: 2–7 Kunstgewerbe des 19. Jh. – 8–15 z. Z. in Rekonstruktion

Erzeugnissen des böhmischen Kunsthandwerks aus Glas, Keramik, Porzellan, Gold, Silber, Zinn, Gußeisen und Holz sowie der Möbel- und Textilindustrie. Den unangefochtenen Schwerpunkt bilden jedoch die auserlesenen Werke der *böhmischen Glaserzeugung*.

Erster Stock: Tschechische Malerei des 19. Jh.

Die am Übergang vom 18. und 19. Jh. entstandenen Gemälde sind eindrucksvolle Zeugnisse von der Suche nach neuen Ausdrucksmöglichkeiten in der böhmischen Malerei jener Zeit.
Raum 16: Im großen Saal des ehem. Klosterkonvents wird die Ausstellung mit Arbeiten der verschiedensten Stilrichtungen, vom Rokoko über den Klassizismus und der Romantik bis zu den herben Darstellungen eines nüchternen Realismus eröffnet. Einen Schwerpunkt bilden die zahlreichen Landschaftsbilder von *František Prochazká* (1747–1815), *Karel Postl* (1769–1818), *Antonin Mánes* (1784–1843), *August Piepenhagen* (1791–1868) und *Josef Navrátil* (1798–1865), der auch ausgezeichnete Stilleben gemalt hat.
Im Mittelpunkt des großen Saales steht das vielseitige Werk von *Josef Mánes*, der zentralen Gestalt der böhmischen Malerei des 19. Jh. In seinen Bildern und Zeichnungen entwickelte er ein breites Spektrum künstlerischer Ausdrucksmöglichkeiten. Seine Arbeiten zeigen Motive aus allen sozialen Bereichen, vom meisterhaften Porträt der ›Luise Bělská‹ (1857), dem Genrebild ›Die Näherin‹ (1857/59) über die

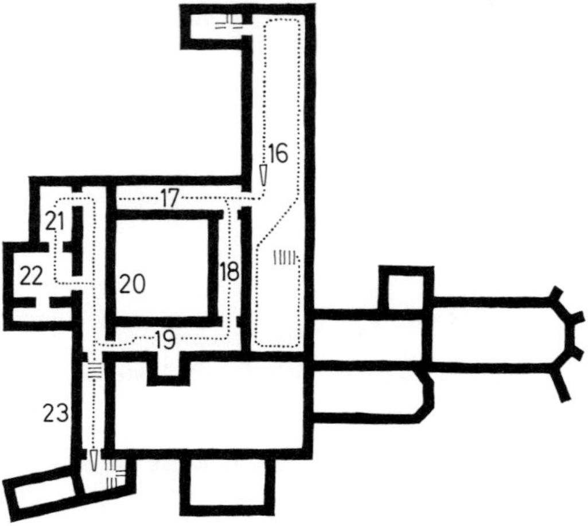

1. Stock: 17–20 Generation des Nationaltheaters – 21/22 Tschechische Malerei vom Ende des 19. Jh. – 23 Verkauf von Publikationen

Figuralmalerei bis zu seiner schöpferisch reifsten Phase, der Landschaftsmalerei (›Die Dorfkirche‹).

Von herausragender Bedeutung neben *Josef Mánes* ist auch das Werk von *Karel Purkyně* (1834–1868), der in seinen Porträts (›Der Schmied Jech‹; 1860), in seinen Stilleben (›Die Schnee-Eule‹; 1860) und Landschaften (›Der Wald von Boulonga‹) zu psychologischen Ausdrucksformen fand, die seiner Zeit weit voraus waren. – *Sobeslav Pinkas* (1827–1901) vertrat in seinen Genre- und Landschaftsbildern einen nüchternen Realismus; von Optimismus und dem Bemühen nach künstlerischer Wahrhaftigkeit geprägt ist das Bild ›Kinder auf der Insel Kampa‹ (1854).

Räume 17–20: In diesen Räumen sind die Arbeiten von Künstlern ausgestellt, die als die ›Generation des Nationaltheaters‹ bezeichnet wird. Sie veranschaulichen zwar auch die verschiedensten Stilrichtungen, sind aber durch ihre Beteiligung an der Dekoration des Nationaltheaters schöpferisch miteinander verbunden. Während *Julius Mařák* (1832–1899) durch stimmungsvolle Waldidylle hervortrat, malte *Antonin Chittussi* (1847–1891) realistische Landschaftsbilder. Zur herausragenden Zentralfigur der böhmischen Malerei Ende des 19. Jh. wurde *Mikoláš Aleš* (1852–1913), der die ›Sage vom Vaterland‹ als Dekoration für das Nationaltheater schuf. Seine Themen entstammen vorwiegend der Geschichte (z. B. ›Das hussitische Lager‹; 1877).

Räume 21–22: Diese Räume sind den Künstlern der tschechischen Malerei vom Ende des 19. Jh. gewidmet. *Beneš Knüpfer* (1844–1910), der älteste unter ihnen, orientierte sich als einziger an der zeitgenössischen italienischen Malerei (›Der Vesta-Tempel in Rom‹; um 1885). *Maximilian Pirner* (1854–1924) zeichnete sich durch besonders gefühlsbetonte Darstellungen aus (›Das Liebespaar‹; um 1885), wogegen *Hanuš Schwaiger* (1854–1912) mit den Mitteln der deutschen Spätgotik und der holländischen Malerei eine Verbindung zur Gegenwart herstellte und besonders zeitgenössische Themen bevorzugte (›Fischmarkt in Brügge‹; 1889). Aus dem umfangreichen Werk *Jakub Schikaneders* (1855–1924) beeindrucken vor allem seine von tiefer Resignation erfüllten Darstellungen menschlichen Elends (›Herbst‹, 1884; ›Traurige Heimfahrt‹, 1886; ›Der Quai‹, 1916/18).

27 St. Jakobskirche und ehem. Kloster

Lage: Stupartska ulice, von der Celetná oder dem Altstädter Ring durch die Týnská ulice zu Fuß erreichbar.

Wenzel I. stiftete bei Gründung der Prager Altstadt 1232 für den ersten Orden *Franz von Assisis*, den *Minoriten*, das Kloster St. Jakob. Mit dem Bau einer zweiten, bedeutend größeren Kirche wurde 1318 unter *Johann von Luxemburg* begonnen. 1318–1340 entstanden Chor und Nordflügel des Kreuzgangs, gefolgt von zwei Refektorien. In einem dieser Refektorien, die seit 1738 mit Barockmalereien von *Franz Voget* (›Szenen aus dem Leben der Minoriten‹) und Stukkaturen von *Abondio Bolla* geschmückt sind, hielten 1337 Johann von Luxemburg und seine zweite Gemahlin, *Beatrice von Burgund*, ihr Hochzeitsmahl. – Die Fertigstellung der Kirche in Gestalt einer dreischiffigen Basilika im hochgotischen Stil mit einem auffallend langen Chor erfolgte 1374 unter *Karl IV.* 1689 brannte die Kirche aus und wurde danach bis 1702 durch den Baumeister *Jan Simon Panék* barock umgestaltet. Die ursprünglich gotische Fassade schmückte der italienische Bildhauer *Ottavio Mosto* mit plastischen Reliefs in weißem Stuck. Die 1695–1700 entstandenen Arbeiten zeigen von links nach rechts die hll. Franziskus, Jakobus und Antonius. Die zahlreichen, teilweise vollplastisch ausgearbeiteten Gestalten auf breiten Akanthusvoluten über dem Portal, ihre Vielfalt psychischer Gebärden und körperlichen Bewegungen, lassen bei diesem Werk deutlich die italienische Schule der Zeit erkennen.

Der *Innenraum* wird durch das hohe Mittelschiff beherrscht, das sich durch Arkaden zwischen Kolossalpilastern zu den niedrigeren Seitenschiffen hin öffnet. Diese Pilaster schuf *Christian Schatzmann* im Rahmen einer generellen Umgestaltung des Gotteshauses im Stil des Hochbarock in den Jahren 1736/39. Von *Abondio Bolla* stammen die

Stukkaturen, von *Franz Guido Voget* die Deckengemälde (Szenen aus dem ›Marienleben‹ und ›Verehrung der Hl. Dreifaltigkeit‹). Die Vasen und Putten auf den Geländern der Tribünen sind Arbeiten von *Ferdinand Drack* (1739).

Die 21 Altäre der Kirche sind hervorragende Beispiele für die Holzschnitzerei des 16. Jh. Sie sind mit Gemälden von *Peter Brandl, Wenzel Lorenz Reiner, Hans von Aachen* und unbekannten Malern geschmückt. Der *Hauptaltar* trägt ein Gemälde ›Martyrium des hl. Jakob‹ von *W. L. Reiner* (1739); der plastische Schmuck stammt von *Matthias Schönherr.* Auf dem Altartisch zwischen den Säulen eines klassizistischen Altaraufsatzes von *Ignaz Platzer d. J.* (1806) befindet sich die spätgotische Pietà eines unbekannten Künstlers vom Ende des 15. Jh. Am Ende des linken Seitenschiffes ein *Altar des Hl. Kreuzes* im klassizistischen Stil aus Stuck von *Adam Eigner* (1782) mit Plastiken von *Ignaz Platzer d. Ä.* Vor dem Altar links an der Wand das *Grabmal des Grafen Jan Wratislav von Mitrowitz,* Oberkanzler des Königreichs Böhmen. Das 1714/16 in Marmor und Sandstein nach einem Entwurf *Fischers von Erlach* ausgeführte und mit Plastiken von *F. M. Brokoff* geschmückte Werk gilt als das *schönste Barockgrabmal in Prag. Fischers* Entwurf, der auf römische Vorbilder *Berninis* zurückzuführen ist, wurde in seiner künstlerischen Auffassung einer betont empfindsamen Ausdruckskraft von wesentlicher Bedeutung für die weitere bildhauerische Entwicklung einer ganzen Generation. Beachtenswert sind ferner vier Altarbilder von *Peter Brandl,* das Altarbild ›Maria im Rosenkranz‹ von *Hans von Aachen* (um 1600) sowie weitere Altarbilder von *Michael Halwachs, Josef Mathauser* und *Peter Keck.*

In der Kirche, die für ihre ausgezeichnete Akustik berühmt ist, finden zahlreiche Konzertveranstaltungen statt. In dem anschließenden Konventgebäude des Klosters befindet sich heute eine Musikschule.

28 Pulverturm · Repräsentationshaus der Hauptstadt Prag

Lage: Celetná ulice/Naměsti Republiky. Straßenbahn 5, 9, 10, 19, 26, 29.

Der Pulverturm ist zweifellos eines der schönsten und dekorativsten Bauwerke der Spätgotik in Böhmen. Er wurde 1475–1500 von *Matthias Rejsek* unter *Wladislaw II.* errichtet und in die Befestigungsanlage der Altstadt und des angrenzenden Königshofes – heute Repräsentationshaus – einbezogen. Außerdem stellte der Turm neben einem inzwischen verfallenen älteren gotischen Tor die Verbindung zwischen Alt- und Neustadt her und war Ausgangspunkt des sog. Königswegs zur Prager Burg. Seit Ende des 17. Jh. wurde in dem Turm Schießpulver gelagert, dem er bis heute den Namen ›Pulverturm‹ verdankt. Während der Beschießung durch die Truppen

Friedrichs d. Gr. 1757 erlitt besonders das spätgotische Dekor des Turms erhebliche Schäden, das erst 1875/86 durch den Architekten *Josef Mocker* restauriert und durch pseudogotische Schmuckelemente ergänzt wurde. Eine Fülle von dekorativen Details, wie Blendarkaden, kunstvolles Maßwerk, verschlungene Ornamentik, Wappen, die Standbilder böhmischer Könige und die Porträts von Personen, die den Bau des Turms unterstützt haben, sind zu einer harmonischen Komposition zusammengefaßt, die den ganzen Turm wie ein Netz überspannt und ihn zu einem einzigartigen Kunstwerk macht. Den plastischen Schmuck schufen die Bildhauer *Jindřich Čapek*, *Bernard Seeling*, *Ludvik Šimek*, *Josef Strachovský* und *Antonin Wildt*. Eine weitere Restaurierung erfolgte in den 60er Jahren dieses Jahrhunderts.

Repräsentationshaus der Hauptstadt Prag *(Obecni dům)* **Nr. 28**

Lage: Náměsti Republiky. Straßenbahn 5, 9, 10, 19, 26, 29.

Der *ehem. Königshof*, der besonders *Wenzel IV.* und *Georg von Podiebrad* statt der Prager Burg als Residenz gedient und an dessen Tor *Jan Hus* die Beschuldigung der Ketzerei schriftlich zurückgewiesen hatte, wurde später als Kaserne und Kadettenschule genutzt und schließlich 1903/04 abgerissen. An seiner Stelle entstand das 1905/11 nach Entwürfen von *Osvald Polivka* und *Antonin Balšánek* errichtete *Repräsentationshaus der Stadt Prag*. Es ist eines der besten Beispiele der Prager *Sezessionsarchitektur*, an dessen

Pulverturm

künstlerischer Gestaltung die bedeutendsten tschechischen Künstler vom Beginn des 20. Jh. mitgewirkt haben. Über dem Haupteingang schmückt ein Mosaik ›Huldigung an Prag‹ von *Karel Spillar* die von einer Kuppel bekrönte Fassade; zu beiden Seiten des Mosaiks Plastiken von *Ladislav Šaloun*, (›Erniedrigung und Auferstehung des Volkes‹). Die Leuchten tragenden Atlanten auf dem Balkon entstanden nach Entwürfen von *Karel Novák*. An der weiteren bildhauerischen Gestaltung der Fassade waren *Čeněk Vosmik*, *František Rouz*, *Antonin Mára* sowie *Antonin Štrunc* beteiligt.

Mittelpunkt des Inneren ist der *Smetana-Saal*, in dem alljährlich die Eröffnung der Musikwochen des sog. ›Prager Frühlings‹ stattfindet. Zu beiden Seiten des Podiums stehen allegorische Plastiken (›Böhmische Tänze‹ und ›Wyschehrad‹) von *Ladislav Šaloun*. Den künstlerischen Schmuck der übrigen 5 Säle und des Restaurants schufen u. a. die Maler *Mikoláš Aleš*, *Alfons Moucha* und *Max Švabinský* sowie die Bildhauer *Emanuel Halmann* und *Josef Pekárek*.

In dem Gebäude tagte im Oktober 1918 der Ausschuß des nationalen Widerstands; am 28. des gleichen Monats wurde hier die Tschechoslowakische Republik ausgerufen.

Dem Pulverturm und dem Repräsentationshaus direkt gegenüber befindet sich die *Ausstellungshalle zu den Hibernern (ehem. Zollhaus)*. Das Gebäude geht in seinem Ursprung auf eine 1652/59 errichtete frühbarocke Kirche der irischen Franziskaner (Hiberner) zurück, die seit 1786 als Zollhaus diente, 1808/11 durch *Georg Fischer* eine Empire-Fassade mit plastischem Schmuck von *Franz X. Lederer* erhielt und 1940/42 von *Josef K. Řiha* zu der heutigen Ausstellungshalle umgebaut wurde: Hier finden Ausstellungen für Verbraucher und über volkswissenschaftliche Bereiche statt.

In der Celetná ulice befindet sich gleich links die 1759 von *Johann J. Wirch* errichtete *ehem. Münze*, die 1784 von *Philipp Heger* für das Militär umgebaut wurde und heute als Zivilgericht dient. Zu beiden Seiten des Portals je zwei Bergleute, die einen langgestreckten Balkon tragen, ein Werk von *Ignaz Platzer*. Das Haus gegenüber der Münze ziert eine anmutige Madonna von *Anton Braun* (um 1735).

29 Palais Sylva-Tarouca

Lage: Na přikopě (Am Graben) Nr. 10, U-Bahnhof Moustek, Straßenbahn 5, 9, 19, 29.

Nach Entwürfen von *K. I. Dientzenhofer* gestaltete *Anselmo Lurago* 1747/51 das im Auftrag des Fürsten *Octavian Piccolomini* 1670 entstandene Gebäude in ein nobles Palais des Spätbarock um. Der dreigeschossige, in 9 Achsen gegliederte Bau wird in der Mitte durch einen dreiachsigen Risalit mit abschließendem Dreiecksgiebel und bekrönenden Statuen von *Ignaz Platzer d. Ä.* betont. Auch die Statuen über den offenen Segmentgiebeln rechts und links sowie die Plastiken und Vasen des prachtvollen Treppenhauses stammen vom gleichen Künstler; die Rokoko-Stukkaturen und Wandmalereien im Treppenhaus schuf *Wenzel Ambrozzi*. Das von Zwillingssäulen flankierte Portal im Erdgeschoß gibt eine Durchfahrt durch drei Höfe frei. – Heute befinden sich in dem Palais ein gemütliches Restaurant, ein Café und Clubräume.

Tyl-Theater *(Tylovo divadlo)*

Lage: Železná ulice 11, vom Altstädter Ring zu Fuß oder U-Bahnhof Moustek, Straßenbahn 5, 9, 19, 29.

Das Gebäude des Tyl-Theaters entstand im Auftrag des Grafen *Nostitz*, der auch die finanziellen Mittel zur Verfügung stellte, nach Entwürfen des Grafen *Künigl*, die *Anton Hafenecker* 1781/83 ausführte. Eröffnet wurde das Theater am 21. April 1783 mit *Lessings* ›Emilia Galotti‹. 1787 fand die Uraufführung von *Mozarts* ›Don Giovanni‹ statt, 1792 folgte seine Oper ›Titus‹ zur Krönungsfeier Kaiser *Leopolds II.* 1799 wurde das bis dahin als ›Nostitz-Theater‹ bezeichnete Haus den böhmischen Ständen übertragen und erhielt den Namen ›Ständetheater‹. 1813–1816 war *Carl Maria von Weber* Direktor, dessen Oper ›Der Freischütz‹ 1826 hier Premiere hatte. Zwischen 1859 und 1890 erfolgten verschiedene Umgestaltungen durch *Achill Wolf*, wobei die Seitenrisalite verbreitert, der Innenraum im neoklassizistischen Stil umgebaut und an den Seiten die eisernen Balkone angebracht wurden. Seit 1920 gehört das Haus zum Nationaltheater und erhielt nach dem 2. Weltkrieg zu Ehren des tschechischen Schriftstellers, Dramatikers, Dramaturgen, Schauspielers und Komponisten *Josef Kajetân Tyl* (1808–1856) den Namen ›Tyl-Theater‹. Aus seinem Singspiel ›Fidlovačka‹ wurde die heutige tschechische Nationalhymne ›Kde domov můj?‹ (›Wo ist meine Heimat?‹) entnommen.
Das dreigeschossige Gebäude mit einer Seitenfront von 9 Achsen weist unverkennbar die Formensprache *Palladios* auf und ist das *erste klassizistische Bauwerk* in Prag. Die Seitenfassade wird durch einen dreiachsigen Mittelrisalit mit abschließendem Dreiecksgiebel betont. Die schmale vorspringende Hauptfront stellt einen von vier Kolossalsäulen getragenen Giebelvorbau mit eingenischten Eckpartien dar, der den Eingang des Theaters hervorstechend markiert.

Carolinum **Nr. 30**

Lage: Železná ulice 9.

Die von Kaiser *Karl IV.* am 7. April 1348 gegründete Universität ›Collegium Carolinum‹ war zunächst in verschiedenen Klöstern untergebracht, bis ihr 1383 *Wenzel IV.* das Haus des Münzmeisters *Johlin Rothlev* zur Verfügung stellte. Dieses 1370 errichtete Gebäude im gotischen Stil, von dem noch eine der typischen gotischen Lauben und ein künstlerisch bemerkenswerter Erker einer ehem. Kapelle erhalten sind, bildet den Mittelpunkt eines Areals verschiedenartiger Bauwerke der heutigen Karls-Universität, das von der Gotik bis zum 20. Jh. reicht. Ende des 14. Jh. wurde das Gebäude mit Aula, Hörsälen

Tyl-Theater

und Wohnungen für die Magister ausgestattet. Anfang des 17. Jh. erfolgten eine Vergrößerung der Aula auf Kosten der ursprünglichen Kapelle sowie zahlreiche An- und Umbauten im Rahmen einer Barockisierung der Anlage durch *F. M. Kanka* 1718. 1881 restaurierte *Josef Mocker* den gotischen Erker. Über einem Stützpfeiler sind Maskenkonsolen angebracht, von denen sich ein kompliziert verflochtenes Maßwerk entfaltet. Die schmalen, hohen Fenster werden von kleinen Baldachinen und Wasserspeiern flankiert, die in ihrer künstlerischen Gestaltung den Stil *Peter Parlers* erkennen lassen. Den Abschluß bilden spitze Ziergiebel und eine Vierpaß-Maßgalerie.
Nach eingehenden bautechnischen Untersuchungen gestaltete *Jaroslav Fragner* 1946/50 den Komplex der Karls-Universität den zeitgenössischen Erfordernissen entsprechend um. Dabei wurde große Sorgfalt auf die Erhaltung aller noch vorhandenen historischen Bausubstanz gelegt, was die rekonstruierten Gewölbe und Spitzbögen im Erdgeschoß besonders gut veranschaulichen. Die große *Aula* ziert ein Deckenvorhang mit den in Metall getriebenen Wappen der böhmischen Länder von *Jan Lauda* und an der Stirnseite ein Gobelin

Erker am Carolinum

(›Karl IV. kniet vor dem hl. Wenzel‹), das nach einer Vorlage von *Vladimir Sychra* (1947) in der Werkstatt von *Marie Hoppeová-Teinitzerová* hergestellt wurde. Das Standbild *Karls IV.* schuf *Karel Pokorný.*
Im Hof steht eine Bronzeplastik des Reformators *Jan Hus* von *Karel Lidický.* Die Karls-Universität wurde durch das Wirken von *Jan Hus* zu einem Zentrum des Widerstands gegen die ideologische Erstarrung der katholischen Kirche im Mittelalter.

St.-Gallus-Kirche *(Kostel sv. Havla)* **Nr. 30**

Lage: Havelska ulice.

Die 1232–1263 im gotischen Stil errichtete Kirche wurde im 14. Jh. umgebaut, Ende des 17. Jh. wurden das Hauptschiff und die beiden Türme barockisiert; 1722/23 erhielt sie ihre heutige geschwungene Fassade; sie geht wahrscheinlich auf Entwürfe *Giovanni Santinis* zurück und wurde von *Paul Ignaz Bayer* ausgeführt. Das Innere enthält noch ein gotisches Rippengewölbe aus dem 14. Jh. Die Seitenschiffe haben Galerien und an den Enden Barockkapellen: links eine ›Kalvarienbergkapelle‹ mit einer ›Kreuzigungsgruppe‹ aus Holz und den ›4 Evangelisten‹ von *F. M. Brokoff* (um 1730), rechts die plastisch großzügig ausgeschmückte Kapelle ›Maria vom Berge Karmel‹ mit dem Grab *Karel Škrétas* (1610–1674), einem der bedeutendsten Prager Barockmaler. Beachtenswert ist auch das spätgotische Taufbecken aus Zinn aus dem Jahre 1523. Die Bilder des Hochaltars stammen von *Johann Christoph Lischka:* ›Maria mit Karmelitern‹ (um 1730) und ›Leopold I. mit Gemahlin‹ (1696); in der Sakristei ein Rokoko-Deckengemälde (›Berg und Hafen Karmel‹).
Rechts vor der Kirche befindet sich das langgestreckte Gebäude des *Klement-Gottwald-Museums,* 1892/94 im Stil der Neorenaissance nach Entwürfen von *Antonin Wiehl* und *Osvald Polivka* errichtet. Das Museum stellt die revolutionäre Bewegung des tschechischen Volkes dar. Einen Schwerpunkt bilden dabei Leben und Werk des ersten tschechischen Arbeiterpräsidenten *Klement Gottwald.*

31 Bethlehemskapelle *(Betlémská kaple)*

Lage: Betlémské náměsti/Husova ulice.

Das schlichte Gotteshaus, das nur durch seine beiden steilen Satteldächer auffällt, ist eines der historisch bedeutendsten religiösen Baudenkmäler des tschechischen Volkes und hat den Charakter eines *Nationalheiligtums.* Die ursprüngliche Kapelle, ein einfacher, 1391 auf einem rechteckigen Grundriß errichteter Bau, geht auf eine Stiftung Prager Bürger zurück, mit der ausdrücklichen Bestimmung, daß hier nur in tschechischer Sprache gepredigt werden dürfe. Seine größte Bedeutung erlangte die Bethlehemskapelle jedoch erst durch *Jan Hus,* der sich hier von 1402–1414 in seinen Predigten leidenschaftlich für Reformen in Kirche und Gesellschaft einsetzte. Hundert Jahre später predigte hier *Thomas Münzer.* 1786 wurde die Kapelle ihrer Kirchenfunktion enthoben und bis auf wenige Reste abgetragen. Der heutige Neubau stellt eine baugeschichtlich herausragende Rekonstruktion dar, die 1950/53 *Jaroslav Fragner* nach Plänen und Zeichnungen der ursprünglichen Kapelle erstellte. Der Innenraum ist mit Wandmalereien nach Miniaturen des sog. ›Jenaer Codex‹ ausgestattet.

St.-Ägidius-Kirche *(Kostel sv. Jilji)* Nr. 31

Lage: Husova ulice.

Das monumentale, aus Bruchsteinen errichtete und von mächtigen Strebepfeilern gestützte Bauwerk zählt zu den vier bedeutendsten Sakralbauten der Prager Altstadt. Die Kirche entstand 1339–1371 im frühgotischen Stil als dreischiffiger Saalbau ohne Chor, mit zwei verschieden hohen Türmen und Dachreiter; sie wurde 1733–35 *von František Špaček* barockisiert. Zwei mit Stuckmarmor verkleidete barocke Pfeilerpaare gliedern den mit reichen Stukkaturen von *Bernardo Spinetti* geschmückten Innenraum. Die illusionistischen Fresken in den Gewölben schuf *W. L. Reiner:* im Mittelschiff ›Triumph der Dominikaner über die Ketzerei‹, im linken Seitenschiff ›Szenen aus dem Leben des hl. Thomas von Aquin‹, rechts ›Szenen aus dem Leben des hl. Dominikus‹; das Fresko über dem Hauptaltar zeigt den ›Hl. Ägidius vor seiner Grotte in der Wüste‹. Das Gemälde des Hauptaltars (›Die Gründung des Dominikanerordens‹) stammt von *Johann Friedrich Heß* (1660). Die Schnitzarbeiten am Hauptaltar und den übrigen Altären schufen *Matthias Schönherr, Anton Quittainer* und *Franz Ignaz Weis.* Die Plastiken an den vier Beichtstühlen (›Die vier letzten Dinge des Menschen‹) sind Meisterwerke von *Richard Prachner.* Beachtenswert sind auch das geschnitzte Kruzifix aus dem 15. Jh. sowie eine Marmorbüste von *Ludwig Schwanthaler.*

32 Heilig-Kreuz-Rotunde

Lage: Karoliny Světlé, Straßenbahn 5, 9, 22, bis St. Ursula, von hier wenige Meter zu Fuß in die Krochinova ulice.

Die kleine Kapelle mit Apsis und abschließender Laterne gehört neben zwei weiteren Rotunden dieses Typs aus romanischer Zeit zu den ältesten Bauwerken Prags. Sie wird in die Zeit um 1100 datiert und sollte im 18. Jh. abgerissen werden. Eine Künstlervereinigung setzte sich für ihre Wiederherstellung ein, und so erfolgte 1863/65 nach den Plänen des Architekten *Ignaz Ullmann* und des Malers *Bedřich Wachsmann*, der auch den Entwurf für einen neuen Altar lieferte, ihre Restaurierung. Dabei wurden noch erhaltene Reste gotischer Wandmalereien (›Krönung Mariens‹) durch *Sobislav Pinkas* und *František Sequenz* ergänzt. Die Malereien auf dem Triumphbogen und in der Apsis schuf *Peter Maixner* (1870), das gußeiserne Gitter entwarf *Josef Mánes.*
Von der Heilig-Kreuz-Rotunde sind es nur wenige Meter zum Moldau-Ufer. Hier befindet sich ein *Denkmal für Kaiser Franz I.* im neugotischen Stil von *J. Kranner, J. Max* und *J. Röhm.*

Heilig-Kreuz-Rotunde

33 St.-Ursula-Kirche und -Kloster

Lage: Národni třida 8, Straßenbahn 5, 9, 22.

Das Areal des Ursulinerinnenklosters umschließt die St.-Ursula-Kirche zu beiden Seiten und begrenzt den gesamten Bereich zwischen der Národni třida und der Ostrovni ulica (Inselgasse) sowie zwischen der Vorsilšká ulice und dem Nationaltheater. Das Kloster wurde 1674/78, die Kirche 1702/04 von *Marc Antonio Carnevale* errichtet. Die Plastiken auf der Attika der reich gegliederten barocken Fassade stammen von *František Preiss*. Die Figurengruppe vor der Kirche ›Hl. Johannes von Nepomuk mit Putten‹) ist eine Arbeit von *Ignaz Platzer* (1747).
Der Innenraum, eine durch Wandpfeiler gegliederte Halle, ist mit einer schönen barocken Einrichtung ausgestattet und mit Deckengemälden von *Johann Jakob Steinfels* geschmückt. Auf dem Hauptaltar von *Johann Unmuth* ein Gemälde von *Joh. Chr. Lischka* (›Hl. Ursula‹) und eine Plastik von *F. Preiss*. Das Bild ›Mariä Himmelfahrt‹ schuf *Peter Brandl*.

34 Nationaltheater *(Národni divadlo)*

Lage: Národni třida/most 1. máje (Brücke des 1. Mai), Straßenbahn 5, 9, 17, 22.

Das Nationaltheater ist das bedeutendste gemeinschaftliche Werk der tschechischen Architektur und bildenden Künste des 19. Jh. Die zahlreichen Künstler, die an der Fertigstellung des Bauwerks beteiligt waren, sind durch ihre große Ausstrahlung über diese Arbeit hinaus als die ›Generation des Nationaltheaters‹ in die tschechoslowakische Kunstgeschichte eingegangen. Das weithin sichtbare Gebäude mit seinem charakteristisch geschwungenen Dach, durch einen Portikus mit offener Loggia an der Stirnseite betont, wurde 1868–1881 nach Entwürfen des Architekten *Josef Zitek* in Anlehnung an die italienische Spätrenaissance errichtet. Nach Eröffnung am 15. Juni 1881 brannte das Haus im August des gleichen Jahres aus. Den neuerlichen Ausbau stellte *Josef Schulz*, ein Schüler *Ziteks*, bis 1883 fertig.
Die Statuen Apolls und der Musen auf der Attika des Portikus sowie die Dreigespanne mit den Siegesgöttinnen auf den Pylonen schuf der Bildhauer *Bohuslav Schnirch*. Die Lünetten der Loggia malte *Josef Tulka* (›5 Lieder‹) aus. Die Standbilder in den Nischen neben der Loggia (tschechische Sagengestalten) sind Arbeiten von *Antonin Wagner*. Vom gleichen Künstler stammen auch die Figurengruppen auf der Attika der Seitenfassade zur Moldau. Sie verkörpern Schauspiel, Oper, Komödie, Dichtung und Geschichte. Die beiden Plastiken, ›Schauspiel‹ und ›Singspiel‹, über dem Portal auf dieser Seite sind das Werk von *Josef Myselbeck*.
Das Innere des Gebäudes ist mit einer Fülle von Plastiken und Malereien ausgestattet, die alle in Bezug zum Theater stehen und die ›Schönen Künste‹ vermitteln. Im Umgang sowie vor dem Foyer des

Nationaltheater

Parketts, und im Foyer des 1. Rangs sind Bronzebüsten von Persönlichkeiten, die sich um die Kunst und das Theater verdient gemacht haben, sowie allegorische Darstellungen der Künste angebracht. Die Lünettengemälde im 1. Rang (Allegorien der ›Schönen Künste‹) schuf *A. Liebscher.*
Der Zuschauerraum ist mit einem Deckengemälde von *František Žentišek* geschmückt. Auch hier handelt es sich um allegorische Darstellungen der ›Schönen Künste‹. Der Vorhang von *Vojtěch Hynais* bringt die Opferwilligkeit des Volkes beim Bau des Theaters zum Ausdruck. Das Foyer im 1. Rang ist an den Wänden mit 14 Lünettenbildern, (Zyklus ›Mein Vaterland‹) von *Mikolaš Aleš* geschmückt sowie mit 4 Bildern zum Thema ›Leben, Mythos, Volkslied und Musik, Geschichte‹ von *František Žentišek*, von dem auch das Deckenfresko (›Verfall, Wiedergeburt, Goldenes Zeitalter der Kunst‹) stammt. Die Landschaften aus Böhmen im oberen Foyer malte *Vincenc Beneš.*

35 Kirche Maria Schnee

Lage: Jungmanovo náměsti, U-Bahnhof Moustek, Straßenbahn 5, 9, 19, 29.

Die 1347 von *Karl IV.* als Krönungskathedrale gestiftete Kirche, die als Pendant zum Veitsdom gedacht war, ist nur ein Torso des ursprüng-

Kirche Maria Schnee

lich geplanten Bauwerks. Wenn man bedenkt, daß die heutige Kirche nur den Chor der geplanten dreischiffigen gotischen Kathedrale bildet und dennoch mit 35 m den höchsten Kirchenbau in Prag darstellt, werden erst die Dimensionen deutlich, die für dieses das Herrschertum repräsentierende Gotteshaus vorgesehen waren. Das 1379–1397 errichtete Bauwerk konnte aufgrund zu hoher Kosten und der beginnenden Hussitenbewegung, dessen Anführer, *Jan Želivský*, Priester an der Kirche war, nicht vollendet werden. Seit dem 15. Jh. verfiel der Bau, so daß im 16. Jh. die Fassade der Stirnwand und das Gewölbe einstürzten. Diese wurden Anfang des 17. Jh. nach Übernahme der Kirche durch die Franziskaner wieder hergestellt. – Der *Innenraum* besticht durch seine kolossale Höhe. Auch der prachtvolle *Hauptaltar* aus dem Jahre 1641, der größte seiner Art in Prag, verfehlt nicht seine Wirkung. Er ist als dekorative *Portalkulisse* gestaltet, die von übereinander gestellten Säulen flankiert wird, zwischen denen Plastiken zahlreicher Heiliger stehen. Der Altar stellt ein herausragendes Beispiel der hohen bildhauerischen Kunst anonymer Meister zwischen Renaissance und Barock dar. Über dem linken Seitenaltar ein 1724 von *W. L. Reiner* geschaffenes Altarbild ›Mariä Verkündigung‹. Das aus Zinn gefertigte Taufbecken stammt aus dem Jahre 1459.

36 **Wenzelsplatz** *(Václavské náměsti)*

Mit Wenzels-Denkmal, Nationalmuseum und Smetana-Theater

Lage: Neustadt, U-Bahnhof Moustek, Straßenbahn 3, 5, 9, 14, 15, 18, 19, 21, 24, 29.

Im Zusammenhang mit der von *Karl IV.* gegründeten Prager Neustadt wurde 1348 der heutige Wenzelsplatz als Markt und strategische Verbindung zwischen den Befestigungsanlagen der Altstadt und über die ganze Breite der Neustadt angelegt, so daß der Platz mit einer Länge von 680 m und einer Breite von 60 m selbst für heutige Verhältnisse ein Musterbeispiel großzügiger städtebaulicher Planung darstellt. Er diente zunächst vor allem als Pferdemarkt und erhielt von daher den Namen ›Roßmarkt‹. Seine heutige Bezeichnung trägt er seit 1848. Heute bildet der Platz den Mittelpunkt des modernen Prag und hat den Charakter eines großstädtischen Boulevards, voll lebhaften geschäftigen Treibens, mit zahlreichen Cafés, Restaurants, Kinos, Hotels und Geschäftshäusern.

Wenzels-Denkmal: Das in fast drei Jahrzehnten nach zahlreichen Entwürfen von *Josef Myslbek* konzipierte Reiterstandbild des hl. Wenzel, dem ersten Landespatron und Märtyrer Böhmens, wurde 1912 aufgestellt. Auch die übrigen Landespatrone, die um das Reiterstandbild gruppiert sind, vorn ›Hl. Ludmila‹ und › und ›Hl. Prokop‹, hinten ›Hl. Agnes‹ und ›Hl. Adalbert›, stammen von *Myslbek.* Der monumentale Sockel ist eine Arbeit von *Alois Dryák,* zu dem der Bildhauer *Celda Klouček* die dekorative Ornamentik beisteuerte.

Nationalmuseum **Nr. 36**

Als Abschluß am oberen Ende des Wenzelsplatzes entstand 1885/90 nach Plänen von *Josef Schulz* der monumentale Neorenaissance-Bau des Nationalmuseums. Die architektonische Gestaltung der Hauptfassade läßt deutliche Anklänge an die hintere Fassade des Pariser Louvre von *Claude Perrault* erkennen. Das dreigeschossige, 104 m lange und 76 m tiefe Gebäude wird durch einen mächtigen Mittelrisalit, dessen Kuppel eine Höhe von 70 m erreicht, und zwei hervortretende Eckrisalite mit kleinerer Kuppel gegliedert. Über dem hohen Sockelgeschoß wird die vertikale Gliederung der beiden Hauptgeschosse noch durch eingestellte korinthische Kolossalsäulen verstärkt. Einen besonderen Akzent setzen auch die Plastiken auf der Brüstung der großen Rampe, die allegorischen Gruppen zu beiden Seiten der mittleren Kuppel (*Bohuslav Schnirch*) und die in den Nischen der Seitenrisalite stehenden Figuren (*Antonin Popp* und *Antonin Wagner*). *Wagner* schuf auch die allegorischen Gestalten auf

Wenzelsplatz

der Rampenbrüstung: in der Mitte ›Bohemia‹ (Böhmen), links die ›Elbe‹ (als Greis) und rechts die ›Moldau‹ (in Gestalt einer jungen Frau), und die Relieftafeln in der Mitte unter dem Dreiecksgiebel mit Szenen aus der Geschichte Böhmens (›Gründung des Klosters Königssaal durch Wenzel II.‹, ›Gründung der Karls-Universität durch Karl IV.‹, ›Rudolf II. mit Gelehrten und Künstlern‹). Die Standbilder rechts und links vom Eingang (›Geschichte‹ und ›Naturwissenschaften‹) stammen von *Josef Mauder.* Die Attiken der übrigen Fassaden schmücken Plastiken von *A. Prochàzka.*

Nationalmuseum

Das *Innere* wird durch die großzügige *Treppenanlage*, mit den offenen Arkadengalerien und das zentrale, von einer Kuppel überwölbte *Pantheon*, bestimmt, um das sich die Ausstellungsräume gruppieren. Im *Vestibül* stehen die Statuen von ›Libussa‹, der sagenhaften Gründerin Prags, ›Ottokar II.‹ und ›Wenzel I.‹ von *Ludwig Schwanthaler*; die 16 Wandgemälde mit böhmischen Burgen schufen *Julius Mařák* und *Bohumil Dvořák*. Das Pantheon ist dem Andenken der bedeutendsten Persönlichkeiten der tschechoslowakischen Nation gewidmet, deren Bronzebüsten und -standbilder von renommierten tschechoslowakischen Bildhauern der Jahrhundertwende stammen; in den Lünetten vier große Wandgemälde mit Szenen aus der böhmischen Geschichte: ›Libussa beruft Przemysl zum Stammesfürsten‹ und ›Der hl. Methodius beendet seine Übersetzung der Bibel ins Altslawische‹ (*František Ženíšek*) sowie ›Die Gründung der Prager Universität durch Karl IV.‹ und ›Der Gelehrte Comenius vor dem Stadtrat von Amsterdam‹ (*Václav Brožík*).

Die *Sammlungen* des 1818 gegründeten Nationalmuseums sind in 6 Bereiche unterteilt. Im Gebäude am Wenzelsplatz befinden sich die Abteilungen 1, 2 und 5:

1 *Das Naturwissenschaftliche Museum:* Mineralogie, Paläontologie, Mykologie, Zoologie, Anthropologie und chemisches Laboratorium.

Nationalmuseum: Treppenhaus

2 *Das Historische Museum:* Prähistorie, Archäologie, Numismatik und Theater.
5 *Bibliothek des Nationalmuseums:* Zentralbibliothek, Manuskripte, Erstdrucke und Bohemia-Sammlung bis 1800, Zeitungen und Zeitschriften, Bohemia-Literatur des 19. Jh., Bestand ca. 1 Mill. Bände, darunter kostbare Handschriften aus dem Mittelalter.

Die Abteilungen
3 *Museum der tschechischen Musik,*
4 *Náprstek-Museum* der Asiatischen, Afrikanischen und Amerikanischen Kulturen und
6 *Zentrales museologisches Kabinett*
sind in eigenen Gebäuden untergebracht (vgl. S. 181).

Smetana-Theater *(Ehem. Neues Deutsches Theater)* **Nr. 36**

Lage: Vitězného února 8, wenige Meter links vom Nationalmuseum.

An der Stelle des ehem. ›Neustädter Theaters‹, einem 1859 errichteten Holzbau, entstand 1886/87 nach Entwürfen der Wiener Architekten *Ferdinand Fellner* und *Hermann Helmer* der heutige neoklassizistische Bau als ›Neues Deutsches Theater‹. Die Stirnseite des zweigeschossigen Gebäudes wird durch einen von Säulen und Pfeilern getragenen Balkon und einem von korinthischen Säulen getragenen Dreiecksgiebel darüber betont. Der plastische Schmuck im Tympanon von *Theodor Friedl* stellt ›Thalia und Dionysos‹ dar. Die Deckenmalerei im Zuschauerraum und das Gemälde auf dem Vorhang (›Vision des Dichters‹) sind Arbeiten von *Eduard Veith.*

37 St.-Stephans-Kirche

Lage: Štěpánská ulice, Straßenbahn 4, 16, 19, 22, 29, Busse 120, 128, 137, 148, 176.

Von der 1351 von *Karl IV.* gestifteten gotischen Kirche wurden in den Jahren 1351/67 der Chor und bis 1394 die drei Schiffe errichtet. Im 15. Jh. erhielt sie ihren Turm, 1668 an der Südseite eine barocke Kapelle und 1736 an der Nordseite die ›Branberger Kapelle‹ sowie 1866 eine neue Vorhalle. In der Kapelle befindet sich ein Gemälde von *J. Zinner*, ›Das Jüngste Gericht‹ (1739). 1876 erfolgte durch *Josef Mocker* eine Erneuerung der Kirche, die letztmals 1936 innen und 1974/75 außen restauriert wurde.

Im *Innern* bilden die gotische Architektur und die reiche barocke Ausstattung einen wechselvollen Kontrast. Das Hauptschiff ist mit Wandgemälden (›Szenen aus dem Leben des hl. Stephan‹) von *Josef Scheiwl* (1880) geschmückt. Der barocke Hauptaltar, eine Schnitzarbeit von *Samuel Kraus* (1669) ist mit Bildern von *Matthias Zimprecht* (›Die Steinigung des hl. Stephanus‹ und ›Hl. Dreifaltigkeit‹) sowie Plastiken böhmischer Landespatrone von *Joh. Georg Bendl* ausgestattet. Auf den Altären in den Seitenschiffen Gemälde von *Karel Škréta* (›Taufe Christi‹ und ›Hl. Rosalie‹) sowie links im Presbyterium (›Hl. Wenzel‹) und von *W. L. Reiner* ›Hl. Adalbert‹. Das bedeutendste Werk ist eine *spätgotische Tafelmalerei* aus dem Jahre 1472, die sog. ›Madonna von St. Stephan‹, mit Darstellungen aus dem ›Marienleben‹ und der ›Kindheit Jesus‹.
Gegenüber der Stephanskirche steht eine kleine im 12. Jh. aus Kalkquadern errichtete romanische *Longinus-Rotunde*. Sie war ursprünglich Pfarr- und Friedhofskirche des Dorfes Rybníček, das 1348 in die Prager Neustadt einbezogen wurde. Im 14. Jh. erhielt die Rotunde ein gotisches Maßwerkfenster. Die relativ hohe Laterne wurde im 17. Jh. umgestaltet. Nach Aufhebung der Pfarrkirche 1782 diente der Bau als Lagerraum. Erst 1844 erfolgte eine Erneuerung, der 1929, 1934 und 1973 weitere Restaurierungen folgten. Im Innern ein sehenswerter Barockaltar aus dem Jahre 1762.

38 St.-Katharinen-Kirche

(Depositorium des Museums der Hauptstadt Prag für Plastiken)

Lage: Kateřinská ulice, U-Bahnhof I. P. Pavlova, Straßenbahn 4, 16, 19, 22, 29, Busse 120, 128, 137, 148, 176. – Keine festen Öffnungszeiten; Auskunft im Nationalmuseum.

Die Kirche geht auf *Karl IV.* zurück, der 1355 ein Kloster für die Augustinerinnen gestiftet hatte, zu dem sie gehörte. Von dem ursprünglich gotischen Bauwerk, das von den Hussiten zerstört wurde, ist nur der auffallend schlanke, im oberen Bereich achteckige Turm erhalten geblieben. 1737/41 wurde die heutige Kirche nach Entwürfen von *F. M. Kaňka* errichtet. Der barocke Saalbau ist mit einem großartigen Deckengemälde (›Begebenheiten aus dem Leben der hl. Katharina‹) von *W. L. Reiner* geschmückt, das dieser kurz vor seinem Tod, auf dem Höhepunkt seines künstlerischen Schaffens, fertigstellte. Den plastischen Schmuck der Altäre, Kanzel und Orgel sowie die Statuen in der Vierung und im Chor schuf *F. I. Weis* (1741/43). Die *Sammlung* zeigt Plastiken der verschiedensten Epochen. Einen Schwerpunkt bildet die barocke Holzschnitzerei, die durch ausgezeichnete holzgeschnitzte Plastiken der Gotik und Renaissance ergänzt wird. Herausragend das ›Reiterstandbild des hl. Wenzel‹ von *J. G. Bendl* sowie die Abgüsse der Plastiken von der Karlsbrücke.

Villa Amerika *(Antonin-Dvořák-Museum)* **Nr. 38**

Lage: Ke Karlovu, an der östlichen Begrenzungsmauer der Katherinenkirche. – *Geöffnet:* tgl. außer Mo 10.00–17.00 Uhr.

Der graziöse Bau wurde in den Jahren 1717/20 von *K. I. Dientzenhofer* im Stil des Barock für die Familie *Michna* als Lustschlößchen errichtet. Der zweigeschossige, dreiachsige Pavillon ist reich mit kunstvollen Details geschmückt. Dekorative Fensterbekrönungen mit eingestellten Vasen und Büsten, zart ornamentierte Pilaster und Kragsteine, über der Mittelachse eine reizvoll gestaltete Dachlukarne sowie das doppelt gebrochene, leicht gewellte Dach verleihen dem Gebäude spielerische Anmut und Leichtigkeit. Der plastische Schmuck sowie die Gartenplastiken wurden um 1735 in der Werkstatt von *Anton Braun* gefertigt. Im Innern sind besonders die Wandmalereien von *Joh. Ferd. Schor* mit allegorischen und historischen Darstellungen hervorzuheben. – Heute dient das Haus, das seit dem 19. Jh., nach einer ehem. Gastwirtschaft, ›Villa Amerika‹ genannt wird, als Museum für den tschechischen Komponisten *Antonin Dvořák* und zeigt eine Anzahl seiner Kompositionen, verschiedene Dokumente und einen umfangreichen Briefwechsel.

Villa Amerika

Neustädter Rathaus

39 **Karlsplatz** *(Karlovo náměsti)*

Mit Neustädter Rathaus, St.-Ignatius-Kirche und Fausthaus

Lage: Prager Neustadt, Straßenbahn 4, 14, 15, 16, 18, 19, 22, 24, 29; Busse 120, 128, 137, 176.

Mit der Gründung der Prager Neustadt 1348 durch *Karl IV.* wurde gleichzeitig am heutigen Karlsplatz der größte Markt der Neustadt angelegt, der bis 1848 die Bezeichnung ›Viehmarkt‹ trug. Mitte des 19. Jh, erfolgte durch den Gärtner *František Thomayer* eine Umgestaltung des Platzes in einen öffentlichen Park, in dem die Denkmäler bedeutender Wissenschaftler und Schriftsteller des tschechoslowakischen Volkes aufgestellt sind.

Neustädter Rathaus Nr. 39

Lage: Am nördlichen Ende des Karlsplatzes.

Nach der von *Karl IV.* 1348 gegründeten Prager Neustadt entstand in mehreren Bauphasen das zweiflügelige Eckgebäude des Neustädter Rathauses im gotischen Stil. 1377/98 wurde der Ostflügel zur Vodičova ulice und 1411/18 der Südflügel zum Karlsplatz errichtet; 1451/56 entstand der Turm. 1520/26 erfolgte eine grundlegende Umgestaltung des Südflügels im Stil der Renaissance, wobei die mit Stabwerk verzierten Giebel noch der Spätgotik zuzurechnen sind. Die Fenster des Turmes wurden 1561 im Sinne der Renaissance umgestaltet, 1722/25 Dach und Umgang hinzugefügt. 1806 erfolgte eine weitere vereinheitlichende Umgestaltung des Äußeren im Stil des Empire, der 1906, nach einem Projekt von *Antonin Wiehl* und *Kamil Hilbert*, die Wiederherstellung des Gebäudes in der ursprünglichen Renaissance-Gestalt von 1526 folgte. – Im Erdgeschoß befindet sich ein zweischiffiger gotischer Saal mit Kreuzgewölbe, in dem seit 1955 Trauungen stattfinden. Ein Saal im 1. Stock hat ein spätgotisches Rippengewölbe, die barocke Turmkapelle ein Deckengemälde ›Recht und Gerechtigkeit‹. – Das Neustädter Rathaus erlangte historische Bedeutung durch den hier erfolgten 1. Prager Fenstersturz (s. S. 14).
Der ›Brunnen mit Josefssäule‹ im Park vor dem Rathaus ist eine Arbeit von *Matthias W. Jäckel* aus dem Jahre 1698.

St.-Ignatius-Kirche Nr. 39

Lage: In der Mitte des Karlsplatzes

An der Ostseite des Karlsplatzes errichteten 1658/67 die Jesuiten ihr zweites Kolleg in Prag nach dem Clementinum. Das zweigeschossige frühbarocke Gebäude ist durch Pilaster und einen erhöhten Mittelrisalit gegliedert. Das schöne, mit Plastiken und Rokokodekor geschmückte Portal schuf *Jan Wirch* um 1770. Seit Aufhebung des Kollegs 1773 dient das Gebäude als Krankenhaus.

St.-Ignatius-Kirche

Die sich am nördlichen Ende des Kollegs anschließende Kirche wurde 1665/78 von *Carlo Lurago* erbaut, die den Giebel krönende Statue (›Der hl. Ignatius im Strahlenkranz‹) 1671 aufgestellt. Nach Entwürfen von *Paul Ignaz Bayer* erhielt der Haupteingang 1697/99 einen prunkvollen, durch Säulen und Arkaden gegliederten Portikus; die Statuen auf der Balustrade sowie den weiteren plastischen Schmuck der Fassade schuf *Antonio Soldatti*. Der *Innenraum* stellt einen Saalbau mit Walzengewölbe, Seitenkapellen mit Emporen und einem kurzen, rechtwinkligen Chor dar. Das Deckengewölbe und die Wände sind reich mit Stukkaturen von *Antonio Soldatti* verziert, von dem auch die zahlreichen Statuen von Ordensheiligen in den Nischen und auf den Pfeilerkonsolen sowie die Büsten böhmischer Landespatrone stammen. Der barocke Hochaltar aus Kunstmarmor eines unbekannten Künstlers vom Ende des 18. Jh. ist mit einem Gemälde ›Glorifizierung des hl. Ignatius von Loyola‹ (1688) von *J. G. Heintsch* geschmückt, von dem auch die Altarbilder ›Übertragung der Gebeine des hl. Wenzel‹, ›Hl. Dreifaltigkeit‹ und ›Christus und die armen Seelen‹ stammen. Beachtenswert auch die Altarbilder ›Christus im Kerker‹ von *Karel Škréta*, dem Lehrer *Heintschs*, und ›Hl. Liborius‹ von *Ignaz Raab* sowie eine Kalvarienberggruppe unter dem Orgelchor von *J. A. Quittainer.*

Fausthaus **Nr. 39**

Lage: Am südlichen Rand des Karlsplatzes.

An der Stelle eines gotischen Palastes aus dem 14. Jh. entstand der heutige Bau 1617 ursprünglich als Renaissance-Gebäude, wie an den Doppelfenstern und dem Eckerker noch heute sichtbar. Durch Umbauten im 18. Jh. wurde das zweigeschossige, zweiflügelige Eckgebäude durch eine Pilastergliederung und durch Hinzufügung kreisförmiger Fenster, Fensterbekrönungen im 1. Stock sowie Giebel und Lukarnen auf dem Dach barockisiert. Der Name des Hauses geht auf das Wirken des englischen Alchimisten *Eduard Kelly* im 16. Jh. und des Alchimisten *Ferdinand Antonin Mladota* Anfang des 18. Jh. zurück, die hier chemische Versuche durchführten. Aufgrund dieser Experimente verbreitete sich in der Bevölkerung die Vorstellung, der sagenhafte *Dr. Faustus* habe seine Hand im Spiel. Heute befindet sich in dem Gebäude die Apotheke der Poliklinik.

40 St.-Cyrill-und-Method-Kirche
(Ehem. Karl-Borromäus-Kirche)

Lage: Vom Karlsplatz wenige Meter in die Resslova ulice bis zur ersten Abzweigung rechts.

Der nobel wirkende Bau entstand nach Entwürfen von *Paul Ignaz Bayer,* der auch bis zu seinem Tode 1733 die bauliche Ausführung leitete, die dann bis 1738 bei *Joh. Chr. Spannbrucker* lag und 1739/40 durch *K. I. Dientzenhofer* vollendet wurde. Das längliche Gebäude hat eine ungewöhnlich bewegte Außengestaltung. Die relativ schmale Eingangsfassade wird durch einen Dreiecksgiebel und einen kleinen Turm betont. An allen Seiten wechseln hohe Halbsäulen mit schmuckvollen Kapitellen und konkave Einwölbungen, nur durch die Fensterachsen unterbrochen, einander ab. Den plastischen Schmuck der Eingangsfassade schuf ein unbekannter Künstler. Der kleine mit einem Gitter umgebene Vorhof mit Treppe wurde 1885 angelegt. – Der Innenraum ist durch drei Joche und schmale Seitenkapellen unterteilt, das Deckengewölbe mit einem Fresko von *Karl Schöpf* ausgemalt (›Szenen aus dem Leben des hl. Karl Borromäus‹). Die Stukkaturen der Bildeinfassung schuf *Michael Ignaz Palliardi.*
Die Kirche erlangte während des 2. Weltkriegs historische Bedeutung. Im Juni 1942 fanden die Teilnehmer an dem Attentat auf den damaligen Reichsprotektor *Heydrich* in der Krypta der Kirche Unterschlupf. Nach 20 Tagen wurden sie durch Verrat entdeckt und hingerichtet.

41 St.-Johannes-von-Nepomuk-am-Felsen

Lage: Vyšehradská třida, südlich des Karlsplatzes.

Die Kirche zählt zu den bemerkenswertesten sakralen Barockbauten Prags. Der von *Kilian Ignaz Dientzenhofer* 1730/39 in erhöhter Lage errichtete Bau wirkt durch diese exponierte Stellung, seine Höhe

St.-Johannes-von-Nepomuk-am-Felsen und Grundriß

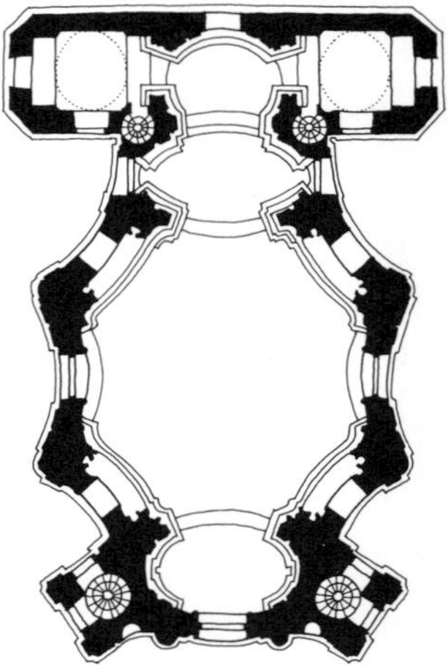

und formenreiche äußere Gestaltung wie eine überwältigende Kulisse. Den Grundriß bildet ein vieleckiger Zentralbau mit einem Oktogon als Mittelteil, einem ovalen Chorraum hinten und einem ovalen Vorraum mit Orgelempore vorne. Diesen Vorraum flankieren außen zwei diagonal gestellte Türme, mit denen er die Hauptfassade bildet. Die Mitte der Fassade wird durch zwei Kolossalsäulen, die ein mächtiger Segmentgiebel überspannt, hervorgehoben. Die doppelläufige, steile Freitreppe entstand 1776/78 nach Plänen von *Johann Schmidt*; *Bernhard Seeling* entwarf um 1880 die schmückenden Statuen. Durch eine hohe Umfassungsmauer ist die Kirche direkt mit dem Fausthaus am Karlsplatz verbunden. – Das Innere wird durch den achteckigen Mittelraum beherrscht, dessen Deckengewölbe mit einem phantastischen Illusionsgemälde, ›Himmelfahrt des hl. Johannes von Nepomuk‹, ausgestattet ist, das *Johann Karel Kovař* 1748 malte. Auf dem Hauptaltar befindet sich das Holzmodell für das Bronzestandbild des hl. Johannes von Nepomuk auf der Karlsbrücke, 1683 von *Johann Brokoff* gearbeitet.

Ehem. Emauskloster und Grundriß

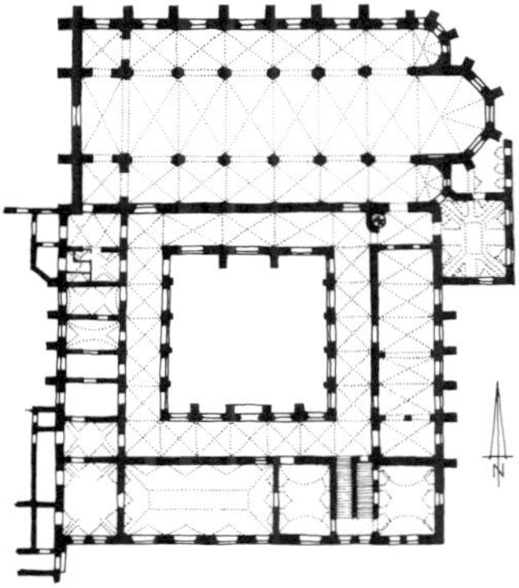

Ehem. Emauskloster **Nr. 41**

Lage: Vyšehradská třida, gegenüber St. Nepomuk; südlich des Karlsplatzes.

Das 1347 von *Karl IV.* für die Benediktiner der slawischen Liturgie, die vorwiegend aus dem Balkan kamen, gestiftete Kloster wurde am Ostermontag 1372 in Anwesenheit des Kaisers mit der Lesung vom ›Gang der Jünger nach Emaus‹ geweiht, der das Kloster bis heute seinen Namen verdankt. Es gelangte bereits unter *Karl IV.* zu hohem Ansehen als kulturelle Bildungsstätte und besonders gute Schreibschule. 1419–1589 war es im Besitz der Hussiten. Erst seit 1630, nachdem das Kloster an die spanischen Benediktiner von Montserrat gegangen war, entwickelte es sich wieder zu höchster künstlerischer und literarischer Blüte. Die Spanier veranlaßten eine durchgreifende Barockisierung von Kloster und Kirche. Schließlich ging die Anlage 1880 an die Benediktiner aus Beuron über. Durch sie erfolgte wieder eine sorgfältige Regotisierung. Im Februar 1945 wurden Kloster und Kirche Opfer eines anglo-amerikanischen Bombenangriffs, der er-

›Flucht nach Ägypten‹

hebliche Schäden verursachte. Nach Aufhebung des Klosters 1949 und Wiederaufbau 1950 beherbergen die Gebäude die Einrichtungen der *Tschechoslowakischen Akademie der Wissenschaften.*

Kunsthistorisch von herausragender Bedeutung sind die *Wandmalereien* des 1360 erbauten *Kreuzgangs.* Sie zählen zu den am besten erhaltenen gotischen Fresken aus dem 14. Jh. in Mitteleuropa. Einflüsse französischer Stilmittel und italienische Kompositionsschemata sind aber in den ursprünglich 80 biblischen Darstellungen auf 26 Flächen unverkennbar. Den Bildern des Neuen Testaments mit Szenen aus dem Leben Jesu im oberen Bildteil entsprechen im unteren Teil jeweils zwei Hinweise auf das Alte Testament. Im Südflügel ist die ›Geburt Christi‹ dargestellt, im Westflügel ›Jesu Kindheit‹, im Nordflügel ›Jesu Wundertaten‹ und im Ostflügel ›Christi Passion und Verherrlichung‹.

Die dreischiffige gotische Hallenkirche, die parallel zum Kloster entstand und wie dieses nach der jeweiligen Stilrichtung umgestaltet wurde, erhielt 1967 anstelle der ursprünglichen Türme zwei sich durchdringende, an Segel oder Flügel erinnernde spitze Betonelemente von *František Černý,* der damit eines der beeindruckendsten Werke der modernen Architektur in Prag schuf.

42 Ehem. Elisabethinerinnen-Kloster. Kirche Maria Na slupi

Lage: Südlich des Karlsplatzes, Na Slupi; Straßenbahn 18, 24.

Das ehem. Kloster, die Marienkirche mit Thekla-Kapelle und das Krankenhaus der Elisabethinerinnen bilden einen einheitlichen Baukomplex, den *Kilian Ignaz Dientzenhofer* 1724–1731 errichtet hat. Die *Marienkirche* (1724/25) ist ein schlichter Zentralbau mit barocker Innenausstattung; die Altäre stammen aus dem Jahre 1725. Den Hauptaltar schmückt eine von *Siard Nosecký* gemalte ›Pietà‹. Zur Marienkirche gehört, die reizvolle, 1760/62 erbaute *Thekla-Kapelle*, die in feinem Rokokodekor gehalten und mit reichen Stukkaturen sowie mit Wandgemälden von *Johann Lukas Kracker* (›Leben der hl. Thekla‹), ausgestattet ist. Das Bild der hl. Thekla auf dem Altar stammt von *Ignaz Raab*, die Plastiken von *Ignaz Platzer*.
Die *Kirche Maria Na slupi* befindet sich wenige Meter weiter südlich vom Kloster in der Straße Na Slupi. Dieser Ende des 14. Jh. entstandene Bau ist architekturhistorisch besonders interessant und sehenswert, da es sich hier um eines der wenigen erhaltenen Beispiele einer gotischen Kirche handelt, deren Innenraum nur von einer Säule in der Mitte getragen wird. Daher auch für die Kirche die Bezeichnung ›Maria auf der Säul‹. Nach einem Projekt von *Bernhard Grueber* erfolgte 1858/63 eine Restaurierung im neogotischen Stil.

43 Karlshof

Lage: Ke Karlovu, entweder zu Fuß von der Villa Amerika (Nr. 38) oder von der Kirche Maria Na slupi den Albertov (Alberthof) hinauf erreichbar; Bus 101.

Durch ein frühbarockes Tor gelangt man auf den Hof des ehemaligen, von *Karl IV.* 1350 gestifteten Augustinerklosters mit der ›Kirche der Jungfrau Maria und Karls des Großen‹. Die gesamte Anlage trägt die Bezeichnung ›Karlshof‹. Schon die ungewöhnliche äußere Gestalt der Kirche läßt ihren hohen architekturhistorischen Wert erkennen. Offensichtlich wollte man schon bei der Konzeption die Merkmale ihrer beiden Schutzpatrone berücksichtigen. Der *Jungfrau Maria* entspricht der gotische Zentralbau, der nur selten und dann immer als Marienkirche vorkam. Für *Karl d. Gr.* ist das Vorbild der Aachener Pfalzkapelle unverkennbar. Über einem Oktogon als Grundriß erhebt sich der zentrale Kuppelbau. Diesem ist nach Osten ein polygonaler Chor mit Kuppel angeschlossen und nach Westen ein quadratischer Anbau für die Orgelempore. Die Kirche konnte zu Lebzeiten *Karls IV.* nicht mehr vollendet werden. Der Chor erhielt 1498 sein schmückendes Netzgewölbe und der achteckige Zentralraum sogar erst 1575 sein kunstvolles spätgotisches Sterngewölbe. Während einer barocken Umgestaltung des Innenraums durch *Giovanni Santini* 1708 wurde auf der Südseite die ›Heilige Stiege‹ hinzugefügt, eine Nachbildung der ›Scala Santa‹ in Rom, die aus dem Palast des *Pontius Pilatus* stammen soll. Von *František Max. Kánka* stammen

Karlshof: Sterngewölbe

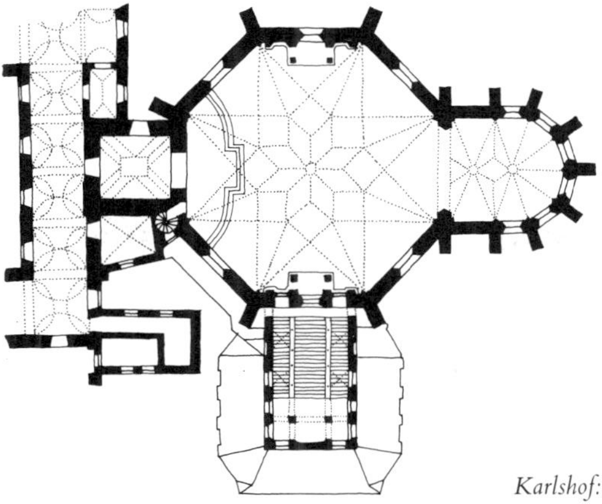

Karlshof: Grundriß

die 1733/38 eingebauten barocken Seitenemporen, zu denen *Jan. J. Schlansowsky* die Statuengruppen ›Mariä Heimsuchung‹ und ›Jesus vor Pilatus‹ sowie die Plastiken auf der Orgelrampe schuf. 1738/40 wurde die Kirche mit neuen Altären und bemerkenswerten Gemälden von *Johann Georg Heintsch, Johann J. Redelmeier, Franz Dallinger* und *Johann Spitzer* ausgestattet.

In den 1660–1668 durch *Giovanni Orsi* barockisierten Klostergebäuden rechts von der Kirche befindet sich heute ein Museum des Innenministeriums.

44 **Wyschehrad** *(Vyšehrad)*

Lage: Neustadt, U-Bahnhof Gottwaldova, Straßenbahn 3, 17, 21, 27; Busse 134, 148, 197.

Der Wyschehrad, ein steil aufragender Felsen am rechten Moldauufer, ein landschaftlich reizvolles Idyll, war durch seine exponierte Lage seit dem Mittelalter von größter strategischer Bedeutung. Von hier wurde der Schiffsverkehr auf der Moldau beherrscht. *Libussa*, die sagenhafte Gründerin Prags, soll hier gelebt haben. Bereits für das Ende des 9. Jh. wird auf dem Felsen eine hölzerne Burg vermutet. Für das 11. Jh. ist die erste steinerne Burganlage nachgewiesen, die *Wratislaw II.* zu seiner Residenz machte und dazu ein Kapitel mit den Kirchen St. Peter und Paul und St. Laurentius stiftete. Außerdem sind aus dieser Zeit die Maria Magdalena- und die Johannes-Kapelle belegt. Während der Auseinandersetzungen zwischen den kaiserlichen Truppen und den Hussiten, die 1420 die Festung einnahmen, blieben nur die St.-Peter-und-Paul-Kirche und die St.-Martins-

Wyschehrad: Leopoldstor

Rotunde unversehrt. Kurz darauf fiel die Burg wieder in den Machtbereich des Kaisers und behauptete sich bis 1866 als sichere Festungsanlage. *Leopold I.* ließ durch *Carlo Lurago* und *Josef Priamis* die Festung durch eine Anzahl von Bastionen zu einer Zitadelle im Stil der norditalienischen Festungsarchitektur ausbauen, in der sie bis heute zum großen Teil erhalten blieb. Damals entstanden auch das äußere frühbarocke *Tábortor* (1655/56) und das 1670 errichtete *Leopoldstor.* 1889/93 entstand auf dem Friedhof neben der Kirche St. Peter und Paul ein nationales Ehrenmal (›Slavin‹). Die drei plastischen Gruppen in dem 1927 angelegten Park schuf *Josef Myselbek.* Als Ursprung der tschechischen Geschichte, als ehemalige Residenz der Przemysliden und mit dem heutigen National- und Ehrenfriedhof hat der Wyschehrad nationale Bedeutung für das gesamte tschechoslowakische Volk.

St. Peter und Paul: An der Stelle der heutigen neugotischen Kollegiatskirche entstand unter *Wratislaw II.* im letzten Drittel des 11. Jh. hier eine erste, romanische Kirche. Nach einem Brand im Jahre 1249, der erhebliche Schäden verursachte, erfolgten über einen Zeitraum von fast hundert Jahren Um- und Erweiterungsbauten zu einer dreischiffigen Basilika im frühgotischen Stil. Nach jüngsten archäologischen Untersuchungen folgte wahrscheinlich unter *Karl IV.* die Erweiterung zu einer fünfschiffigen Hallenkirche nach der Art südfranzösi-

St.-Martins-Rotunde

scher Basiliken. Im 16. und 17. Jh. kam es zu weiteren Umbauten nach Vorstellungen der Renaissance, bis die Kirche schließlich 1885/87 durch *Josef Mocker* ihre heutige neugotische Gestalt erhielt. Die Fassade und die beiden Türme, die die für den Wyschehrad weithin sichtbare charakteristische Silhouette bilden, entstanden 1902 nach Entwürfen von *František Mikš*. Das Hauptportal ist mit einem Relief ›Das Jüngste Gericht‹ von *Stepan Zálešák* (1901) geschmückt. – Das Innere ist mit phantasievollen Figural- und Ornamentalmalereien von *František* und *Maria Urban* ausgestattet. Beachtenswert sind ferner ein romanischer Steinsarg aus dem 11. Jh. in der 1. Kapelle rechts, der geschnitzte Altar mit den böhmischen Landespatronen von *Jan Kastner* in der 2. Kapelle rechts sowie das Tafelbild auf dem Altar der 3. Kapelle rechts, ›Maria im Regen‹, aus dem 14. Jh.

St.-Martins-Rotunde: Die kleine romanische Rundkapelle mit abschließender Laterne und seitlicher Apsis stammt aus der Zeit *Wratislaws II.* Sie ist das älteste noch erhaltene Bauwerk auf dem Wyschehrad und auch die älteste der drei noch in Prag vorhandenen Rotunden aus romanischer Zeit. Wahrscheinlich als Friedhofskapelle errichtet, diente sie zeitweise auch als Pulvermagazin. Nach Plänen von *Antonin Baum* erfolgte 1878 eine sorgfältige Restaurierung. Das Innere ist mit einem kleinen Altar und Bildern ausgestattet.

Arkadengang am Ehrenfriedhof

Ehrenfriedhof: Der kleine Friedhof neben der Kirche St. Peter und Paul, der seit 1660 urkundlich belegt ist, wurde in den letzten 20 Jahren des 19. Jh. zum Ehrenfriedhof bedeutender und verdienter Persönlichkeiten des tschechoslowakischen Volkes umgestaltet. Nach den Entwürfen von *Antonin Wiehl* entstand 1889/90 das Ehrenmal (›Slavin‹), zu dem der Bildhauer *Josef Mauder* die plastische Ausschmückung mit den allegorischen Darstellungen ›Ruhm‹ und ›Trauer‹ besorgte. Die 1890/98 errichteten Arkaden, die den nördlichen Bereich des Friedhofs nach drei Seiten begrenzen, gehen ebenfalls auf Vorlagen von *Antonin Wiehl* zurück. Unter den auf dem Friedhof Bestatteten befinden sich u. a. die Schriftsteller *Jan Neruda* und *Julius Zeyer*, die Komponisten *Bedřich Smetana*, *Antonin Dvořák* und *Zdeněk Fibich*, der Geiger *Jan Kubelik*, die Bildhauer *Josef Myslbek*, *Bohumil Kafka* und *Ladislav Šaloun* sowie die Architekten *Kamil Hilbert*, *Jaroslav Fragner* und *Ignaz Ullmann*.

45 Schloß Troja

Lage: Prag 7, Troja, gegenüber dem Zoologischen Garten; Straßenbahn 17, 24, 29, bis zur Station Ärgentiská, dort in den Bus 112 umsteigen.

Das 1679–1685 von *Jean Bapt. Mathey* für den *Grafen Wenzel Adalbert von Sternberg* in Anlehnung an die römische Villenarchitektur der damaligen Zeit errichtete Lustschloß gelangte vor allem durch seine großangelegte *Freitreppe* zum Garten sowie durch die prunkvolle Ausmalung seiner Innenräume zu Berühmtheit. Zu der wahrscheinlich von *Mathey* konzipierten Freitreppe entwarf der Dresdener Bildhauer *Johann Georg Heermann* die Szenerie des Kampfes zwischen Göttern und Titanen. Die Gestalten des ›Kronos‹ (vorne links) und der ›Demeter‹ (rechte Karyatide) schuf der Künstler selbst, während die übrigen Arbeiten von seinem Neffen *Paul Heermann* stammen. Die Büsten auf dem äußeren Geländer, Allegorien der 4 Erdteile, 4 Jahreszeiten und 4 Tageszeiten, entstanden in der Bildhauerwerkstatt von *Michael Johann Josef Brokoff* und *Ferdinand Maximilian Brokoff*. Auf der Terrasse zum Garten, der um 1700 als erster in Böhmen im französischen Stil angelegt wurde, stehen dekorative Vasen im barocken Stil aus Terrakotta.

Die *Innenräume* sind an den Decken und Wänden mit kolossalen Historiengemälden versehen, die die Herrschaft der Habsburger und die Familie Sternberg verherrlichen. Zunächst übertrug Graf Sternberg dem Italiener *Giovanni Marchetti* die bildnerische Ausschmükkung des Schlosses, der 1689/90 die Nebenräume im Erdgeschoß und im 1. Stock ausmalte, jedoch nicht zur Zufriedenheit seines Auftraggebers, der daraufhin *Abraham Godin* aus Antwerpen mit der Weiter-

Schloß Troja: Grundriß

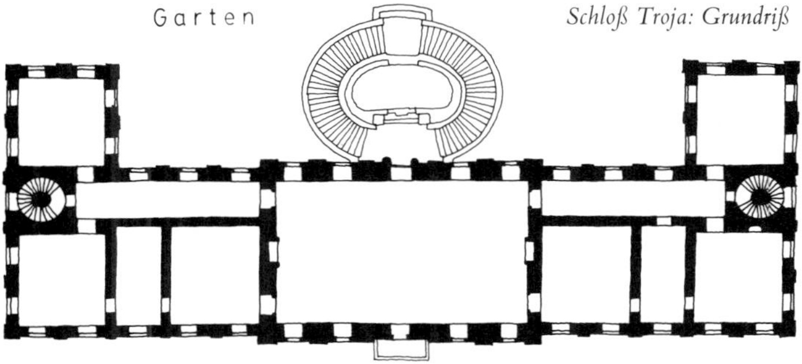

Schloß Troja

arbeit beauftragte. *Godin* schuf im *Großen Saal* eine imposante kulissenhafte Scheinarchitektur. Zwischen Pilastern und Nischen an den Wänden komponierte er Historiengemälde, die durch ihre Vielfalt an Details beeindrucken und über denen sich die Decke als Himmel öffnet: in der Mitte der Decke das ›Auge Gottes‹, um das sich Gestalten der Kirche sowie Angehörige der Habsburger Dynastie mit zahlreichen Allegorien und Symbolen gruppieren, die die Einheit von kirchlicher und weltlicher Herrschaft darstellen sollen. An der linken Stirnwand (vom Garten kommend) zeigt ein großes Fresko den ›Triumphzug Kaiser Leopolds I.‹ nach seinem Sieg über die Türken 1683 am Kahlenberg bei Wien. Auf der gegenüberliegenden Wand ist Rudolf von Habsburg dargestellt, der einem Priester sein Pferd zur Verfügung stellt, damit dieser den Sterbenden die letzte Ölung bringen kann. Die Längswände stattete *Godin* mit den Gestalten *Rudolfs I.*, *Friedrichs III.*, *Ferdinands II.* und *Ferdinands III.* aus; über den Fenstern Büsten von 9 weiteren Angehörigen aus dem Hause Habsburg. Heute wird Schloß Troja von der Galerie der Hauptstadt Prag verwaltet, soll aber in Zukunft auch zu Repräsentationszwecken des Oberbürgermeisters und des Rates von Prag dienen.

46 **Schloß Stern** *(Hvězda)*

Lage: Prag 6, Břevnov; U-Bahnhof Hradčanská, von dort mit den Straßenbahnen 22 oder 31 bis zur Endstation.

In unmittelbarer Nähe der Stadt am Weißen Berg (Bilá Hora), ließ *Ferdinand I.* um 1530 einen großen Wildpark anlegen. Hier fanden im 16. Jh. zahlreiche königliche Jagdgesellschaften und Schützenfeste statt. Nach eigenen Vorstellungen ließ der Sohn *Ferdinands I.*, Erzherzog *Ferdinand von Tirol*, sich inmitten des Parks durch die Baumeister *Juan Aostali* und *Giovanni Luchese* und unter der Leitung von *Bonifaz Wolmut* und *Hans von Tirol* 1555/56 das Renaissance-Schloß errichten. Das in seiner äußeren Gestalt ungewöhnliche Bauwerk ist durch 6 spitzwinklige Baukörper gekennzeichnet, die im Grundriß einen sechszackigen Stern bilden. Im Innern gruppieren sich um einen zwölfeckigen Mittelraum, der von einer Kuppel überwölbt ist, 6 schmale, mit Tonnengewölben ausgestattete Gänge, die zu sechs im Grundriß rhombusförmigen Sälen führen. Der Mittelraum und die Gänge im Erdgeschoß sind an den Decken mit dekorativen Stukkaturen italienischer Künstler aus den Jahren 1556/63 geschmückt, die Meisterwerke italienischer Stukkatur in Böhmen darstellen. In 334 Feldern unterschiedlicher Größe sind Szenen aus der griechischen Mythologie und Geschichte ausgeführt.

Schloß Stern: Grundriß

Schloß Stern

1620 dehnte sich die berühmte *Schlacht am Weißen Berg* zwischen den katholisch-kaiserlichen Heeren und den protestantischen Ständen von Böhmen und Mähren in ihrer letzten Phase bis an die Umfassungsmauern des Schlosses aus. Die vernichtende Niederlage der protestantischen Stände bedeutete über 300 Jahre den Verlust der nationalen Unabhängigkeit des tschechischen Volkes bis zum Untergang der Habsburger Dynastie 1918. Im 18. Jh. diente das Schloß vorübergehend als Pulvermagazin. Nach Entwürfen von *Pavel Janák* wurde es 1949/51 restauriert und in ein Museum für den Verfasser historischer Romane der tschechischen Geschichte, *Alois Jirásek* (1851–1930), und den Historienmaler *Mikolaš Aleš* (1852–1913; Sage vom ›Vaterland‹ im Nationaltheater) umgestaltet.

47 Burg Karlstein

Lage: 31 km südwestlich von Prag. Mit dem Zug vom Bahnhof Prag-Smichóv 35 Minuten. Mit dem Wagen die E 12 in Richtung Pilsen. Besichtigung im Rahmen einer einstündigen Führung.

Oberhalb des kleinen Flusses *Berounka* ragt auf einem 319 m hohen kahlen Kalksteinfelsen, der an drei Seiten von bewaldeten Hügeln umgeben ist, die mächtige Gestalt der Burg Karlstein empor. Sie ist die berühmteste Burg und eines der bedeutendsten mittelalterlichen Baudenkmäler Böhmens. *Karl IV.* ließ das monumentale Bauwerk 1348–1357, wahrscheinlich durch den französischen Baumeister *Matthias von Arras*, zur Aufbewahrung der Reichskleinodien, der böhmischen Kroninsignien, der zahlreichen von ihm gesammelten Reliquien sowie wichtiger Staatsdokumente, aber auch zugleich als Wallfahrtsstätte errichten. Noch vor Vollendung der in relativ kurzer Zeit fertiggestellten Burg hielt sich der Kaiser 1355 hier zum ersten Mal auf. Die terrassenartig angeordnete Anlage besteht aus dem am tiefsten gelegenen kleinen Brunnenturm (d; Brunnentiefe 90 m) und der unteren Vorburg mit dem Haus der Burggrafen (e); auf der folgenden Ebene befindet sich der kaiserliche Palast (f) mit einer zweigeschossigen Kapelle; diesem folgt, wieder etwas erhöht angeordnet, der quergestellte Marienturm mit der Marienkirche und der Katharinenkapelle (g) und auf dem Gipfel des Felsens der dominierende große Turm mit der Kapelle des Hl. Kreuzes (i). Die Burg diente zwar nie militärischen Zwecken und konnte auch während ihrer ganzen Geschichte niemals eingenommen werden, wurde aber dennoch 1422 durch die Hussitenstürme erheblich beschädigt, jedoch noch im gleichen Jahrhundert wieder instandgesetzt. Ihr heutiges Äußeres erhielt sie durch Umgestaltungen des großen Turmes und der Fassaden 1575/97 und durch eine grundlegende Restaurierung 1887/97 durch *F. Schmidt* und *Josef Mocker*, die das Bauwerk vor dem drohenden Verfall Ende des 19. Jh. bewahrte. Heute wird die Burg mit großer Sorgfalt und erheblichem Aufwand als Nationales Kulturdenkmal erhalten.

Kaiserlicher Palast (f): 1. Stock (Räume für das Gefolge)

Höflingszimmer: Dieser erste Raum dokumentiert die Entstehungsgeschichte der Burg sowie ihre kunsthistorische Bedeutung unter dem Einfluß *Karls IV.* Die Decke und der mit Keramikfliesen ausgelegte Boden wurden nach alten Vorlagen erneuert. Die Sitzfigur des Kaisers, eine Nachbildung der Statue vom Altstädter Brückenturm, stammt aus der Werkstatt *Peter Parlers.* Wappen und Fahnen sowie die Nachbildungen der böhmischen und der Reichskrone veranschaulichen den Machtbereich des Herrschers. Eine Darstellung

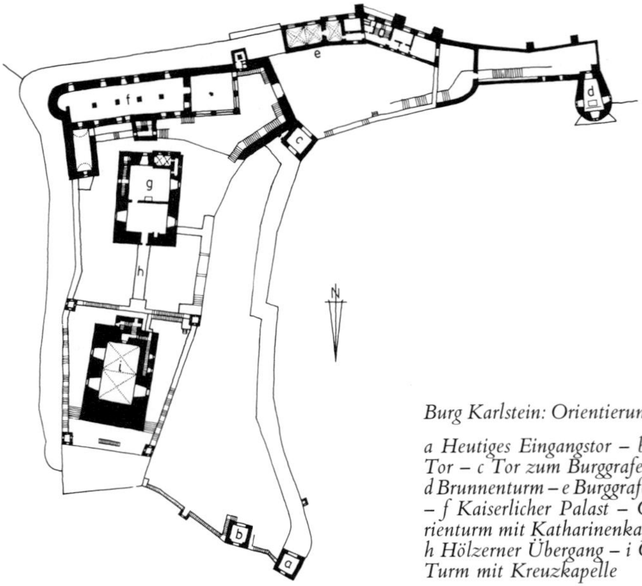

Burg Karlstein: Orientierungsplan

a Heutiges Eingangstor – b Altes Tor – c Tor zum Burggrafenhof – d Brunnenturm – e Burggrafenhaus – f Kaiserlicher Palast – G Marienturm mit Katharinenkapelle – h Hölzerner Übergang – i Großer Turm mit Kreuzkapelle

des mittelalterlichen Prag mit der von *Karl IV.* gegründeten Neustadt sowie ein Modell des Saales, wie er im 14. Jh. eingerichtet war, vervollständigen die Dokumentation.

Mannensaal: In diesem Raum versammelten sich die Mannen oder Lehnsherren, die für die Sicherheit der Burg verantwortlich waren. Dieser Raum soll einen Eindruck von den Lebensverhältnissen im öffentlichen und politischen Bereich unter *Karl IV.* vermitteln. Unter anderem sind eine Faksimileausgabe des von *Karl IV.* verfügten Gesetzbuches (›Majestas Carolina‹), die Gründungsurkunde des Domkapitels von Karlstein und eine Karte des Heiligen Römischen Reiches Deutscher Nation zur Zeit *Karls IV.* zu sehen sowie Modelle der Burg in ihrem ursprünglichen Zustand und nach den erfolgten Umbauten; ferner ein Modell des Saales, wie er ursprünglich ausgesehen hat. Zahlreiche Buchillustrationen vermitteln einen Einblick in die unterschiedlichsten Lebensbedingungen der einzelnen Stände im 14. Jh. Außerdem sind Fragmente der Verglasung der Kreuzkapelle, ein spätgotisches Diptychon aus dem 15. Jh. aus der Palmatiuskirche in Budňany sowie Holzstatuen der hl. Katharina und des hl. Nikolaus aus der gleichen Zeit ausgestellt.

Burg Karlstein

Marienkirche: Reste der Wandmalerei

2. Stock (Wohnräume Karls IV.)

Schlafgemach Karls IV.: Von der ursprünglichen Ausstattung blieb nichts erhalten. An einem Modell wird versucht, die mittelalterliche Einrichtung des Raumes darzustellen. Die hier gezeigten Exponate sollen die kulturellen Verhältnisse am Hofe *Karls IV.* veranschaulichen: u. a. ein zweiteiliges Altarbild des Italieners *Tomaso da Modena*, das originale farbige Glasfenster der Katharinenkapelle, eine Plastik der hl. Katharina um 1380 sowie eine Marienstatue aus Alabaster; Faksimileausgaben der zur Zeit *Karls IV.* entstandenen Literatur, darunter seine Autobiographie (›Vita Caroli‹), vermitteln einen nachhaltigen Eindruck von dem damaligen kulturellen Niveau und der künstlerischen Kreativität.

Audienzsaal: Der Audienzsaal Kaiser *Karls IV.* ist der in seinem ursprünglichen Zustand am besten erhaltene Raum des Palastes. Die Wände sind mit einer kostbaren Holzvertäfelung ausgestattet. Die Decke wird durch einen profilierten Tragbalken in zwei Bereiche geteilt, deren Kassettenfelder in kräftigem Blau mit goldfarbenem Mittelpunkt gehalten sind. Auch die Wappen des Kaisers in den Fensternischen stammen noch aus dem Mittelalter. Heute enthält der

Saal Darstellungen von Persönlichkeiten, die dem Kaiser nahe gestanden haben: u. a. Papst *Klemens VI.*, König *Karl V.* und der Dichter *Francesco Petrarca.* Ein Stich auf einem Reliquienkreuz zeigt *Karl IV.* und Papst *Urban V.*

Luxemburgsaal: Dieser Saal enthielt ursprünglich ein Wandgemälde mit dem Stammbaum des Kaisers, der bis auf den biblischen Noah zurückreichte. Heute ist die Stirnwand mit einem Wandbehang versehen, der einen symbolischen Stammbaum des Geschlechts der Luxemburger in Böhmen darstellt. Darüberhinaus sind die bedeutendsten Taten *Karls IV.* durch Urkunden dokumentiert: Gründung der Universität und der Neustadt von Prag sowie die Erhebung der Stadt zum Erzbistum. Die Porträtkopien stellen die namhaftesten Künstler am Hofe des Kaisers dar: u. a. den Baumeister *Matthias von Arras* und den Maler *Theoderich.* Auch hier wird durch ein Modell versucht, den ursprünglichen Zustand des Raumes zu verdeutlichen.

Marienturm (g)

Marienkirche: Die Kirche im Turm gegenüber dem Kaiserpalast ist nach Veränderungen unter *Rudolf II.* durch *Josef Mocker* 1857 wieder in ihren ursprünglichen Zustand versetzt worden. Dabei wurden Reste der Wandmalereien aus der Zeit *Karls IV.* freigelegt. Sie zeigen Szenen aus der Apokalypse: noch gut erkennbar die Vernichtung einer Stadt, der Kampf der Engel mit dem Teufel, ein neunköpfiger Drache und Fragmente der apokalyptischen Reiter. Drei weitere Bilder zeigen den Kaiser, wie er vom französischen Dauphin Reliquien empfängt, wie er mit dem König von Zypern und Jerusalem zusammentrifft und mit einem Reliquienschrein in Gestalt eines goldenen Kreuzes; in der Altarnische eine ausgezeichnete Madonnenstatue aus Holz von 1360.

Katharinenkapelle: Von der Marienkirche gelangt man durch einen schmalen Gang zu dem kleinen Raum der Katharinenkapelle, die ausschließlich dem Kaiser zur privaten Andacht und Meditation diente. Die kostbare Ausschmückung des intimen Raumes ist noch fast vollständig in ihrer ursprünglichen Gestalt erhalten. Die Wände sind mit über 1000 Halbedelsteinplatten (Karneol, Jaspis und Chalzedon) verkleidet und mit vergoldetem Stuck verfugt. Den unteren Bereich der Stirnwand schmückt ein Wandgemälde mit der ›Kreuzigung Christi‹. In der Altarnische über dem Gekreuzigten auf einem Thron mit Baldachin die Muttergottes mit dem Jesusknaben; zu ihren Füßen knieen Kaiser *Karl IV.* und seine Gemahlin *Anna von Schweidnitz.* An den Längsseiten Bildnisse der Schutzheiligen der Katharinenkapelle.

Kapelle des Hl. Kreuzes im großen Turm (i)

Die dem heiligen Kreuz 1355 geweihte Kapelle ist der bedeutendste Raum der gesamten Burg, mit der weitaus prunkvollsten Ausstattung; er diente zur Aufbewahrung der Reichskleinodien (heute in der Wiener Hofburg) und der böhmischen Kroninsignien (heute im Veitsdom auf dem Hradschin) sowie zahlreicher Reliquien und wichtiger Staatsdokumente. Der in zwei Joche gegliederte Raum, der als eine Allegorie des ›Himmlischen Jerusalem‹ zu verstehen ist, wird durch ein vergoldetes Gitter in zwei Bereiche unterteilt und von einem vergoldeten gotischen Kreuzrippengewölbe überspannt, das als Himmel mit Sonne, Mond und hunderten von vergoldeten Sternen aus venezianischem Glas gestaltet ist. Die Wände sind in der unteren Zone mit rund 2450 Edel- und Halbedelsteinen (Amethyst, Topas, Jaspis, Onyx, Chrysolit, Karneol und Chalzedon) verkleidet, die in vergoldetem Stuck gefaßt und zu Kreuzen geformt wurden. Sie schimmerten in vielfältiger Farbenpracht im Glanz von 1300 Lichtern, die auf vergoldeten Dornen befestigt waren.

Von größter Kostbarkeit sind auch die 127 *Tafelbilder* im oberen Bereich der Wände. Hinter diesen Bildern, bzw. in kleinen in den Rahmen eingelassenen Kästchen, wurden die Reliquien aufbewahrt. Die Bildnisse schuf *Meister Theoderich*, der bedeutendste Maler seiner Zeit in Böhmen und Hofmaler *Karls IV.* Sie stellen Gestalten aus dem Alten und Neuen Testament und der Kirchengeschichte dar: Propheten, Apostel, Märtyrer, Päpste, Mönche und hl. Jungfrauen. Die bemerkenswert differenziert und individuell gestalteten Gesichter faszinieren durch ihre herbe und realistische Vitalität. Diese Tafelbilder des *Meisters Theoderich* waren in ihrer künstlerischen Technik ihrer Zeit weit voraus und trugen wesentlich zur weiteren Entwicklung der europäischen Malerei bei.

Die Wandgemälde in den Gewölben der Fensternischen beinhalten Themen aus dem Leben Jesu und der Apokalypse. An der Stirnwand über dem Altar schuf *Meister Theoderich* mit der ›Kreuzigung Christi‹ das bedeutendste Gemälde der Kapelle. Die helle Gestalt des Gekreuzigten bildet einen auffälligen Kontrast zu dem dunklen Hintergrund des Bildes. Die enge Beziehung der Trauernden (Maria und Johannes) zu dem Toten bringt der Künstler durch eine betont räumliche Enge zum Ausdruck, in der es fast zur körperlichen Berührung zwischen den Lebenden und dem Verstorbenen kommt – ein Merkmal christlicher Malerei, das bis zu jenem Zeitpunkt keine Parallele hatte, wie überhaupt das Gesamtensemble dieser Kapelle ohne Beispiel in der künstlerischen Gestaltung des 14. Jh. in Mitteleuropa ist. Auch bei nüchterner Betrachtung kann man sich der fast überirdischen Atmosphäre dieses Raumes kaum entziehen.

Kapelle des Hl. Kreuzes

D. VORSCHLÄGE FÜR RUNDGÄNGE UND BESICHTIGUNGEN

Das alte Prag ist eine Stadt, die sich aufgrund ihrer relativ geringen räumlichen Ausdehnung am besten zu Fuß erschließen läßt. Der Besucher wird dafür mit einer Fülle der herrlichsten kunsthistorisch bedeutenden und sehenswerten Baudenkmäler auf engstem Raum belohnt. Prag ist ein einziges ›Architekturmuseum‹ mit Bauwerken aller Stilrichtungen und Epochen von der Romanik über die Gotik, Renaissance, Barock, Rokoko, den Klassizismus und Historismus bis zur Moderne. Jedoch sei darauf hingewiesen, daß bei der Fülle wertvoller Bauten immer damit gerechnet werden muß, daß das eine oder andere Bauwerk gerade restauriert wird und nicht zugänglich ist.
Als Ausgangspunkte für Rundgänge seien die Prager Burg ›Hradschin‹, der Kleinseitener Ring, der Altstädter Ring und der Wenzelsplatz empfohlen, die selbstverständlich vom jeweiligen Standort aus mit öffentlichen Verkehrsmitteln erreicht werden können.

1. *Prager Burg ›Hradschin‹ und Hradschinstadt* (U-Bahnhof Hradčanská, Straßenbahn 22, 23): Hradschin (Nr. 1) – Königlicher Garten (Nr. 2) – Hradschiner Platz (Nr. 3) – St.-Johannes-von-Nepomuk-Kirche (Nr. 4) – Loreto-Heiligtum (Nr. 5) – Palais Czernin (Nr. 6) – Kloster Strahov (Nr. 7) – Petřin (Nr. 8) – Kinsky-Lustschloß und Garten (Nr. 9).

2. *Kleinseite und Insel Kampa* (Kleinseitener Ring, Malostranské náměsti, Straßenbahn 12, 22): Kleinseitener Ring (Nr. 14) – Nerudova ulice (Nr. 17) – Waldsteinplatz (Nr. 16) – Thomaskirche (Nr. 15) – St. Maria de Victoria (Nr. 13) – Malteserplatz (Nr. 12) – Kleinseitener Brückentürme (Nr. 18) – Insel Kampa (Nr. 11).

3. *Altstadt und Josefstadt:* Altstädter Ring (Nr. 23) – St. Jakobs-Kirche (Nr. 27) – Palais Clam-Gallas (Nr. 22) – Clementinum (Nr. 21) – Altstädter Brückenturm (Nr. 20) – Karlsbrücke (Nr. 19) – Rudolfinum (Nr. 24) – Jüdisches Museum (Nr. 25) – Ehem. Agneskloster (Nr. 26) – Pulverturm (Nr. 28) – Palais Sylva-Tarouca (Nr. 29) – Carolinum (Nr. 30) – Bethlehemskapelle (Nr. 31) – Hl. Kreuz-Rotunde (Nr. 32) – Kloster der Ursulinerinnen (Nr. 33) – Nationaltheater (Nr. 34).

4. *Neustadt und Wyschehrad* (Wenzelsplatz, Václavské náměsti, U-Bahnhof Moustek, Straßenbahn 3, 5, 9, 14, 15, 18, 19, 21, 24, 29): Wenzelsplatz (Nr. 36) – Longius-Rotunde (Nr. 37) – St.-Katharinen-Kirche (Nr. 38) – Karlsplatz (Nr. 39) – St.-Cyrill-und-Method-Kirche (Nr. 40) – St.-Johannes-von-Nepomuk-am-Felsen (Nr. 41) – Kirche Maria Säul (Nr. 42) – Karlshof (Nr. 43) – Wyschehrad (Nr. 44).

E. ÖFFNUNGSZEITEN DER MUSEEN, SAMMLUNGEN UND SONSTIGEN SEHENSWÜRDIGKEITEN

Alois Jirásek- und **Mikoláš Aleš-Museum** (Plan 46, S. 172): Schloß Stern, Prag 6, Brevnov. – Geöffnet: Tgl. außer Mo 9–17 Uhr.

Altstädter Rathaus mit Astronomischer Uhr (Plan 23, S. 111 f.): Altstädter Ring. – Geöffnet: März–Okt. 8–18 Uhr, Okt.–Febr. 8–17 Uhr.

Antonin-Dvorák-Museum (Plan 38, S. 155): Villa Amerika, Prag 2, Neustadt, Ke Karluvo 20. – Geöffnet: Tgl. außer Mo 10–17 Uhr.

Aussichtsturm und **Labyrinth auf dem Petřin** (Plan 8, S. 75): Geöffnet: Im Sommer 10–17 Uhr, im Winter nur Sa und So.

Bethlehemskapelle (Plan 31, S. 145): Prag 1, Betlémské námesti. – Geöffnet: April–Sept. 9–18 Uhr, Okt.–März 9–17 Uhr.

Burg Karlstein (Plan 47, S. 173 ff.): Besichtigung nur im Rahmen einer einstündigen Führung. Freilichtaufführungen Mai–Aug. Sa und So 19–23 Uhr.

Depositorium des Museums der Hauptstadt Prag für Plastiken (Plan 38, S. 154): St.-Katharinen-Kirche, Kateřinská ulice. – Geöffnet: Nur im Sommer Sa 13–18 Uhr, So 10–18 Uhr.

Hradschin (Plan 1, S. 25 ff.): Geöffnet: April–Okt. tgl. außer Mo 9–17 Uhr, Nov.–März 9–16 Uhr.

Klement-Gottwald-Museum (Plan 30, S. 144): Prag 1, Rytiřská 29. – Geöffnet: Tgl. außer Mo 9–17 Uhr.

Königlicher Garten mit ehem. Reitschule, Ballhaus und Belvedere (Plan 2, S. 53 ff.): Die Ausstellungen in diesen Gebäuden sind tgl. außer Mo von 10–18 Uhr geöffnet.

Kunstgewerbemuseum (Plan 24, S. 124): Prag 1, ulice 17. listopadu 2. – Geöffnet: Tgl. außer Mo 10–17 Uhr.

Lenin-Museum: Prag 1, Hybernska 7. – Geöffnet: Tgl. außer Mo 9–17 Uhr, So 9–15 Uhr.

Mittelböhmische Galerie: Prag 1, Husova ulice 19–21. – Geöffnet: Tgl. außer Mo 10–17 Uhr.

Mozart-Museum (Plan 10, S. 76): Bertramka, Smichov, Mozartova 2. – Geöffnet: Tgl. außer Mo 10–17 Uhr.

Museum der Hauptstadt Prag (Plan 28, S. 140): Prag 1, Sady Jana Švermy. – Geöffnet: Tgl. außer Mo 9–12 Uhr und 13–17 Uhr.

Museum der tschechischen Armee: Prag 3, U pámatniku 2. – Geöffnet: Tgl. außer Mo 9.30–16.30 Uhr.

Museum der tschechischen Literatur (Plan 7, S. 75): Kloster Strahov, Hradschin, Strahovské nádvoři. – Geöffnet: Tgl. außer Mo 9–17 Uhr.

Museum für Heeresgeschichte (Plan 3, S. 61 f.): Palais Schwarzenberg, Hradčanské námesti N 56. – Geöffnet: Mai–Okt. tgl. außer Mo 9–15.30 Uhr.

Museum für tschechische Malerei und Kunstgewerbe des 19. Jh. (Plan 26, S. 133 ff.): Ehem. Agneskloster, Anczská ulice. – Geöffnet: Tgl. außer Mo 10–18 Uhr.

Nationalgalerie – Graphische Sammlung (Plan 23, S. 121): Altstädter Ring, Palais Kinsky. – Geöffnet: Tgl. außer Mo 10–18 Uhr.

Nationalgalerie – Sammlung alter Kunst Böhmens (Plan 1, S. 43 ff.): St.-Georgskloster, Hradschin, Georgsplatz. – Geöffnet: Tgl. außer Mo 10–18 Uhr.

Nationalgalerie – Sammlung europäischer Kunst (Plan 3, S. 58): Palais Sternberg, Hradčanské námesti 15. – Geöffnet: Tgl. außer Mo 10–18 Uhr.

Nationalgalerie – Sammlung tschechischer Malerei des 20. Jh.: Stadtbibliothek, Prag 1, námesti Dr. V. Vacka 1. – Geöffnet: Tgl. außer Mo 10–18 Uhr.

Nationalgalerie – Sammlung tschechischer Plastik des 19. und 20. Jh.: Schloß Zbraslav, außerhalb Prags. – Geöffnet: Tgl. außer Mo 10–18 Uhr.

Nationalmuseum (Plan 36, S. 150): Wenzelsplatz. – Geöffnet: Tgl. außer Di 9–17 Uhr bzw. Mo und Fr 9–16 Uhr.

Nationalmuseum für Technik: Prag 7, Kostelni 42. – Geöffnet: Tgl. außer Mo 10–17 Uhr.

Musikabteilung des Nationalmuseums (Plan 12, S. 78): Palais des Großpriors, Kleinseite, Malteserplatz. – Geöffnet: Tgl. außer Mo 10–17 Uhr.

Völkerkundliche Abteilung des Nationalmuseums: Prag 5, Petřinské Sady 98. – Geöffnet: Tgl. außer Mo 9–18 Uhr.

Náprstek-Museum – Sammlung asiatischer, afrikanischer und amerikanischer Kulturen: Prag 1, Betlémské náměsti 1. – Geöffnet: Tgl. außer Mo 15–18 Uhr.

Palais Waldstein, Garten und Sala terrena (Plan 16, S. 90 f.): Kleinseite, Waldsteinplatz. – Geöffnet: April–Sept. tgl. 9–19 Uhr.

Schloß Troja (Plan 45, S. 169 f.): Geöffnet: April–Sept. tgl. außer Mo 9–19 Uhr.

Smetana-Museum (Plan 20, S. 103 f.): Prag 1, Smetanovo nábřeži. – Geöffnet: Tgl. außer Di 10–17 Uhr.

Staatliches Jüdisches Museum in Prag (Plan 25, S. 126 ff.): Josephstadt. – Geöffnet: Tgl. außer Sa 9–16.30 Uhr.

Villa Bilek (Bilkova galerie): Prag 6, Mickiewiczova 1. – Geöffnet: Tgl. außer Mo 10–18 Uhr.

F. INFORMATIONSTEIL

Allgemeine Reisehinweise

Auskunft vor Antritt der Reise erteilt das Tschechoslowakische Fremdenverkehrbüro *Čedok: In der Bundesrepublik Deutschland:* Kaiserstr. 54, 6000 Frankfurt/M., Tel. 0 69/23 29 75-77. – *In Österreich:* Parkring 12, 1010 Wien, Tel. 02 22/52 86 99. – *In der Schweiz:* Urania-Str. 34/II, 8001 Zürich, Tel. 01/27 42 45. – *In Prag:* Čedok-Ausländerdienst, Prag 1, Nové Město, Na přikopě 18, Tel. 22 08 25, 22 42 51, 26 58 51. – Čedok-Stadtführer, Prag 1, Nové Město, Nekázanka 5, Tel. 22 72 21. – Pragtour (Zimmervermittlung, Eintrittskarten), Prag 1, Staré Město, U Obecniho domu 2, Tel. 6 16 51, 6 16 52, 6 16 53, 6 16 54. – Prag-Information, Prag 1, Nové Město, Na přikopě 20, Tel. 54 44 44.
Das Büro gibt monatlich ein Informationsheft heraus, das kostenlos in den Hotels ausliegt oder direkt erhältlich ist. Das Heft enthält ein Verzeichnis der bedeutendsten Sehenswürdigkeiten, Museen, Galerien, Hotels, Restaurants, Wein- und Bierstuben sowie die Programme der Theater, Konzertsäle und Kinos der Stadt Prag.

Personaldokumente: Für die Reise in die Tschechoslowakei sind ein gültiger Reisepaß (für Westberliner der Personalausweis) und ein tschechoslowakisches Visum (24.– DM) erforderlich. – Reisende, die privat wohnen, müssen sich innerhalb von 48 Stunden nach der Einreise in die Tschechoslowakei bei den zuständigen Behörden melden. Meldestelle in Prag: Prag 3, Olšanská 2, Tel. 24 51 83-7.

Devisenbestimmungen: Beim Grenzübertritt sind für jeden vorgesehenen Tag in der Tschechoslowakei 25.– DM in die Landeswährung umzutauschen (Kinder von 6–15 Jahren 12,50 DM, Kinder unter 6 Jahren frei). Tschechoslowakisches sowie Geld aus anderen sozialistischen Staaten darf weder ein- noch ausgeführt werden.
Autofahrer benötigen die nationale Zulassung und das nationale Kennzeichen. Die grüne Versicherungskarte wird nicht verlangt, sollte dennoch mitgenommen werden.

Wichtige Telefonverbindungen: Notruf: 155 – Feuerwehr: 150 – Polizei: 158 – Krankentransport: 333 – Zahnärztlicher Bereitschaftsdienst: 26 13 74 – Apotheke mit Bereitschaftsdienst: 22 00 81 – Auskunft Prag: 120 – Auskunft ČSSR: 121 – Pannenhilfe: 22 49 06 – Taxi (auf der Seite der Altstadt): 20 29 51 – Taxi (auf der Kleinseite): 20 39 41, Fundbüro 6 01 44 – Telegrammaufnahme: 127 – Dolmetscherdienst: 53 95 10.
Sprachschwierigkeiten gibt es in der Regel nicht. Deutsch und Englisch werden fast überall verstanden.

Verkehrsmittel

Die öffentlichen Verkehrsmittel in Prag haben alle einen Einheitstarif von Kčs 1,–. Der Fahrschein berechtigt nur zu einer direkten Fahrt und wird vom Fahrgast selbst an einem Lochapparat entwertet. – Fahrscheine können an allen Zeitungsständen, Kiosken, in den Hotels, Restaurants sowie auf den Bahnhöfen und am Flughafen gekauft werden.
Die wichtigsten Straßenbahn- und Buslinien fahren die ganze Nacht in Abständen von 40 Minuten
Die Metro verkehrt von 5.00–24.00 Uhr. Die Sperre zum Bahnsteig wird durch Einwurf einer 1 Kčs-Münze geöffnet.

Unterkunft

Besucher der Stadt Prag können Hotelzimmer in den folgenden Reisebüros reservieren. Die Hotels sind nach dem Niveau ihrer Dienstleistungen in die Kategorien A* de Luxe, A*, B*, B und C eingeteilt: *Čedok*, Prag 1, Panská 5, Tel. 22 70 04; 22 56 57. – *Čedok*, Prag 1, Na přikopé 18, Tel. 22 42 51 – *Pragtour*, Prag 1, U Obecniho domu 2, Tel. 23 17 28 1.

Diplomatische Vertretungen: *Bundesrepublik Deutschland:* Prag 1 (Kleinseite), Vlašska ulice 19, Palais Lobkowitz, Tel. 53 32 51. – *Deutsche Demokratische Republik:* Prag 1 (Neustadt), Gottwaldovo ńabřeži 32, Moldau-Ufer, Tel. 29 26 26. – *Österreich:* Prag 5 (Smichov, linkes Moldau-Ufer), Viktora Huga 10, Tel. 54 00 13, 54 00 22. – *Schweiz:* Prag 1 (Hradschin), Hradčancé náměsti 1 (Hradschiner Platz), Tel. 53 67 72.

Kultur und Unterhaltung

Theater

Smetana-Theater (Smetanovo divadlo), Prag 1, Vinohrady, Vitězného února 8, Tel. 22 39 38. – *Tyl-Theater* (Tylovo divadlo), Prag 1, Staré Město, Železná 11, Tel. 22 32 95. – *Theater in Vinohrady* (Divadlo na Vinohradech), Prag 2, Vinohrady náměstí Míru 7, Tel. 25 24 52. – *Kammerspiele* (Komorní divadlo), Prag 1, Nové Město, Hybernská 10, Tel. 22 28 19. – *Theater ABC*, Prag 1, Nové Město, Vodičova 28, Tel. 24 88 60. – *Realistisches Theater Zdeněk Nejedlý* (Realistické divadlo Z. Nejedlého), Prag 5, Smíchov, S. M. Kirova 57, Tel. 54 50 27. – *E.-F. Burian-Theater* (Divadlo E. F. Buriana), Prag 1, Nové Město, Na poříčí 26, Tel. 24 12 19. – *S.-K.-Neumann-Theater* (Divadlo S. K. Neumanna), Prag 8, Libeň, Rudé armády 34, Tel. 82 29 92. – *Theater am Geländer* (Divadlo Na zábradlí; Schauspiel, Pantomime), Prag 1, Staré Město, Anenské náměstí 5, Tel. 24 81 31. – *Schauspielclub* (Činoherní klub), Prag 1, Nové Město, Ve Smečkách 26, Tel. 24 77 61. – *Musiktheater in Karlín* (Hudební divadlo v Karlíně), Prag 8, Karlín, Křižíkova 10, Tel. 22 08 95. – *Musiktheater in Nusle* (Hudební divadlo v Nuslích), Prag 4, Nusle, Křesomyslova NC 625, Tel. 43 35 90. – *Theater Semafor*, Prag 1, Nové Město, Václavské náměstí 28, Tel. 26 14 49. – *Laterna magica* (Film und Ballett), Prag 1, Nové Město, Národní třída 40, Tel. 26 00 33. – *Zentrales Puppentheater* (Ústřední loutkové divadlo), Prag 1, Nové Město, Gorkého náměstí 28, Tel. 22 15 74. – *Puppentheater Spejbl und Hurvínek* (Divadlo Spejbla a Hurvínka), Prag 2, Vinohrady, Římská 45, Tel. 25 29 43. – *Rokoko*, Prag 1, Nové Město, Václavské náměstí 38, Tel. 24 12 39. – *Atelier*, Prag 1, Nové Město, Spálená 16, Tel. 29 22 55. – *DISK* (Studiobühne der Akademie der musischen Künste), Prag 1, Staré Město, Karlova 8, Tel. 26 53 77. – *Viola* (Weinstube der Poesie), Prag 1, Staré Město, Národní třída 17, Tel. 24 15 64.

Konzertsäle

Kultur-Palais (Palác kultury), Praha 4, Na Pankráci. – *Künstlerhaus* (Dům umělců), Prag 1, Staré Město, náměstí Krasnoarmejců 1, Tel. 6 93 93. – *Smetanasaal des Repräsentationshauses* (Obecní dům), Prag 1, Staré Město, náměstí Republiky 5, Tel. 6 30 01. – *Großer Lucerna-Saal*, Prag 1, Nové Město, Štěpánská 61, Tel. 24 61 51. – *Theater der Musik* (Divadlo hudby; Reproduzierte Musik), Prag 1, Nové Město, Opletalova 5, Tel. 22 45 37.
In der Sommersaison (von Mai bis September) finden zahlreiche Konzerte in den historischen Prager Gärten (Malá Strana) statt: *Waldstein-Garten* (Eingang von der Letenská 10). – *Ledebour-Garten* (Eingang vom Valdštejnske náměstí

3). *Vojan-Park* (Eingang von der Straße U lužického semináře). – *Garten der Villa Bertramka.* – *Strahov-Garten* am Museum des tschechischen Schrifttums. – *Na valech* (südliche Gärten der Prager Burg, Vormittags-Promenadenkonzerte). Konzerte alter Musik finden auch in einigen Kirchen statt: u. a. im St.-Veits-Dom und in der St.-Georgs-Basilika im Gelände der Prager Burg. Großer Beliebtheit erfreuen sich die Orgelkonzerte in der St.-Jakobs-Kirche, Prag 1, Staré Město, Malá Štupartská.

Essen und Trinken

Altprager Gaststätten

U Glaubiců, Prag 1, Malá Strana, Malostranské náměstí 5, Tel. 53 27 17. – *U Kalicha* (Zum Kelch, bekannt als Stammgasthaus Švejks), Prag 2, Nové Město, Na bojišti 12, Tel. 29 60 17. – *U Loretý* (Loreto-Gaststätte), Prag 1, Hradčany, Loretánské náměstí 8, Tel. 53 60 25. – *U Tomáše*, Prag 1, Malá Strana, Letenská 12, Tel. 53 62 62. – *Valdštejnská hospoda*, Prag 1, Malá Strana, Valdštejnské náměstí 7, Tel. 53 61 95. – *Vikárka*, Prag 1, Hrad, Vikářská 6, Tel. 53 64 97. –

Ausgesuchte Restaurants

Koliba U pastýřky (Zur Schäferin), Prag 4, Nusle, Bělehradská 15, Tel. 43 40 93. – *Oživlé dřevo* (Lebendes Holz), Prag 1, Hradčany, Strahovské nádvoří NC 132, am Museum des tschechischen Schrifttums, Tel. 53 18 97. – *Expo 58*, Prag 7, Holešovice, Letenské sady, Tel. 37 45 46, mit Ausblick auf das Stadtzentrum. – *Barrandov-Terrassen*, Prag 5, Hlubočepy, Barrandovská ulice, Tel. 54 53 09, mit Ausblick auf den Südteil der Stadt. – *U tří pštrosů* (Zu den drei Straußen), Prag 1, Malá Strana, Dražického náměstí 12, an der Karlsbrücke, Tel. 53 13 96. – *U zlatého hada* (Zur goldenen Schlange), Prag 1, Staré Město, Karlova 18, Tel. 24 37 65. – *Ve zlaté studni* (Zum goldenen Brünnel), Prag 1, Malá Strana, U zlaté studně 4, Tel. 53 63 65, Ausblick auf das Stadtzentrum. – *Vysočina*, Prag 1, Nové Město, Národní 28, Tel. 22 57 73.

Nationalitäten-Restaurants

Mit Balkanküche: Balkangrill, Prag 1, Staré Město, Provaznická 3, Tel. 22 52 60. – *Sofia*, Prag 1, Nové Město, Václavské náměstí 33, Tel.22 60 98. – *Chinesische Küche: Činská restaurace* (Chinesisches Restaurant), Prag 1, Nové Město, Vodikkova 19, Tel. 26 26 97. – *Französische Küche: Obecní dům* (Repräsentationshaus), Prag 1, Staré Město, náměstí Republiky 5, Tel. 6 56 41. – *Olympia*, Prag 1, Malá Strana, Vitězná 7, Tel. 53 01 86. – *Ungarische Küche: Budapest*, Prag 1, Nové Město, Václavské náměstí 7, Tel. 22 20 32. – *Russische Küche: Berjozka*, Prag 1, Staré Město, Rytířská 31, Tel. 22 38 22. – *Moskva*, Prag 1, Staré Město, Na příkopě 29, Tel. 26 39 95. – *Slovanský dům* (Slawisches Haus), Prag 1, Nové Město, Na příkopě 22, Tel. 22 07 94

Ausgewählte Weinrestaurants

Lobkovická (Spezialität: Mělniker Weine), Prag 1, Malá Strana, Vlašská 17, Tel. 53 01 85. – *Jadran* (Spezialität: Jugoslawische Weine), Prag 1, Malá Strana, Mostecká 21, Tel. 53 46 71. – *Klášterní* (Kloster-Weinstube), Prag 1, Nové Město, Národní 8, Tel. 29 48 63. – *Makarská*, Prag 1, Malá Stana, Malostranské náměstí 2, Tel. 53 15 73. – *Svatá Klára*, Prag 7, Troja, U trojského zámku 9, Tel. 84 12 13. – *U labutí* (Zu den Schwänen), Prag 1, Hradčany, Hradčanské náměstí 11, Tel. 53 94 76. – *U mecenáše* (Zum Mäzen), Prag 1, Malá Strana, Malostranské náměstí

10, Tel. 53 38 81. – *U plebána* (Zum Plebanus), Prag 1, Staré Město, Betlémské náměstí 10, Tel. 26 52 23. – *U zelené žáby* (Zum grünen Frosch), Spezialität: Wein aus Žernoseky, Prag 1, Staré Město, U radnice 8, Tel. 26 28 15. – *U zlaté hrušky* (Zur goldenen Birne), Prag 1, Hradčany, Nový svět 3, Tel. 53 11 33. – *U zlaté konvice* (Zur goldenen Kanne; Spezialität: Südmährische Weine), Prag 1, Staré Město, Melantrichova 20, Tel. 23 78 92. – *U zlatého jelena* (Zum goldenen Hirsch; Spezialität: Südmährische Weine), Prag 1, Staré Město, Celetná 11, Tel. 26 85 95.

Ausgewählte Bierlokale

U černého vola (Zum schwarzen Ochsen; im Ausschank: Velkopopovické pivo, 12 °), Prag 1, Hradčany, Loretánské náměstí 1, Tel. 53 86 37. – *U dvou koček* (Zu den zwei Katzen; im Ausschank: Pilsner Urquell, 12 °), Prag 1, Staré Město, Uhelný trh 10, Tel. 26 77 29. – *U Fleků* (im Ausschank: Dunkles Bier, 13 °, aus eigener Brauerei), Prag 1, Nové Město, Křemencova 9–11, Tel. 29 24 36. – *U kocoura* (Zum Kater; im Ausschank: Pilsner Urquell, 12 °), Prag 1, Malá Strana, Nerudova 2, Tel. 53 89 62. – *U medvídků* (Zu den kleinen Bären; im Ausschank: Budvar, 12 °), Prag 1, Staré Město, Na Perštýně 7, Tel. 24 24 73. – *U Pinkasů* (im Ausschank: Pilsner Urquell, 12 °), Prag 1, Nové Město, Jungmannovo náměstí 15, Tel. 26 18 04. – *U supa* (Zum Geier; im Ausschank: Dunkles Bier aus Braník, 14 °), Prag 1, Staré Město, Celetná 22, Tel. 22 30 42. – *U zlatého tygra* (Zum goldenen Tiger; im Ausschank: Pilsener Urquell, 12 °), Prag 1, Staré Město, Husova 17, Tel. 26 52 19.

G. NAMENREGISTER

H. OBJEKTREGISTER

Wichtige Textstellen *kursiv*, Plan- und Objektnummern **Fettdruck**

I. LITERATURAUSWAHL

Boeheim, Carl von, Prag die goldene Stadt an der Moldau in Wort und Bild, Augsburg 1965. – Čarek, Jiří, Románská Praha, Praha 1947, – Ehm, Josef/Kožík, František, Praha, v 88 barevných fotografiích, Praha 1973. – Fehr, Götz/Neumeister, Werner, Prag – Geschichte, Kunst und Kultur der Stadt an der Moldau, München 1979. – Fehr, Götz, Die Karlsbrücke zu Prag, Berlin 1943. – Franz, H. G., Bauten und Baumeister der Barockzeit in Böhmen, Leipzig 1962. – Herzogenberg, Johanna Baronin, Prag, Ein Führer, München 1968. – Hootz, Reinhardt (Hrsg.), Kunstdenkmäler in der Tschechoslowakei, München. – Kletzl, Otto, Die deutsche Kunst in Böhmen und Mähren, Berlin 1941. – Krischke, Traugott (Hrsg.), Einladung nach Prag, München/Wien 1966. – Kuhn, Heinrich, Tschechoslowakei, Nürnberg 1965. – Poche, Emanuel/Neubert, Karel/Srch, Antonín, Prag, Prag 1977[4]. – Poche, Emanuel, Schritt für Schritt durch Prag, Prag 1972. – Pollak, Oskar, Studien zur Geschichte der Architektur Prags 1520–1600, in ›Jahrbuch der kunsthistorischen Sammlungen des Allerhöchsten Kaiserhauses‹, Bd. 29, H. 2, Wien 1910. – Rybán Ctibor, Tschechoslowakei/Reiseführer, Informationen, Fakten, Prag 1982. – Schmerber, Hugo, Prager Baukunst um 1780, Straßburg 1913. – Schürer, Oskar, Prag, Kultur/Kunst/Geschichte, München/Brünn 1939. – Svoboda, Alois, Das tausendjährige hunderttürmige Prag, Prag 1964. – Svoboda, Karl Maria (Hrsg.), Gotik in Böhmen, München 1966. – Ders. (Hrsg.) Barock in Böhmen, München 1964. – Volanka, Vojtech, Kunstwanderungen durch Prag, Prag 1966. – Wachmeier, Günter, Prag, Kunst- und Reiseführer, Stuttgart, 1981[4]. – Zeyer, Jan, Barock und Rokoko, Sammlung architektonischer Motive aus Prag, Wien 1892.

Fotonachweis

Stefanie Clauder, Berlin: S. 47, 77, 115, 161 (rechts), 167.
Werner Neumeister, München: S. 4, 21, 26/27, 29, 37, 38 (links und rechts), 41 (links und rechts), 49, 51, 55, 57, 60, 64, 67, 69, 74, 82/83, 86, 88, 92, 96/97, 101, 106, 109, 110, 113, 116/17, 120 (links und rechts), 122, 129, 138, 140, 144, 156, 162, 164, 170, 175, 176, 179 und Farbfoto des Umschlags.
Vom Autor stammen folgende Aufnahmen: S. 30, 35 (rechts), 42, 62, 66, 70, 72, 78 (links und rechts), 91, 94 (links und rechts), 99 (links und rechts), 103, 114, 125, 130 (links und rechts), 134, 143, 146, 148, 149, 151, 152, 153, 155, 158, 160 (links), 166, 168, 172.

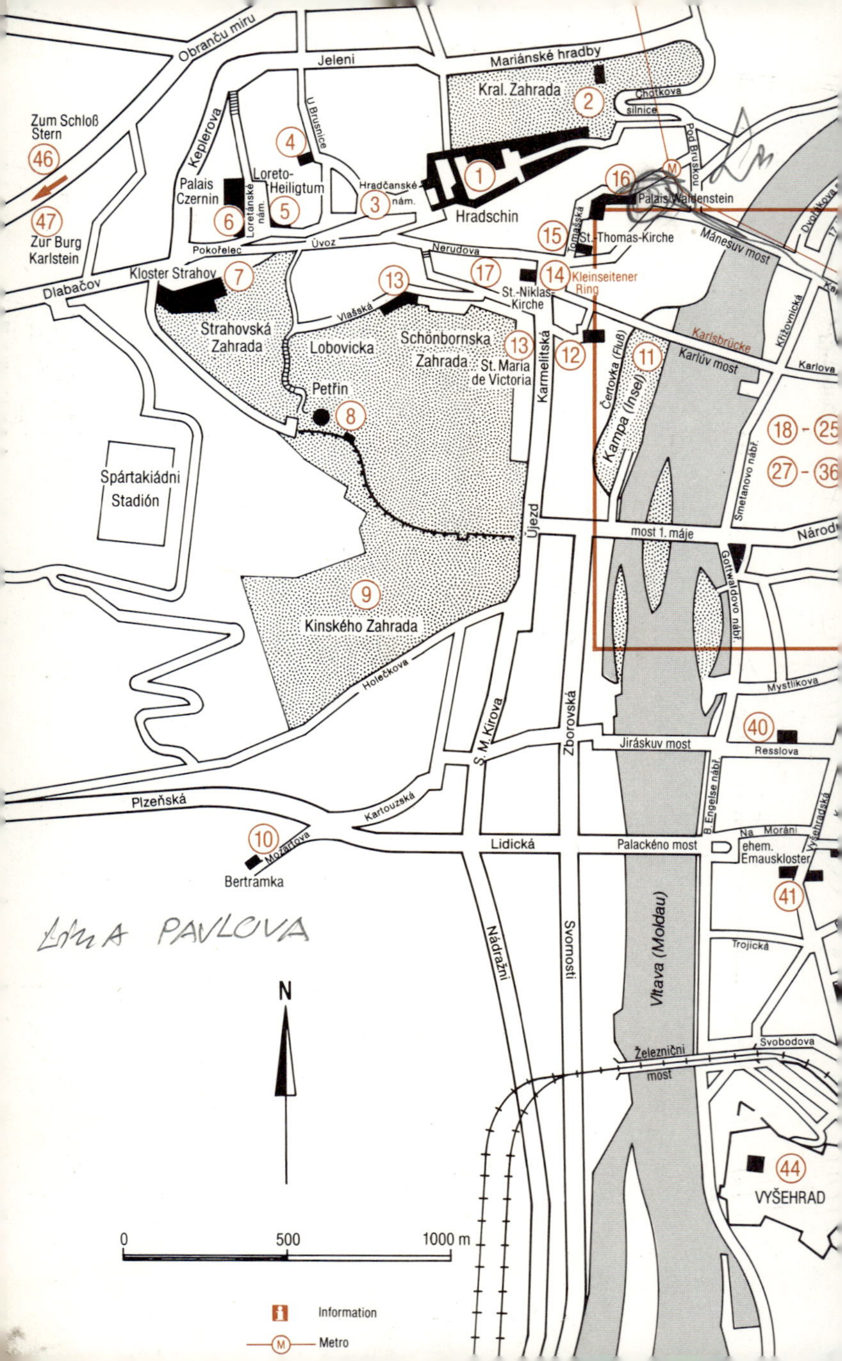

Obrančů míru
Jelení
Mariánské hradby
Kral. Zahrada
Chotkova silnice
Zum Schloß Stern
46
Keplerova
U Brusnice
4
2
Pod Bruskou
M
Palais Czernin
Loreto-Heiligtum
1
16
Palais Waldenstein
47
Zur Burg Karlstein
Loretánské nám.
5
Hradčanské nám.
3
Hradschin
6
Tomašská
15
St.-Thomas-Kirche
Mánesův most
Dvořákova
Pohořelec
Úvoz
Nerudova
Dlabačov
Kloster Strahov
7
17
14
Kleinseitener Ring
13
St.-Niklas-Kirche
Vlašská
Strahovská Zahrada
Lobovicka
Schönbornska Zahrada
13
St. Maria de Victoria
Karmelitská
12
Čertovka (Fluß)
11
Karlsbrücke
Karlův most
Křižovnická
Karlova
Petřín
8
Kampa (Insel)
18 - 25
27 - 36
Smetanovo nábř.
Spártakiádni Stadión
Újezd
most 1. máje
Národ
Gottwaldovo nábř.
9
Kinského Zahrada
Holečkova
Mystlikova
S. M. Kirova
Zborovská
40
Jiráskuv most
Resslova
B. Engelse nábř.
Vyšehradská
Plzeňská
Kartouzská
10
Mozartova
Bertramka
Lidická
Palackého most
Na Moráni
ehem. Emauskloster
41
PAVLOVA
Nádražni
Svornosti
Vltava (Moldau)
Trojická
N
Svobodova
Železnični most
44
VYŠEHRAD
0
500
1000 m
Information
Metro